リチャード・ボールドウィン　遠藤真美 訳

世界経済
大いなる収斂

ITがもたらす新次元のグローバリゼーション

THE GREAT CONVERGENCE

Information Technology and the New Globalization

Richard Baldwin

日本経済新聞出版社

世界経済　大いなる収斂

＊ＩＴがもたらす新次元のグローバリゼーション

装　幀　山口鷹雄
DTP　マーリンクレイン

サラ、テッド、ジュリア、ニッキーへ

目次

第Ⅳ部　なぜそれが重要なのか

第V部　未来を見据える

序章

グローバリゼーションに対する考え方を変えたい。その思いから、この本を書いた。通信技術が革命的に変化し、1990年前後からグローバリゼーションの性質が変わった。これが本書の核となる主張である。情報通信技術（ICT）の世界で起きた革命がグローバリゼーションをどう変えたか。世界にどのようなインパクトを与えているのか。そのロジックはシンプルだが、理解するには背景知識がある程度いる。最初にいくつかの事実を示しておこう。

グローバリゼーションは1800年代初めに飛躍的に進んだ。このときは蒸気動力が導入されるとともに、世界が平和な時代にあったことから、モノを移動させるコストが下がった。その後、20世紀後半にICTが進化してアイデアを移動させるコストが急激に下がり、グローバリゼーションは第二の飛躍期を迎える。この二つの飛躍期を、それぞれオールド・グローバリゼーション、ニュー・グローバリゼーションと呼ぼう。図1に示すように、オールド・グローバリゼーションとニュー・グローバリゼーションが世界の経済地理に与えた効果はまったく違う。

図1　グローバリゼーションは1990年頃に変化した：
「衝撃的なシェア・シフト」（世界の所得に占めるG7のシェア）

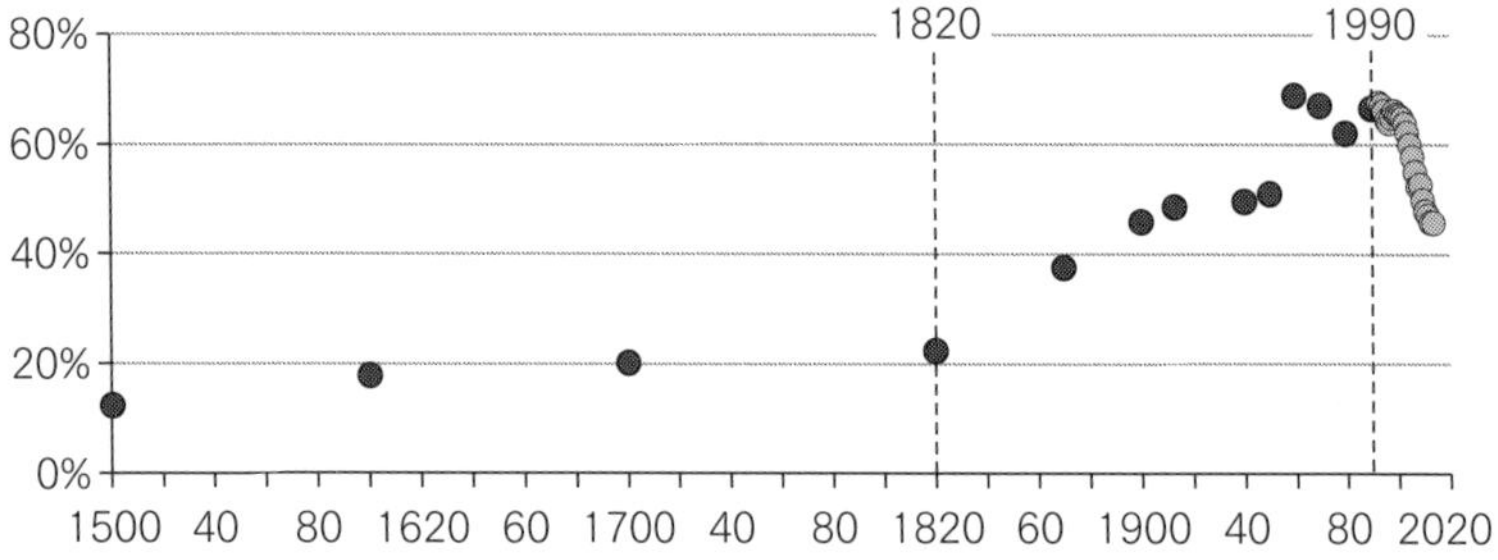

現代のグローバリゼーションは1820年頃に始まった。この流れは今日の豊かな国の急速な工業化と結びついていた。豊かな国はアメリカ、ドイツ、日本、フランス、イギリス、カナダ、イタリアの主要7ヵ国で代表され、このチャートではG7の略称で示している。これを引き金に、産業集積―イノベーション―成長という無限に続くスパイラルが始まり、世界経済は劇的に変貌する。1820年から1990年前後にかけて、世界の所得に占めるG7のシェアは約5分の1からほぼ3分の2にまで急拡大した。

この上昇スパイラルは1980年代半ばに止まり、1990年前後に反転した。ここ数十年間、G7のシェアはきりもみ状態で急下降しており、今では19世紀頭に初めて到達した水準に戻ろうとしている。

この衝撃的なシェア・シフトが物語るとおり、グローバリゼーションの性質は1990年頃に急激に変化した。

出所：World Bank DataBank（米ドル建てGDP）およびマディソン・プロジェクトの1960年までのデータ（筆者の計算分を含む）、http://www.ggdc.net/maddison/maddison-project/home.htm。2013年版は世界GDPが更新されていないため、2009年版を使用。

19世紀初め以降、貿易コストが下がって、貿易－工業化－成長の循環が加速し、歴史上まれに見る劇的な富の逆転現象が起きた。400年のあいだ世界経済を支配していたアジアと中東の古代文明が、200年足らずで今日の豊かな国々に取って代わられたのだ。歴史学者の言う「大いなる分岐（グレート・ダイバージェンス）」である。どうして経済力、政治力、文化力、軍事力がこれほど少数の国にここまで集中するようになったのかは、この現象で説明がつく。

しかし、1990年を境に潮目が変わる。豊かな国々は100年にわたって台頭してきたが、その流れがわずか20年で逆転している。豊かな国が経済に占めるシェアは、いまや1914年の状況に戻っている。「大いなる収斂（グレート・コンバージェンス）」とでも呼ぶべき現象が起きているのだ。これが過去20～30年の経済の動きを象徴する事実であることは間違いない。豊かな国で反グローバリズムの波が広がり、「新興市場国」が自己主張しはじめた大きな要因である。

図1に示した「衝撃的なシェア・シフト」は、製造業が転換期を迎えていることを物語るものだった。今日の豊かな国が世界の製造業に占めるシェアは、1970年以降ゆっくりと下がっていたが、それが1990年から加速した（図2）。

興味深いことに、主要7ヵ国（G7）のシェアが低下すると、一握りの国のシェアが上昇した。世界の製造業に占めるシェアが1990年以降に0・3％ポイント以上増えたのは、六つの発展途上国だけだ（図2では、新興工業経済6地域〔Industrializing Six〕を略してI6と表示している）。何が興味深いかというと、グローバリゼーションの効果がこれほど一部の国に集中しているという事実である。

低コストの輸送と通信がここまで広く普及しているのに、グローバリゼーションの効果が及ぶ地

図2　世界の製造業に占める豊かな国のシェアの低下分は、わずか六つの発展途上国の上昇分に転換した

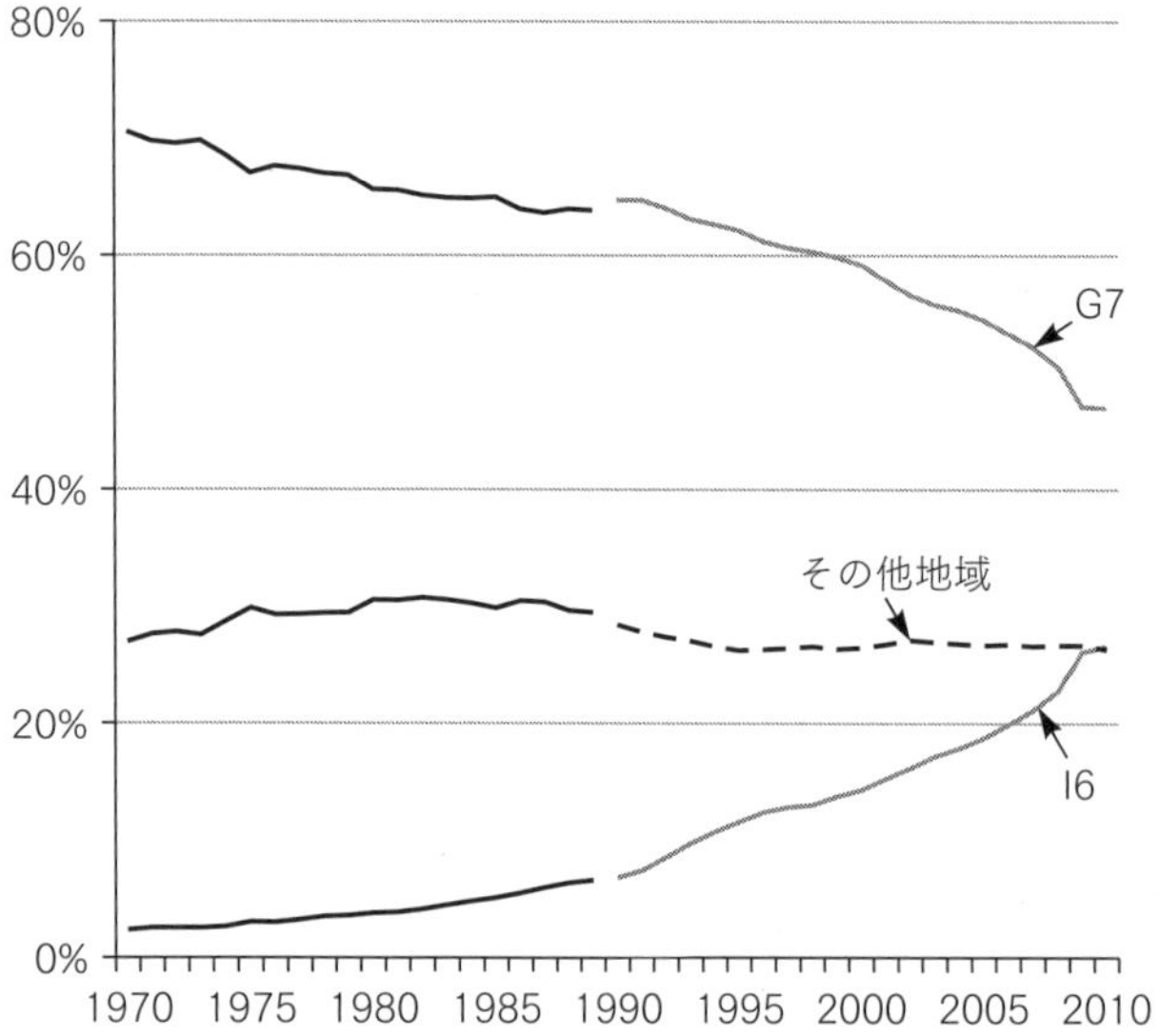

グローバル製造業のシェアのシフトは、図1の「衝撃的なシェア・シフト」と同じくらい明確だった。1990年頃からG7のシェア低下が加速し、今では50%を割り込んでいる。

G7の低下分のほとんどすべてを、わずか六つの発展途上国が埋めている。この六つの国（中国、韓国、インド、ポーランド、インドネシア、タイ）を新興工業経済6地域（Industrializing Six）、略してI6と呼ぶ。その他の国・地域のシェアはこうした変化からほとんど影響を受けなかった。目を引くのは中国の躍進ぶりである。世界の製造業に占める中国のシェア（図では示されていない）は、約3%からほぼ20%まで上昇した。

出所：UNSTAT.org.

理的範囲はどうしてこんなに狭くなるのだろう。この疑問を解き明かすには、もっと広い視野でグローバリゼーションをとらえる必要がある。

視野を広げてグローバリゼーションを考える

海上の輸送が風力、陸上の輸送が畜力によるものだった時代には、長い距離を運んで儲けが出る品物はほとんどなく、商品を輸送するのはごく短い距離に限られた。人々は土地に縛られていたので、いきおい消費地の近くで生産することになる。言い換えると、生産は強く消費と結びつけられていた。

この強固なバンドリング（結合）を段階的に解いていくのがグローバリゼーションだと考えることができる。しかし、結合を強いたのは輸送コストだけではなかった。重要な意味を持っていたのが、三つの距離のコストである。モノを移動させるコスト、アイデアを移動させるコスト、そしてヒトを移動させるコストだ。この三つのコストが生産と消費の分離を阻む三つの制約を生んでいると考えると、グローバリゼーションを読み解けるようになる。

グローバリゼーションの性質は変化している。それを理解するには、この三つの「分離」コストをはっきり区別しておかなければいけない。これが本書の核となる主張の一つだ。19世紀初め以降、モノ、アイデア、ヒトを移動させるコストがすべて下がったが、一度にそうなったわけではない。最初に輸送コストが急激に下がり、それから1世紀半後に通信コストが劇的に下がった。対面でやりとりするコストは今でさえ非常に高い。

この順番がなぜ重要なのか。それを考えていくときの軸になるのが、新しいグローバリゼーション観である。本書で提示する「三段階制約」論がそうだ。この新しい視点を説明するには、歴史を駆け足で振り返るのがいちばんわかりやすい。

グローバリゼーション以前の世界とグローバリゼーションの第一の加速期

グローバリゼーション以前の世界では距離の制約があって、人間と生産は周囲と隔絶されており、世界経済は村レベルの経済を寄せ集めたものにすぎなかった。しかし、モノの移動コストが下がると、状況が変わりはじめた。輸送技術が産業革命を育み、その産業革命が育んだプロセスのなかで、また輸送技術が向上したのである。

国際輸送がしやすくなったことで、遠く離れた場所でつくられたモノを買う人が増えた。たとえばイギリスの中間所得層は、インド産の綿でできたテーブルクロスを広げて、中国産の茶葉を使いジャマイカ産の砂糖で甘くした紅茶をすすりながら、アメリカ産の小麦でつくったパンを食べられるようになった。オックスフォード大学の経済学者、ケヴィン・オルークと、ハーバード大学の経済学者、ジェフリー・ウィリアムソンは、このプロセスは1820年に始まったとする。私が2006年に発表した論文「グローバリゼーション：グレート・アンバンドリング（大いなる分解）」では、この生産と消費の分離を「グローバリゼーションの第一のアンバンドリング」と呼んでいる。

輸送コストは下がったが、それに比べるとアイデアとヒトを移動させるコストはあまり下がらなかった。このように分離コストが低下するペースに偏りがあったことが原因で、今日の先進国（以下「北」と呼ぶ）と今日の発展途上国（以下「南」と呼ぶ）のあいだの著しい所得格差を生むことになる因果関係の連鎖が始まった。まず、市場はグローバルに拡大したが、産業は特定の地域に集積した。歴史が示しているように、産業は北で集積した。北は工業化し、北でイノベーションが進んだ。アイデアを移動させるコストはあまりにも高かったので、北のイノベーションは北にとどまった。その結果として、現代のイノベーション主導型の成長は北のほうが先に離陸し、成長のスピードも速かった。成長格差はわずか数十年のあいだに、南北の莫大な所得不均衡へと転じる。この問題は今もなおグローバル経済の風景の大きな特徴になっている。一言で言うと、低い貿易コストと高い通信コストがあいまって、大いなる分岐が生み出されたのである。

グローバリゼーションの第二の加速期（第二のアンバンドリング）

グローバリゼーションは1990年頃に再び加速した。ICT（情報通信技術）革命が起きて、アイデアを移動させるコストが急激に下がったのだ。そうしてグローバリゼーションは次の段階へと進む。これを「第二のアンバンドリング」と呼ぼう。このときに工場が国境を越えて切り離されたからだ。具体的にいえば、通信環境が飛躍的に進化して、複雑な活動を遠隔地でも調整できるようになったのである。この種のオフショアリング（海外移転）が実行可能になると、第一のアンバンドリング期に生まれていた南北の賃金格差を利用することで、経済的なメリットが得られるようになった。

生産工程を賃金の低い国にオフショアリングする流れが進むと、グローバリゼーションは変化した。しかしそれは、仕事が海外に移ったという理由からだけではない。海外に移転された生産工程が国内に残された工程と継ぎ目なくつながるようにするために、豊かな国の企業はすでに行っていた生産工程の移転に加えて、マーケティング、経営管理、技術のノウハウも海外に送り込んだ（第二のアンバンドリングは「グローバル・バリューチェーン革命」とも呼ばれる）。こうして知識の国境線は書き換えられた。今では産業競争力の形勢図は、国境よりもむしろ国際生産ネットワークの姿によって決まるようになりつつある。

そうした流れが、どうしてグローバリゼーションのインパクトをこれほどまでに変えることになったのか。その理由はスポーツに喩えるとわかりやすい。ここで、二つのサッカークラブが選手のトレードを協議している場面を思い浮かべてほしい。トレードが実現すれば、双方が利益を得る。それぞれがあまり必要としていないタイプの選手と引き換えに、本当に必要としているタイプの選手を手に入れることになるからだ。

今度はまったく別の種類の交換を考えてみよう。今、強いチームのコーチが週末に弱いチームを鍛えることになったとする。そうすれば、リーグ全体の競争力は底上げされるし、弱いチームの助けにもなることは間違いない。しかし、いちばん強いチームがこの交換で勝つかどうかはまったくわからない。ただ、強いチームのコーチは、自分のノウハウを一つではなく二つのチームに売れるようになって、実入りが良くなるにちがいない。

グローバリゼーションもこれとよく似ている。オールド・グローバリゼーションは選手のトレードと考えることができる。ニュー・グローバリゼーションはチームの枠を越えたトレーニングに近い。オフショアリングを進める企業がコーチに相当する。

言い方を変えると、ICT主導のオフショアリングから、産業競争力の新しいスタイルが生まれたのだ。G7のノウハウと発展途上国の労働力を組み合わせるスタイルだ。高い技術と低い賃金の組み合わせが世界を席巻するようになったため、アイデアを移動させやすくなると、膨大なノウハウが北から南に流れ込みはじめた。こうした新しい知識のフローこそが、ニュー・グローバリゼーションとオールド・グローバリゼーションの大きな違いである。

効果の極端な集中とコモディティ・スーパーサイクル

ここで重要なポイントとなるのは、このノウハウを持っているのはＧ７の企業だということだ。北から南への新しい知識のフローを、ある種の画期的な「連帯の瞬間」が訪れたものと考えてはいけない。豊かな国は、思いやりと分かち合いの精神に突き動かされて、貧しい国に自分たちのノウハウを伝えているわけではない。Ｇ７の企業は、海外に移転した知識を自社の生産ネットワークのなかにとどめようと策をこらす。三段階制約論に照らせば、製造業の奇跡がごく一握りの発展途上国でしか起きていない理由はそこにある。先のスポーツの喩え話を使うと、ニュー・グローバリゼーションが拓いたのは、Ｇ７コーチが「鍛える」と決めた「チーム」の製造業の運命だけだった。しかしなぜ、トレーニングの対象がこれほどまでに一部に集中したのだろう。

答えは、モノでもアイデアでもなく、ヒトを移動させるコストにある。それが私の見立てだ。航空運賃は下がっているが、マネジャーや技術者の給与が上がっているので、ヒトが移動するときの時間コストは上昇しつづけている。ヒトの移動コストはまだ高いし、国際生産ネットワークでは、今も生産施設間でヒトを移動させなければいけない。そのため、オフショアリング企業は、生産を少数の拠点に集積させる傾向がある。これもヒトの移動コストを下げるためだが、そうした拠点は工業大国であるＧ７、なかでもドイツ、日本、アメリカの近くにあることが多い。インドは例外だが、頻繁に対面でやりとりする必要の少ないサービスの種類を中心に国際生産ネットワークに加わっているという部分が大きい。

第二のアンバンドリングが工業化に与えるインパクトはごく狭い範囲に集中したが、大いなる収斂は、はるかに広範囲にわたった。その理由は連鎖的な波及効果にある。全人類の約半分は発展途上国に住んでいる。発展途上国は急速に工業化しているため、所得が急速に伸びて、原材料に対する需要が膨らんだ。その旺盛な需要が「コモディティ・スーパーサイクル」を生む。これを引き金に、商品輸出国の成長が次々に離陸していったのだ。それらはグローバル・バリューチェーンの台頭とは無縁の国だった。

グローバリゼーションの次なる波：第三のアンバンドリング

図3は、「三段階制約」論のナラティブを要約して図に示したものである。1990年代以降に調整コストが大幅に低下したように、この先、対面コストも大きく下がれば、第三のアンバンドリングが始まる可能性があることは一目瞭然だ。対面コストを大きく引き下げると考えられる技術的な動きは二つある。一つは、人間の分身が国境を飛び越えて「頭脳労働」に加われるようにするというものだ。そうした技術はSFではない。「テレプレゼンス」と呼ばれる技術はすでにあるが、コストが嵩む。もう一つは、人間の分身に遠く離れた場所で肉体労働をさせるものである。これは「テレロボティクス」と呼ばれ、ある場所にいる人がロボットを遠隔で操作して、別の場所での作業を行う。テレロボティクスは存在するが、まだコストが高く、ロボットの柔軟性も十分とはいえない。

こうした動きを考え合わせると、今後数十年間に、グローバリゼーションの性質が劇的に変化する可能性がある。どちらの技術も、ある国の労働者が、別の国のなかで行われる作業を、実際にその場にいなくてもできるようにするものだ。そうした「バーチャル移住」(国際テレコミューティング)が進めば、国際競争に直接さらされる仕事の幅は格段に広がるだろう。豊かな国で行われているさまざまな単純作業や専門性の高い仕事を、貧しい国にいる労働者や専門職によって(遠隔で)できるようになるかもしれない。また、豊かな国の専門職が自分の能力を活かせる場がぐんと広がることにもなる。たとえば、日本のエンジニアが高性能のロボットを東京から遠隔操作して、南アフリカにある日本製の資本設備を修理するといったケースがそうだ。この新しい競争、新しい機会に勝つ人もいれば、他の仕事を探さなければならなくなる人も出てくるだろう。

このように、グローバリゼーションの第三のアンバンドリングでは、ある国の労働者が別の国で労働サービスを提供することになるのではないか。今日ではその場に物理的に存在しなければできないサービスも、それに含まれる。アンバンドリングというテーマに沿っていえば、グローバリゼーションの第三のアンバンドリングでは、労働サービスが労働者から物理的に切り離される可能性が高い。

ニュー・グローバリゼーションは何が新しいのか

グローバリゼーションの性質が変われば、各国が受ける影響もさまざまな点で変わる。特に大きいのが次の六つだ。

荷馬車と帆船がハイテクだった時代には、モノ、アイデア、ヒトはほとんど動かなかった。人類の大多数にとって、経済生活は村レベルで営まれた（上段のパネル）。

蒸気船と鉄道が登場して長距離貿易のコストが急激に下がると、生産と消費が切り離されるようになった。これがグローバリゼーションの第一のアンバンドリングである（中段のパネル）。しかし、輸送の制約が小さくなっても、世界はフラットにならなかった。通信の制約と対面でやりとりする制約が大きいままだったからだ。実際、生産が消費地から離れても、製造業は工場や工業地域に集まった。それは貿易コストを抑えることが目的ではなく、通信・対面コストを節約するためだった。

このミクロの集積化を追い風に、工業化が進む国でイノベーションが次々に生まれた。アイデアを移動させるコストが高かったため、イノベーションは特定の地域にとどまった。その結果、北の労働者一人当たりのノウハウは南をはるかに上回るペースで増加した。それがやがて、「大いなる分岐」と呼ばれる北と南の所得格差を引き起こすことになる。

情報通信技術が革命的に進歩して、複雑な生産プロセスを国際的に分散させても、それを調整することが可能になると、グローバリゼーションの第二のアンバンドリング（下段のパネル）が経済的に見合うようになった。この技術上の可能性が現実のものになると、発展途上国の低賃金に目をつけたG7企業が一部の労働集約的な生産工程をオフショアに移動させた。それでもオフショアに移した生産工程をオンショアに残した生産工程と完璧につなぎ合わせる必要があったため、オフショアリング企業は仕事をするのに必要な自社のノウハウを送り込んだ。このようにして、かつてはG7の工場内だけで起きていた知識のフローが、グローバリゼーションの鍵をにぎる要素（下段のパネルの電球）となった。

こうした新しい情報のフローを背景に、一握りの発展途上国が目のくらむほど急速な工業化を果たした。そうして北から南へと産業が大規模にシフトしていった。南の工業化と、それが生み出した国際商品のスーパーサイクルがあいまって、新興市場の所得の伸び率は未曾有の水準に跳ね上がった。その結果として、図1に示した「衝撃的なシェア・シフト」が起こる。

簡単にまとめると、ICT革命が起きてグローバリゼーションの性質が一変し、世界経済に与えるインパクトが大きく変わった。1990年まではグローバリゼーションとは主にモノが国境を越えて行き交うようになることだったが、今ではノウハウも国境を越えて行き交うようになっている。

図3 グローバリゼーション「三段階制約」論の構図

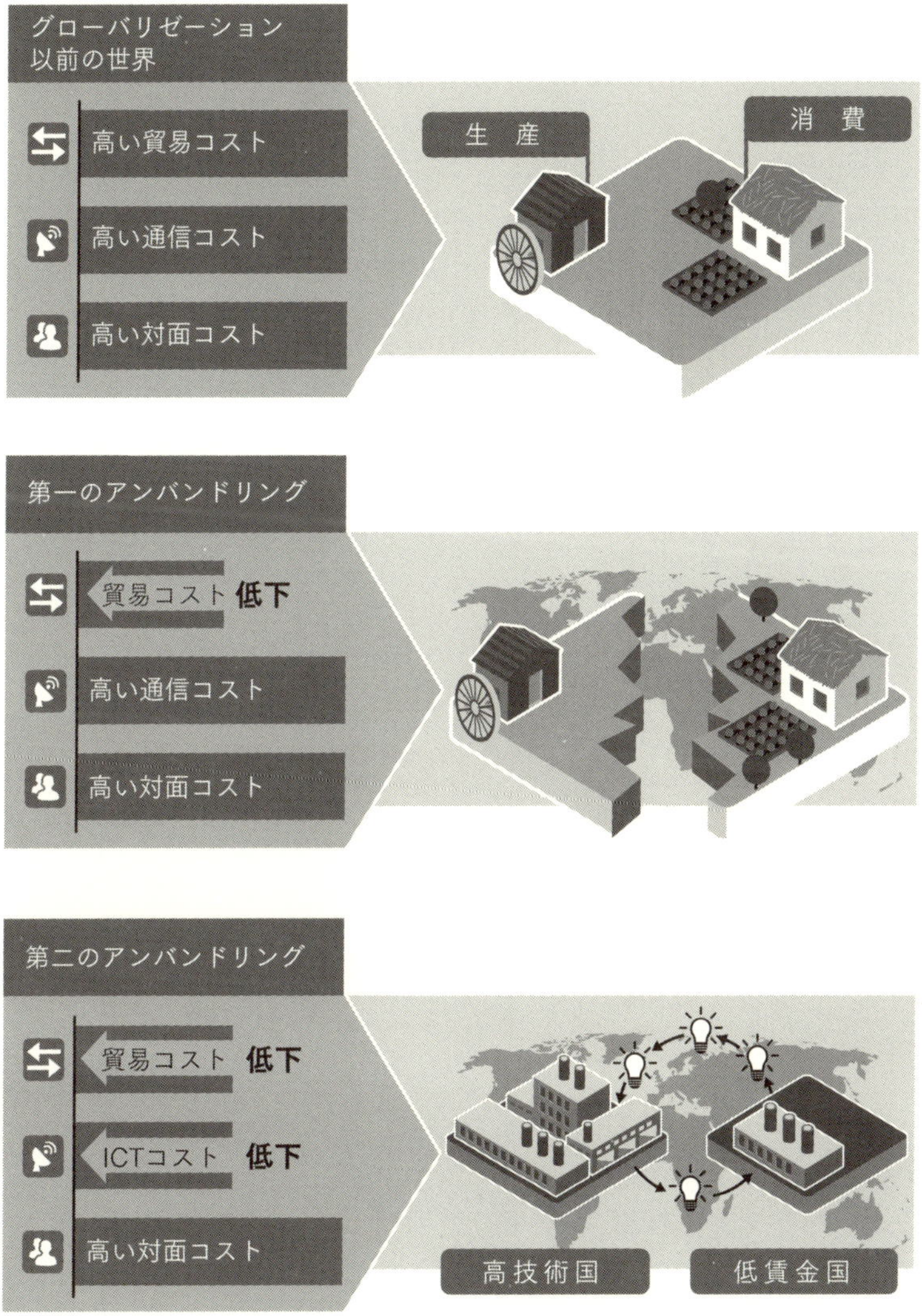

ニュー・グローバリゼーションは解像度が上がり、より細かいレベルで国の経済に影響を与えるようになる

20世紀型のグローバリゼーションでは、セクター・レベルで国の特化が進んだ。そのため、貿易コストの低下からは、経済のセクター全体とそこで働くすべての人が恩恵を受けるか、打撃を受けるかする傾向があった。これに対し、21世紀型のグローバリゼーションはセクター・レベルで起きているだけではない。生産工程や職種にも及んでいる。したがって、グローバリゼーションがどのような影響を与えるかが予測しにくい。

オールド・グローバリゼーションでは、国はどれが「新興」セクターで、どれが「斜陽」セクターかを見分けることができた。それがもうできない。今ではほとんどすべてのセクターにおいて、新興の生産工程・職種と斜陽の生産工程・職種がある。そうなると、産業競争力の形勢図がオフショアリング企業によって決まる世界では、どの工程、どの仕事が次に影響を受けるかを正確に予測することはできない。

ニュー・グローバリゼーションのインパクトは、個別化も進んでいる。ここでいう「個別化」とは、勝者と敗者がセクターやスキルグループでひとくくりにできなくなるという意味だ。同じスキルセットを持ち、同じセクターで働く労働者でも、グローバリゼーションのインパクトが違うということもありうる。コロンビア大学の経済学者、ジャグディーシュ・バグワティはこれを「万華鏡型グローバリゼーション」と言い表している。どんな仕事をしていようと、どんなセクターで働いていようと、自分の仕事が次にグローバリゼーションから打撃を受けたり、恩恵を受けたりするようになるのかどうかは、まったくわからない。

この流れは政策面でも重要な意味をはらむ。数多くの国が、斜陽のセクターや敬遠されるスキルグループを支援するための政策をとっている。だが、グローバリゼーションの解像度が上がっているのであれば、そうした政策では、今日の勝者と敗者を正しく見きわめられない。

ニュー・グローバリゼーションのインパクトは変化が急で、コントロールするのが難しい

オールド・グローバリゼーションの「時計」は年単位で進んだ。関税の引き下げや輸送技術の向上が効果を表すには何年もかかるからだ。これに対し、ニュー・グローバリゼーションは、その原動力であるデータの伝送能力、保存能力、計算能力が1～2年で2倍になるので、変化が急である。ここ数十年間で何度も目にしているように、ＩＣＴが幾何級数的に進化して、それまではありえなかったことがものの数ヵ月で普通のことになったりする。

ＩＣＴの技術的な性質を考えれば、一国の政府がニュー・グローバリゼーションをコントロールするのも難しくなる。物理の法則に従うと、モノの流れはアイデアの流れよりもコントロールしやすい。そして政策がその物理の法則を強化する。いずれにしても、Ｇ７諸国の有権者は開放経済を受け入れていて、そうした国々からアイデアが流出している。巨大な「知識のアービトラージ（裁定）」の流れが今ではグローバリゼーションの原動力になっており、それを止めるのはほとんど不可能に近いだろう。

ニュー・グローバリゼーションのもとで比較優位が無国籍化した

Ｇ７の企業は、自社固有のノウハウを賃金の低い国の労働力と組み合わせて、大きな成果を上げている。企業が国ごとの競争力の源泉をうまく組み合わせているので、国だけを分析すればよいという状況ではなくなっている。競争力の境界線は、国際生産ネットワークを展開する企業がコントロールするようになっている。

言い方を変えると、こういうことだ。第一のアンバンドリングでは、国が比較優位を活かせるようになった。これに対し、第二のアンバンドリングでは、国の比較優位の源泉を組み替えることで、企業が自社の競争力を大幅に強化できるようになっている。

ニュー・グローバリゼーションが到来して、G7の労働者とG7の企業とのあいだの契約が部分的に崩れた

技術がそれぞれの国特有のものだったときには、国同士の賃金格差は、国同士の技術力の差を反映して調整された。ドイツの技術が進歩すれば、ドイツの賃金が上昇する、といった具合である。第二のアンバンドリングが起きると、賃金と技術の平衡を保つこの機能の一部が働かなくなった。ニュー・グローバリゼーションのもとでは、ドイツの技術の進歩から恩恵を受けるのは、ドイツの労働者だけではなくなる。ドイツ企業は今なら、進化したドイツの技術を、たとえばポーランドの労働力と組み合わせれば、大きな効果を引き出せる。同じことは、すべてのG7諸国の企業と労働者にいえるだろう。

ニュー・グローバリゼーションのもとで距離の役割が変わった

グローバリゼーションとは、主にモノが国境を越えて行き交うことだと広く考えられている。そのため、市場と市場の距離が2倍になると、貿易コストもほぼ2倍になるものとされる。このロジックを今日に当てはめるのは、21世紀型のグローバリゼーションを見誤ることになる。理由はごく単純だ。

地図上の距離がモノ、アイデア、ヒトを移動させるコストに与える影響は、それぞれ大きく異な

る。インターネットが登場して、アイデアの移動コストはほぼゼロになり、距離によって変わることはほとんどない。ところがヒトについては、目的地が1日で行けるところか、それよりもっと遠いところかで、コストは大きく変わる。

そう考えると、正しい産業振興策をとっているにもかかわらず、急速な工業化を遂げられている発展途上国がこれほど少ないことにも説明がつくのではないか。身も蓋もない言い方になるが、工業化を果たせていない国は、他の発展途上国と比べて、デトロイトやシュトゥットガルトや名古屋から遠く離れすぎている、というだけのことなのかもしれない。

ニュー・グローバリゼーション時代には、政府は政策に対する考え方を変えなければならない

経済政策の相当部分が、競争力は国のものだという考えにもとづいている。豊かな国では、教育・訓練（労働者の能力開発に向けた取り組み）から、研究開発減税（将来の商品やプロセスの開発）まで、さまざまな政策が国の競争力の源泉を強化することを目的としている。発展途上国の政策も、関税の水準（国内生産の保護）から、開発戦略（バリューチェーンの上流への進出）まで、国の競争力の源泉は国にある、という考えに立っている。

ニュー・グローバリゼーション時代には、こうした政策の前提をすべて見つめ直す必要がある。たとえば、競争優位が無国籍化したため、発展途上国の選択肢が変わった。19～20世紀には、発展途上国は国際競争力を高めるためにサプライチェーン全体を国内に構築してきた。しかし今では、国際生産の取り決めに加わって競争力を身につけ、その後、国際バリューチェーンのなかで得られる良い仕事を増やすことで工業化を進めている。

その裏返しで、豊かな国が競争力を強化する選択肢も変わった。国際競争力の高い企業は、国の

競争優位をうまく組み合わせて、コスト効率がいちばん高い立地でモノをつくる。各国の競争優位を組み合わせるという、この新しい流儀と距離を置く企業や国は、それを受け入れている企業や国との競争にさらされる。

一言で言うと、グローバリゼーションの性質が変わって、先進国の単純な国家主導型の産業政策に終止符が打たれ、古いタイプの開発政策もまた、過去のものになったのである。

読者のためのロードマップ

本書は5部構成になっている。第Ⅰ部では、バンドリングとアンバンドリングという概念を軸に、グローバリゼーションの長い歴史をざっと振り返る。この歴史については、第1章から第3章にかけて取り上げる。

第Ⅱ部「グローバリゼーションのナラティブを拡張する」は二つの章からなる。第4章では、三段階制約論に沿ってグローバリゼーションをより深く探っていく。第5章はニュー・グローバリゼーションの何が新しいのかをさらに詳しく述べる。

第Ⅲ部「グローバリゼーションの変化を読み解く」も二つの章からなる。第6章ではグローバリゼーションの「ブートキャンプ」経済学を解説し、続く第7章では、この情報を使って、第一のアンバンドリングと第二のアンバンドリングでグローバリゼーションのインパクトがこれほど激的に変化した背景を解き明かす。

第Ⅳ部では、ニュー・グローバリゼーション時代の政策立案を考える。具体的には、この変化がグローバリゼーション政策にどんな意味合いを持つのかを、第8章ではG7について、第9章では発展途上国について見ていく。

第V部「未来を見据える」では、タイトルそのままに、グローバリゼーションはこの先どう変化するのか、それが未来をどう変えていくのかについて、私の考えをいくつか述べよう。

第I部　グローバリゼーションの長い歴史をざっと振り返る

第Ⅰ部では、グローバリゼーションの20万年にわたる歴史を見ていく。なぜ、それほどまでに時代を遡るのか。その理由を端的に言い表している言葉が1957年の文献にあるので、以下に引用する。

人は誰も、自分が生きている時代に影響されすぎて、一時的な状況を一般化してしまいやすい。そのため、現在の状況を出発点にして、現在作用している主な要因を読み解こうとするだけでは、〔グローバリゼーション〕をはっきりと理解することはできないだろう。

これは『経済発展』（私の父であるロバート・ボールドウィン、ジェラルド・マイヤーの共著書）の冒頭の一文だ。引用に際しては「経済発展」を「グローバリゼーション」に置き換えているが、言おうとしていることは、まったく同じである。[1]

グローバリゼーションをめぐる今日の議論はまさに、「自分が生きている時代に影響されすぎて」いる。グローバリゼーションが世界経済に与えたインパクトは、過去170年のあいだほとんど変わらなかった。そのため、大勢の論者がこの流れはずっと続くと考えている。たとえば、アメリカ大統領（当時）のビル・クリントンは、グローバリゼーションを「風や水といった自然の力に相当する経済の潮流」と呼んだ。しかし、それは間違いだ。

序章で論じたように、グローバリゼーションはここ数十年間で急激に変化している。第Ⅰ部では、時計の針を巻き戻し、グローバリゼーションの最近の変化の大きさは、歴史の経験から大きく外れているものではないことを示していく。

考察の軸

数十万年の歴史を数十ページで見ていくため、それほど重要ではない部分は、ナラティブから省かざるをえない。こういうときには、「重要」とは何を意味するのかを最初に明らかにしておくべきだろう。ここでは貿易の古典的な定義が考察の軸となる。

貿易が行われるようになるのは、生産の場と消費の場が地理的に分離しているときである。だとすると、生産と消費の関係がどう変わるかを観察することが重要になる。これを考察の軸にすえて、「序章」で触れたグローバリゼーション三段階制約論に照らすと、グローバリゼーションは四つの局面に分けることができる。

読者のなかには過渡期の状況による変化について関心がなく、第1章、第2章、第3章の歴史のパートは飛ばしたいという方もいるだろう。そこで、四つの局面を簡単に説明しておこう。

グローバリゼーションを四つの局面に分ける

人類の歴史の大半では、グローバリゼーションの意味は今と大きく違っていた。

【フェーズ1：人類が地球上に広く拡散する（紀元前20万〜約1万年）】

過去20万年のうちの19万年ほどは、「生産」とは主に食料の生産を意味し、特定の場所や季節と結びついていた。先史時代の輸送手段だと、食料を人のいるところに移動させるよりも、人を食料のあるところに移動させるほうが簡単だったため、生産と消費は空間的に結合していた。貿易はほとんど生じなかった。フェーズ1のグローバリゼーションとは、大量の人類が生産の場を求めて、どんどん遠くに移動していくことを意味した。

【フェーズ2：グローバル経済がローカル化する（紀元前1万年〜紀元1820年）】

フェーズ2でも生産と消費は引きつづき結びついているが、決定的な違いが一つある。農業革命が始まって、人が食料のあるところに移動するのではなく、食料の生産が人のいるところで行われるようになったのだ。生産と消費が固定された場所で行われるという意味で、世界経済が「ローカル化」したのである。貿易が成り立つのはまだ難しく、行われるとしてもまれだった。

フェーズ2では、今日のイラク、イラン、トルコ、エジプト、中国、インド／パキスタン、ギリシャ／イタリアで都市が勃興し、古代文明が生まれた。こうした生産／消費の集積地のあいだで貿易が行われるようになったが、現代でいうグローバリゼーションはまだ始まっていなかった。国内の価格は主に地域の需要と供給の状況で決まり、国際的な需給環境は関係しなかった。

【フェーズ3：ローカル経済がグローバル化する（1820〜1990年頃）】

蒸気革命が起きて、人類はそれまでは想像もできなかったような膨大なエネルギーを集中的に投入し、コントロールできるようになった。蒸気革命と産業革命は、1世紀にわたってペアとなって複雑で繊細なワルツを踊りつづけ、人類と環境全般、特に距離との関係が完全に変わった。

輸送が急激に発達すると、遠く離れたところでつくられたモノを消費することが経済的に見合うようになった。その結果、生産のパターンがシフトする。それぞれの国が「いちばん得意なことをして、それ以外のことは貿易する」ようになると、国際貿易の量が飛躍的に増えた。

生産は国際的に分散していたにもかかわらず、先進国の工場にミクロの集積を築いた。北の生産性は急激に上昇して、工業化－集積化－イノベーションのサイクルが始まり、北と南で知識格差が大きく広がった。この知識のインバランスがやがて、過去に例を見ない所得格差へとつながっていく。いわゆる「大いなる分岐（グレート・ダイバージェンス）」である。

【フェーズ４：工場がグローバル化する（１９９０年～現在）】

情報通信技術（ＩＣＴ）革命と第二のアンバンドリングの関係は、蒸気革命と第一のアンバンドリングの関係と同じである。グローバルな知識の分布には非常に大きな偏りがあったが、それを固定させていた制約がＩＣＴ革命によって小さくなり、歴史的な変化が引き起こされた。これを「大いなる収斂（グレート・コンバージェンス）」と呼ぼう。北が脱工業化する一方で、南の一部の国で工業化が進んだ。世界の国内総生産（ＧＤＰ）のシェアは驚くほど大きくシフトし、大いなる分岐というそれまでの流れが反転しつつある。

第Ｉ部ではグローバリゼーションの四つの局面を掘り下げて考えていく。第1章はフェーズ1とフェーズ2、第2章はフェーズ3、第3章はフェーズ4をそれぞれ取り上げる。

第1章 人類の拡散と第一のバンドリング

現生人類は約20万年前にアフリカで誕生した。人口が増えると、食べるものを求めて人類の分布範囲は広がり、人口が減ると反対に狭くなった。7万5000年ほどのあいだ、消費が生産地に移動するこうした現象は、アフリカでしか起こらなかった。

第1章ではまず、フェーズ1で人類が狩猟採集しながら地球上に広く拡散していったストーリーを追っていく。その後、農業革命が起きて、人類の大部分が特定の場所に「とどまる」ようになったことで、グローバリゼーションの性質が根本から変化した背景を説明する。

フェーズ1：人類が地球上に広く拡散する

現生人類がいつアフリカを出たのかは、はっきりわかっていないが、それが直線的に起きなかったことは間違いない。気候と食料と人口は密接に結びついていること、そしてこの期間に大規模な

図4　ホモサピエンス登場後の気候変動（今日との気温差、摂氏）

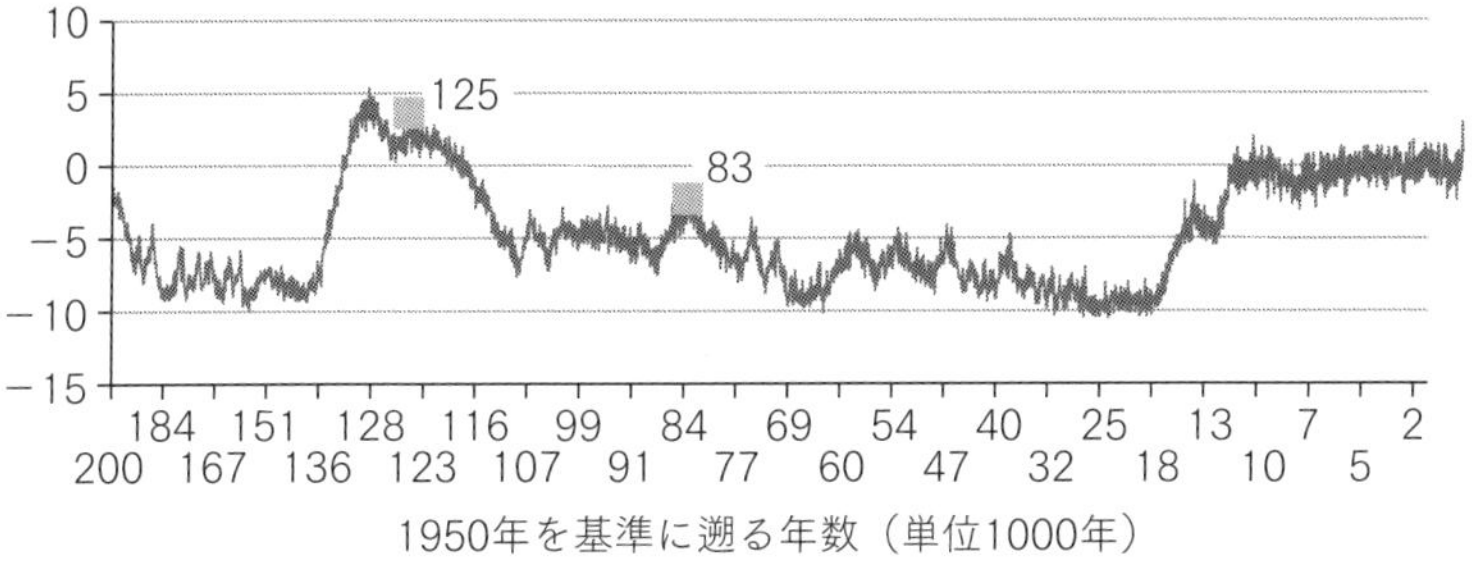

人類は20万年前に進化した。このときの気候の状況は現代のそれと似ていた。7万年にわたる寒冷期が終わると、約12万8000年前に気温が一気に上昇した。その後の10万年間はノコギリ歯状に気温が上下動しながら段階的に低下し、紀元前2万年に上昇に転じた。しばらく温暖化が進んだのち、紀元前1万年頃に気温は安定化した。

グローバリゼーションのフェーズ1（人類の拡散）が始まったのは、地球の平均気温が1000年にわたって上昇したのち、紀元前8万3000年頃に現生人類がアフリカを出たときだった。その後、1万2000年前に気候が温暖化して安定すると、フェーズ2が始まる。気候が暖かく相対的に安定していたので、食料生産の技術を身につけることができた。こうして、地域の人口の増加に対応して地域の食料生産を拡大できるようになった。農業革命と呼ばれるこの変化が文明の勃興につながっていく。

現代の「地球温暖化」は、右端の上昇部分である。

出所：J. Jouzel et al.,"Orbital and Millennial Antarctic Climate Variability over the Past 800,000 Years,"*Science* 317, no. 5839 (2007)：793-797. 南極ドームC氷床コア記録による。

図5　人類のグローバリゼーション

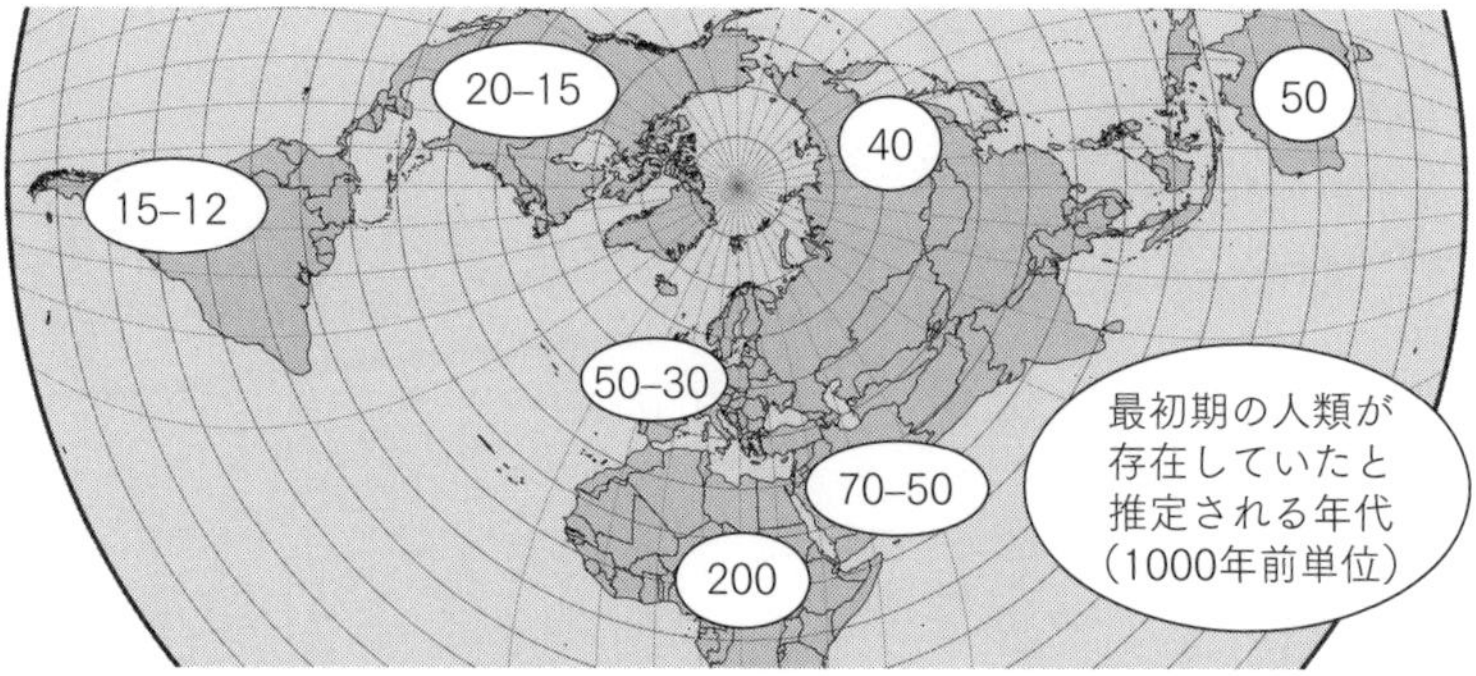

人類は何万年もかけて中東、アジア、オーストラリアに拡散した。はるかに住みにくいヨーロッパに人類が住みつくようになったのは何万年も後で、およそ3万年前以降のことだった。それからさらにのちに、現生人類はアジアと北アメリカをつなぐ氷橋をわたってアメリカに到達した。紀元前約1万年には、人類は地球上の各地に拡散していた。

出所：現代人のDNAを用いた最初期の定着年代（mitomap.org、2014年3月にアクセス）。

気候変動が進んでいたこと（図4）から、ごく当然ながら、人類の拡散は一進一退を繰り返していた。

考古学的な証拠が示すように、前回の最温暖期に、ある一つの集団がアフリカを出た。およそ12万5000年前のことだ。この集団はエジプト・ルートを通ってアフリカを離れ、肥沃な三日月地帯に入った。しかし、現代のDNA研究から、この集団は生き延びることができなかったと考えられている。

ヴィンセント・マコーレイが率いる科学者チームは、ミトコンドリアDNAから得た証拠を使って、非アフリカ系の人類はすべて、5万5000～8万5000年ほど前、別の気温上昇期に紅海ルートでアフリカを出た小さな集団と関係していることを証明した。人類はその後、（有史以前の時間軸で見て）急速に拡散していった。[1]

DNAや考古学のデータから、約4万年前には人類がアフリカ、アジア、オーストラリアに継続して存在していたと考えられる（図5）。北ヨーロッパに人類が定着したのはそれよりも少し遅く、3万5000年前のことだった。およそ1万5000年前に人類はアメリカに入り、1万2000年前にはパタゴニアに到達していた。人類がアフリカに生まれ、その後アフリカから拡散するグローバリゼーションのこの局面は、約18万5000年続いた。

年代はとても大まかだが、ごく最近の世紀まで歴史を支配していた事実を説明するには、これで十分である。東アジア、南アジア、西アジアは特に人間が生活するのに適しており、陸路と海路で比較的うまくつながっている。

この時期に長距離貿易が行われていたことをはっきりと示す考古学的証拠がある。一例がトルコ南東部産の黒曜石だ。先史時代に肥沃な三日月地帯の周辺にいた狩猟採集民のあいだで交換されていた。荷物運搬用の動物はまだ家畜化されていなかったので、黒曜石の長距離貿易では、人が岩石を運んでいた。当然ながら、貿易量は非常に限られていた。

BOX1

「フェーズ1」の要約

現生人類が地球に出現したのは20万年前のことだが、その大半の期間で、生産とは命をつなぐために十分な食料を確保することを意味した。食料生産は偶然に依存していたため、生き延びるには、食料が豊富にある場所を見つけ、食料が尽きたらまた別の場所を見つけなければならなかった。

言い方を変えると、こういうことだ。生産と消費は空間的に結びついていたので、貿易はほとんど行われなかった。しかし、人を食料のあるところに移動させるほうが、食料を人のいるところに移動させるよりも合理的だったため、生産と消費の結合は、文明の発展を妨げる方向へとシフトしつづけた。

▼重要な結果

この時代のグローバリゼーションとは、地球上に「人類が拡散する」ことだった。世界の人口が増えると、人類は地球上で住むことのできるあらゆる場所へと進出していった。これが約1万5000年前のことだ。農業革命が起こると、フェーズ1が終わり、フェーズ2の扉が開かれた。

フェーズ2：農業と第一のバンドリング

気候は2万年前に温暖化し、約1万2000年前に安定した（図4）。その科学的な理由は今もよくわかっていない。先史時代の人口密度は食料によって制限され、食料は気候によって制限された。そのため、この「良い」気候変動を引き金に、人類社会は大きく変わり、グローバリゼーショ

図6　最初期の消費／生産クラスター

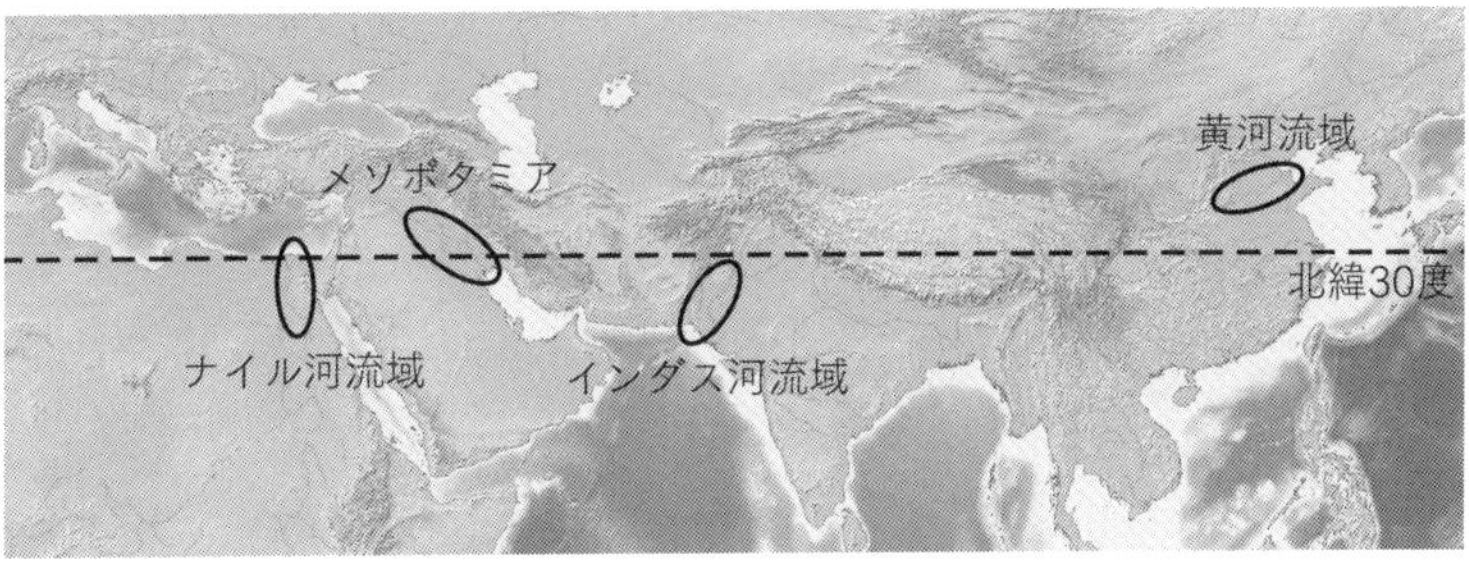

最初期の文明は、農業に適した緯度に位置し、川が季節的に氾濫して肥沃な土壌が運ばれてくる河川の流域で生まれた。メソアメリカ文明も同じような緯度で生まれ、河川の流域に集積したが、文明がおこったのは中東のクラスターが生まれてから数千年後のことだった。

出所：ウィキコモンズの背景地図。

ンも大きく変わった。

食料が育つ期間が長く、安定した水源のある地域では、人口密度が上昇した。たくさんの人とたくさんの食料が近接して集積したことで、人類は移動性のバランスを逆転させるすべを徐々に学んでいった。人が食料のあるところに移動するのではなく、食料生産が人のいるところに移動していったのだ。これが農業革命である（新石器革命とも呼ばれる）。ジャレド・ダイアモンドが『銃・病原菌・鉄——1万3000年にわたる人類史の謎』で、それがどのようにして起きたのかについて、壮大な考察を展開している。[2]

気候と人口密度は緊密に関係しており、ユーラシアの初期の生産／消費クラスターがすべて、狭い緯度範囲にあるのも驚くにはあたらない。どれも北緯約20〜35度に分布している（図6）。河の流域が好まれたのには理由がある。毎年起きる洪水によって肥沃な土が運ばれてくるので、土地がやせるという問題が解消されるからだ。この問題があったために、人類の大半は遊牧生活を続けるしかなく、そのせいで集積が進まず、大規模な文明がおこらなかった（耕地は数年もするとやせてくるので、農民は新しい土地に移らなければならなかった）。

フェーズ2は1万年以上にわたって続き、その間に都市が勃興し、文明がおこり、産業が生まれ、地球規模の移動が進んだ。

フェーズ2の三つの段階

数千年の歴史を整理するのは難しい。何しろ、歴史とはとんでもないことの繰り返しなのだから。そんなときには古代ローマの「3の法則」が役に立つ。この法則によれば、複雑な問題を三つに分けて考えると、三つの良いことがある。問題を説明しやすくなること、理解しやすくなること、そして、頭に入りやすくなることだ。そこでフェーズ2を三つの段階に切り分けることにする。第一段階はアジアの勃興、続く第二段階はユーラシアの統合、そして第三段階はヨーロッパの勃興である。第一段階と第二段階はシルクロードの発展が境界線となり、第二段階と第三段階はペストの災禍で区切られる。

この整理軸は、歴史学者イアン・モリスの著書『人類5万年　文明の興亡——なぜ西洋が世界を支配しているのか』から着想を得ている。[3] ただし、モリスは中東（およびエジプト）を西洋の一部ととらえているが、ここではアジアの一部としている。したがって、アジアが最初に勃興し、フェーズ2の終わりになってようやくヨーロッパが追いつくという構図になる。

第一段階：アジアの勃興（紀元前1万〜紀元前200年）

この整理の枠組みに沿っていえば、農業革命期には、生産と消費はまだ結合していたが、決定的な違いが一つあった。生産／消費が固定された場所で結びつくようになったことだ。この経済の「ローカリゼーション」には三つの大きな意味合いがあった。

〈農業、食料余剰、文明の勃興〉

たとえば、9人の労働者が10人を養うのに十分な食料を生産できるのであれば、10人目は兵役（余った食料を守ったり、他のところで余った食料を奪ったりする）に加えて、「文明的な役務」（記念物を建造する、宗教をおこす、執筆する、税金を徴収するなど）に専念できる。実際上の理由で、そうした仕事は都市に集まる傾向があった。そう、都市と文明は古代から切っても切れない関係にあるのだ（英語で「文明」を意味する civilization は、ラテン語で「都市」を意味する civitas に由来する）。

イノベーションー集積ー人口増加という雪だるま効果を背景に、都市は何世紀もかけてゆっくりと拡大し、洗練されていった。つまり、大勢の人が物理的に集中したことで、同じ発明から恩恵を受けられる人が増えて、イノベーションの見返りが大きくなったのだ。同時に、人の集積密度が上がると、イノベーションのコストが下がった。大勢の人が問題意識を共有すると、発明が生まれやすくなることが多い。こうしたイノベーションの大部分は食料生産に関連していたため（灌漑の開発や、穀物、果物、動物の栽培化・家畜化など）、人口密度が上昇していった。このプロセスは何世紀にもわたって続き、その間に都市はゆっくりと文明を育んだ。

肥沃な三日月地帯・メソポタミアで最初に都市と文明がおこり、これにナイル河流域、インダス河流域、黄河流域、メソアメリカが続いた。

〈農業と急速な人口の増加〉

食料が豊富になり、安定的に確保しやすくなると、人類の数は紀元前1万〜8000年に飛躍的に増えた（図7）。その後、紀元前約3500年の青銅器時代の初めに再び急増する。

青銅はすぐれた金属だが、古代文明が発達した河川流域では、成分の一つである錫が希少だ。この希少性が制約となっていたが、製鉄が普及すると、障害がなくなった。鉄は地球上でいちばん豊富な金属で、「普及金属」の代表格である。青銅はコストが高くつき、もっぱらエリート層の武器や装身具に使われていた。鉄は豊富にあったので、コストが安く、農業や日常の道具に使うことができた。その結果、農場の生産性が上がると同時に、耕作に不向きな土地でも農業ができるようになり、人口の増加が加速した。

鉄器時代が始まるとすぐ、人類の進歩は自動的でも直線的でもないことを如実に物語る出来事が起きる。歴史家のエリック・クラインは著書『紀元前1177年――文明が崩壊した年』で、東地中海の都市がほんの数十年のうちに破壊されていくさまを描いている。そうして東地中海全域が1世紀にわたる暗黒時代に突き落とされた。たとえばギリシャでは、何百年ものあいだ文字が姿を消した。紀元前8世紀になって文字がギリシャに戻ったが、中東から取り入れた文字から派生した新しいアルファベットを土台としていた。青銅器時代のギリシャの文字技術は完全に途絶え、ミノア

図7　古代の人口の推定、紀元前1万年〜紀元1年

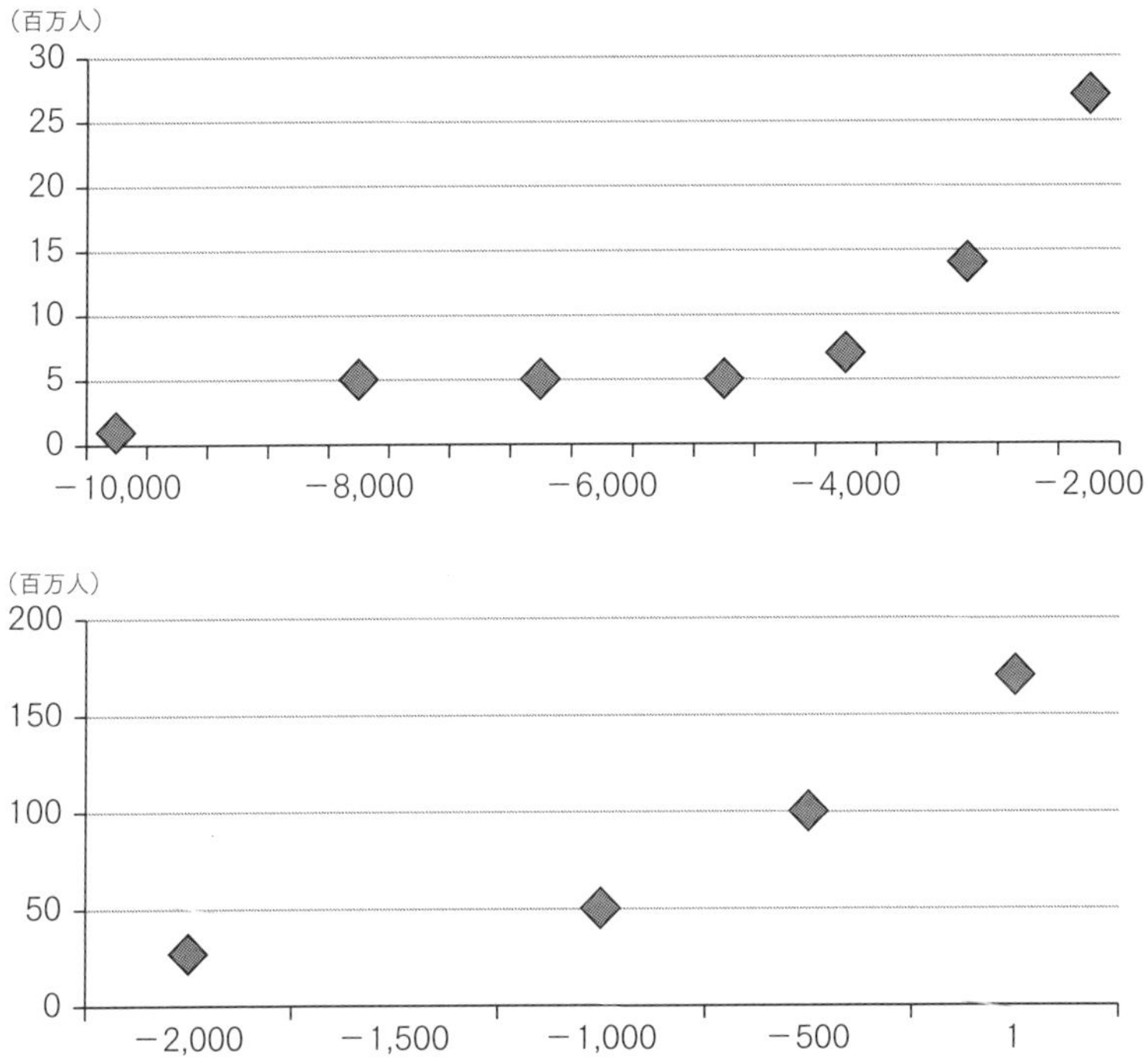

古代には人口が増加する局面が3回あった。1回目は人類が農業を習得したとき（紀元前1万〜8500年の増加期）、2回目は青銅器がつくられるようになったとき（紀元前5000〜2000年の増加期）、3回目は鉄がつくられるようになったとき（紀元前約1000年以降）だ。

青銅器は人類の生活環境に大幅に取り入れられるようになったが、青銅器をつくるには錫が必要だった。錫は希少である。それに比べると鉄は豊富にあるが、鉄から道具や武器をつくるにはより高度な冶金のスキルが必要だった。こうしたスキルは最初に今日のトルコで発展したと思われる。

上と下のパネルは縦軸（百万人）の目盛りが大きく異なっている点に注目してほしい。

出所：アメリカ推計人口調査の公開データ（www.census.gov）。

図8　生産／消費クラスター、紀元前約500年

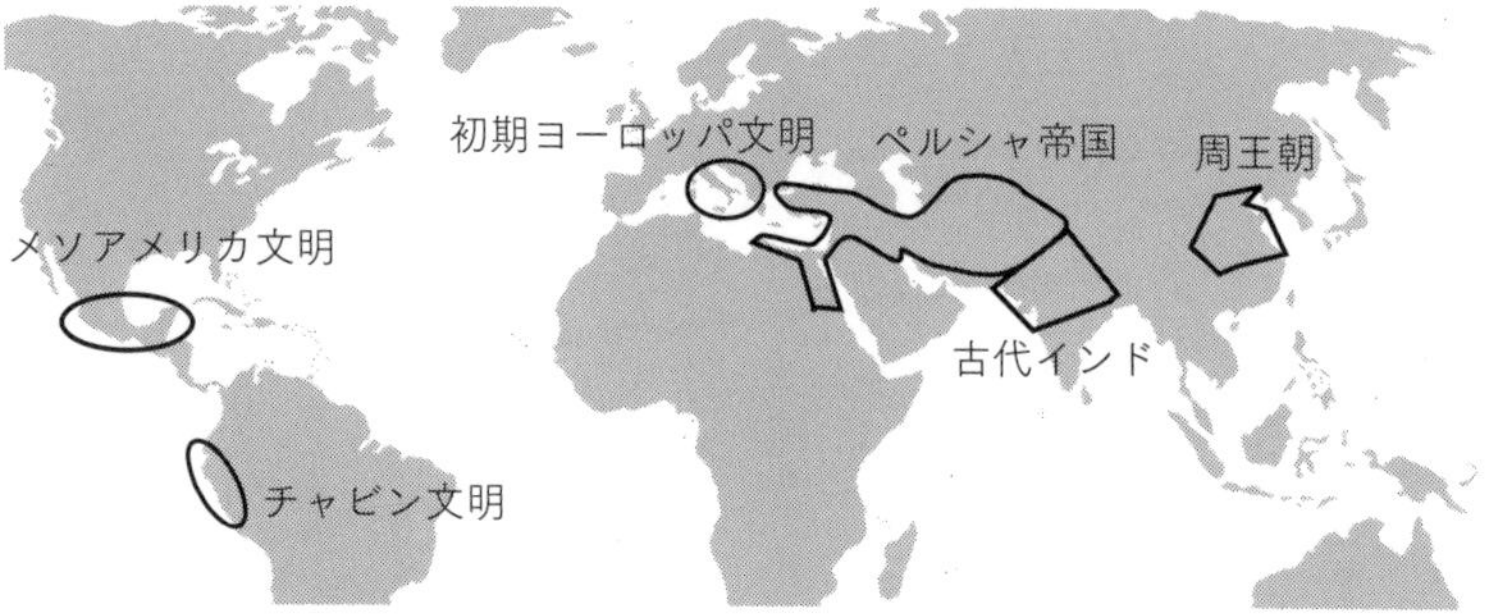

グローバル経済はフェーズ2に起こった。中東、エジプト、インド／パキスタン、中国で生産と消費が結合したクラスターが生まれ、グローバル経済を支配した。政治組織は頻繁に変わったが、経済組織は少なくとも紀元前2000年以降、安定した。しかし経済は拡大し、紀元前500年までには三つのハブ（エジプト、中東、インド／パキスタン）が直接接触するようになった。

ラテンアメリカでもハブが生まれたが、15世紀まで隔絶されていた。

出所：Ian Morris, *Why the West Rules－for Now* (London：Farrar, Straus and Giroux, 2010)（邦訳、北川知子訳『人類5万年　文明の興亡――なぜ西洋が世界を支配しているのか』（上下）筑摩書房、2014年）；Ronald Findlay and Kevin O'Rourke, *Power and Plenty* (Princeton, NJ：Princeton University Press, 2007).

やミケーネの文字資料の一部はいまだに解読されていない。理由はこれとは関係ないが、初期インダス文明は紀元前2000年紀に崩壊し、インド亜大陸は1000年にわたって文字のない時代に入った。

文明が崩壊しても、世界人口の増加に歯止めはかからなかった（図7）。鉄が普及したことで、高度な文明があってもなくても、増えつづける人口を養えるようになったのである。

紀元前500年には、文明はアジアの中心地から西に向かって進み、ギリシャ、イタリア、北アフリカに広がっていた（図8）。インド亜大陸は独立した文明として再興し、経済活動の中心はガンジス河流域の平野に移っていた。中国文明は、南は揚子江流域の盆地、西は横断山脈、北は朝鮮半島に及んでいた。

アジアの政治地理には紆余曲折があったが、経済地理はきわめて安定していた。アジアの四大文明地域は、その後1000年にわたって経済の要でありつづけた。消費と生産が固定された場所で結合する第一の「バンドリング」が重要な意味合いを持っていた三つ目の要素が、貿易である。

〈固定された生産／消費クラスター間の貿易〉

今日でいう貿易とは、国内でつくられて外国で売られるモノが、固定された地域間で移動することである。こうした形の貿易は、この段階で生まれた。革新的なイノベーションだったのが、ラクダの家畜化（紀元前1000年頃）、航海技術の向上、沿岸航海の進歩である。どのような財が貿易されていたのかを知るには、考古学的な発見や文献資料が手がかりになる。たとえば、トルコの西岸沖で発見された紀元前14世紀の難破船からは、銅と錫のインゴット（青銅の材料）、ガラスビーズ、黒檀、象牙、亀甲、ダチョウの卵殻、松ヤニのつまった陶器の壺、数種類の武器や道具のほか、エジプトの装身具が発見された。このように、貿易で取引されるのは、地元では手に入らない重要な原材料や贅沢品などに限られていた。

地理的には、メソポタミアがハブとなった。海路ではインダス河流域に近く、陸路ではナイル河流域に近かった。中国は広大な山、砂漠、海、密林に囲まれて他の文明地域から隔てられており、鉄器時代の西アジア貿易には加わらなかった。初期のアメリカのクラスターは隔絶していて、この状態はさらに2500年続く。

図9　アジアの支配的地位：人口10万人超の都市による証拠

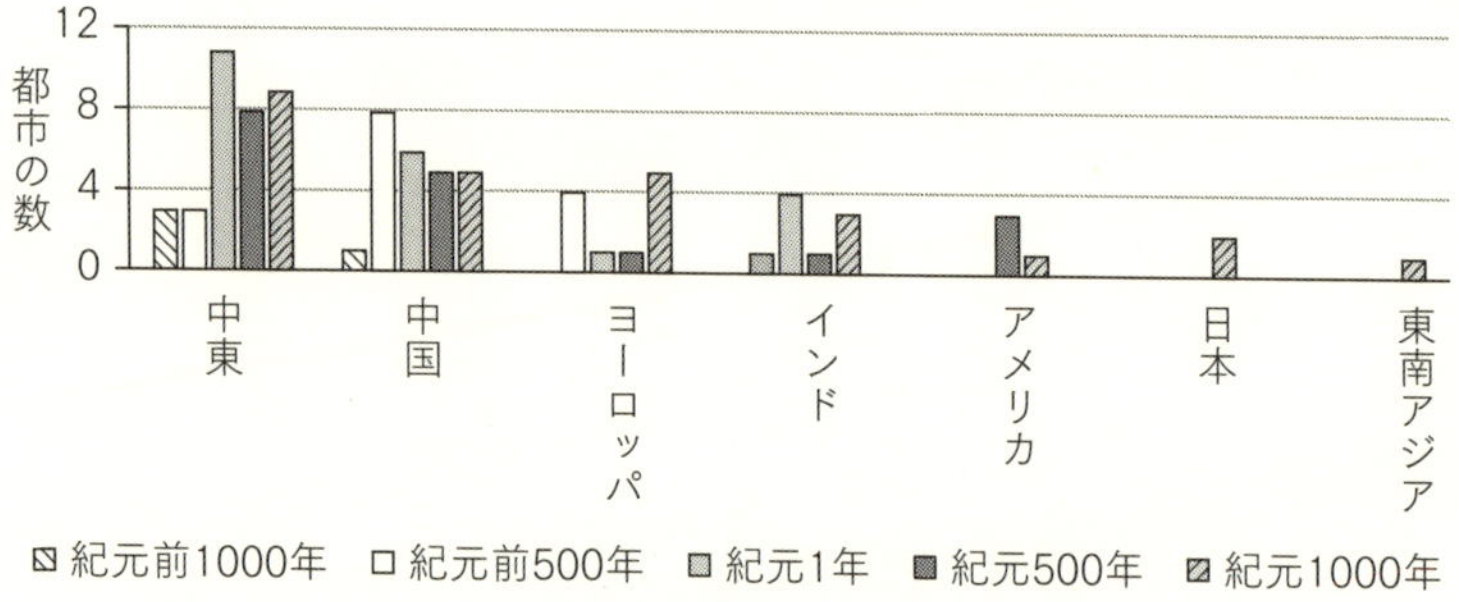

都市の人口は総人口や経済生産よりも推定しやすい。アジアと中東の大都市のシェアが圧倒的に高く、こうした地域がフェーズ2を通じてグローバル経済で支配的な地位にあった直接の証拠になる。このチャートではエジプトは中東に含まれているので注意すること。

出所：George Modelski, *World Cities: −3000 to 2000*（Washington, DC：FAROS, 2003）での著者による都市の分類。

図8のような地図ではわからないが、アジアはフェーズ2を通じて支配的な地位にあった。鉄器時代の地域別の人口や所得については、全面的に信頼できる数字がないものの、都市の数に関するデータについては考古学の資料がある（図9）。

大都市は文化全般に関する文書記録が残っていることが多く、何らかの情報が現存している可能性が高くなる。また、物理的な証拠も出土している。政治科学者のジョージ・モデルスキーは、都市の推定面積（単位ヘクタール）を使い、さまざまな人口密度係数を適用して、住人の数を割り出している。その結果を示しているのが図9であり、それを見ると、アジアが支配的な地位にあったということがよくわかる。古代の都市の風景では、中国と中東が突出した地域だった。紀元前500年でさえ、インドと中国の都市の数はヨーロッパの2倍

図10　交易は四つのクラスターを結んでいる：
シルクロードの陸路と海路、紀元1年頃

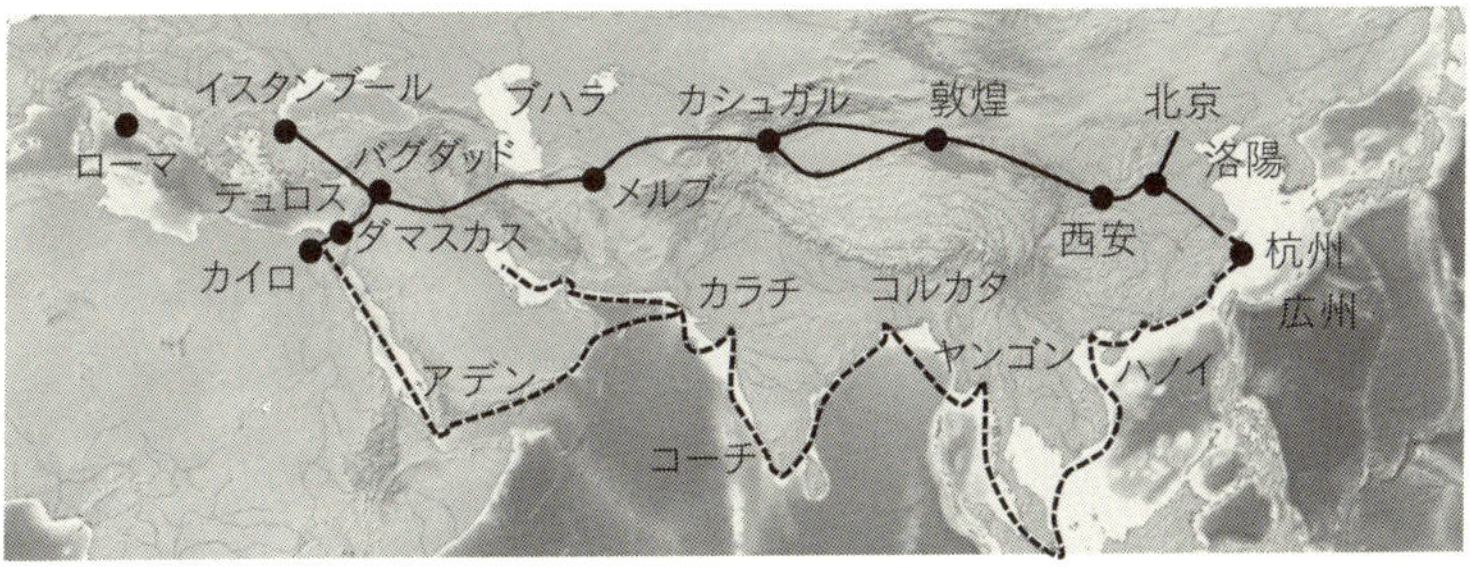

シルクロードは、アジアの極西と極東にある経済クラスターを初めて結んだ交易路だった。交易は陸路と海路で行われた。シルクロードが開かれたのは紀元前200年頃で、紀元1300年頃に最盛期を迎え、紀元1453年にコンスタンティノープルが陥落するまで続いた。

注：地図の都市名は、現代の対応する都市名がある場合にはそれを使っている。
出所：ウィキコモンズの背景地図、ルートはさまざまな出所にもとづいて筆者が加筆。

あった。

第二段階：ユーラシアの統合（紀元前200年～紀元1350年）

文明の三つの西側の核は、太古の時代から接触があったが、中国がそこに加わったのは、紀元前200年頃にシルクロードが開かれてからだった。陸路のルートはチベット高原の北縁を通り、漢王朝とローマ帝国を結んだ。シルクロードは海路で補完され、中国、東南アジアからインド、中東、南ヨーロッパをつないだ（図10）。

ユーラシアの文明が一つにつながったことで、グローバリゼーションの長い行進は次のステージに入る。それから17世紀にわたり、シルクロードは主要な生産／消費クラスターを結びつづけたが、西暦450年頃に西ローマ帝国が崩壊し、高度に組織化された文明の西端は、トルコとエジプトまで後退した。

この時代、世界の経済地理はとても安定していたが、王国や王朝、帝国が乱立するなか、生産／消費クラスターの政治組織は目まぐるしく変化した。特に大きな影響を与えたのが、イスラム黄金時代とモンゴル帝国の勃興である。

モンゴル帝国は、世界史上最大の国土を獲得した帝国であり（この記録は今も破られていない）、西暦1200年頃から約160年間、シルクロードの陸路全体を支配下においた。この時代はパックス・モンゴリカと呼ばれる。イスラム世界は7～13世紀に拡大し、シルクロードの南の海路の大半が一つに結ばれて、貿易を後押しした。こうして、東南アジアから南スペインに広がる地域で貿易コストが下がった。

シルクロードが一部の都市や、大半の国のエリートたちに重要な効果をもたらしたことを示す証拠はたくさんある。しかし、輸送技術が十分に発達していなかったため、貿易が平均的な人々の消費に大きなインパクトを与えることは、物理的に不可能だった。

ざっと計算するだけで、シルクロード貿易の実態が浮き彫りになる。西暦1000年、中東とヨーロッパにはそれぞれ4500万人が暮らしていた。その一人ひとりに、ある量の中国の財を供給するためには、毎日どのくらいの長さのラクダの隊列が必要になっていたか、考えてみよう。ラクダ1頭が運べる重さはだいたい400キログラムであり、ラクダの体長は3メートルほどなので、西洋人に一人当たり年間1キログラムの財を届けるには、約1キロメートルのラクダの隊列が毎日到着しなければいけなくなる。一人当たり週1キログラムとなると、52キロメートルのラクダの隊列が毎日やってくる必要がある。ラクダは1日に25キロメートルほど移動できるとはいっても、それにはシルクロードは二車線の道路のようでなければいけないが、実際には砂塵の舞う道なき道を進んでいた。

もちろん多くの財は海路で届いていたはずだが、このように具体的な数字を出してみるとわかるように、シルクロード貿易によって一般大衆の生活が著しく変わることはありえない。シルクロードが北はモンゴル帝国のもと、南はイスラムのもとで一つにつながっていた時代でさえ、平均的な人の消費を変化させるのに必要な量の貿易が行われるなど、考えられないことだった。たとえば、西暦220年頃にローマを統治したヘリオガバルス皇帝が初めてシルクだけでできた服を身にまとったとき、ローマではシルクの値段が中国の100倍もした。ウィリアム・バーンスタインは著書『華麗なる交易——貿易は世界をどう変えたか』でシルクロードについて興味深い考察をしており、それによると1オンス当たりの価格は金と変わらなかったという。[4]

古代に大量輸送が行われていたことを示す例の一つが、ローマの「小麦輸送船」だ。ローマの大衆が消費する穀物を、サルジニア島、シチリア、エジプトから運んでいた。その様子はキリスト教の聖書にありありと描かれている。『使徒言行録』第27章に、使徒パウロが西暦67年にエジプトからローマに小麦輸送船で護送されたときのことが記されている。そこではパウロを乗せた船が暴風雨に襲われ、何日も漂流したのちに座礁し、積み荷をすべて失うくだりが語られており、貿易がいかに危険で困難なものだったかがよくわかる。パウロは無事に陸地まで泳いでたどり着くことができた。

歴史学者にとっては重要かもしれないが、この時代の貿易は、大半の人を取り巻く現実を変えることはほとんどなかった。平均的な人は飢えと無縁というわけではなく、貿易が困難だったときには、現地でつくられた品物を消費するしかなかった。東西貿易に関する統計は存在しないが、輸送される財は主に、エリートが使う財や現地では希少な原材料だったようだ。それを物語っているのが、紀元9世紀にインドネシア沖で難破したアラブ船である。考古学者たちはそこから、中国の陶器、鋳鉄の器、銅合金の鉢、回転砥石、石灰、金メッキの銀食器、銀メッキの箱、大きな銀のフラスコ、中国の銅鏡、香辛料を引き上げている。

1700年代になっても、輸入はまだ難しく、時間もかかるので、あまり行われていなかった。アンガス・マディソンが大著『世界経済史概観――紀元1年～2030年』で書いているように、1500年から1800年まで、ヨーロッパからアジアへの貿易の約半分をオランダ東インド会社が占めていた。同社はおよそ100隻からなる船隊を保有しており、船舶は10年の耐用年数のあいだにアジアまで4往復できた。1回の航海でヨーロッパに運ぶ荷物は1000トンに満たなかった。17世紀を通じて、アジアに航行したヨーロッパ船の数は3000隻にすぎない。18世紀全体の航行船数はその2倍強だった。[5]

第三段階：ヨーロッパの勃興（1350～1820年）

パックス・モンゴリカのもとで貿易が盛んになったが、同時に意図しない効果ももたらした。黒死病（腺ペスト）のグローバリゼーションである。黒死病はそれまでにも何度か惨禍を引き起こしていたが、1350年以降の大流行は凄まじく、社会を一変させることになった。黒死病はシルクロードを介して東から西へと広がり、1347年にヨーロッパに到達した。

わずか3年で、ヨーロッパの全人口の4分の1から2分の1が黒死病で命を落とした。ノーマン・

カンターは著書『黒死病――疫病の社会史』で、イスラム世界への影響も少なくともヨーロッパと同じくらい深刻だった、と指摘している。これに対し、中国とインドへのインパクトはそれほど大きくなかったようだ。[6]

〈黒死病：古代世界の再起動〉

黒死病の流行は分水嶺となった出来事だといえる。人類の歴史上で屈指の大きなシフトの起爆剤となった。人口が激減したことで、ヨーロッパ社会は進歩したが、イスラム世界は逆に後退したのである。

この差を説明するさまざまな理論を、経済史学者が提示している。ロナルド・フィンドレイとケヴィン・オルークは共著『力と豊富さ』で、このようなショックがどうして西洋にプラスに働き、中東にはマイナスに働くようなことになったのかについて、興味深い議論を展開している。一つには、西ヨーロッパは封建領主の支配のもとで勢力が均衡し停滞していたが、イスラム文明は都市を中心に繁栄していたからだとされる。黒死病の打撃は都市部のほうが大きかったので、そのショックで西ヨーロッパは悪い均衡から良い均衡へとシフトし、イスラム世界は逆に良い均衡から悪い均衡に移っていたのではないかと考えられる。[7] 経済史学者のスティーブン・ブロードベリーは、2013年の論文「大いなる分岐を検証する」で、黒死病のもたらすインパクトがヨーロッパとイスラム世界で異なるものとなったのは、農業の種類、女性の初婚年齢、労働供給の柔軟性、国家組織の性質によるとしている。[8]

それを説明する経済のメカニズムがどうだろうと、黒死病がイギリスの所得に大きなインパクト

図11　黒死病がイギリスの所得に与えたインパクト

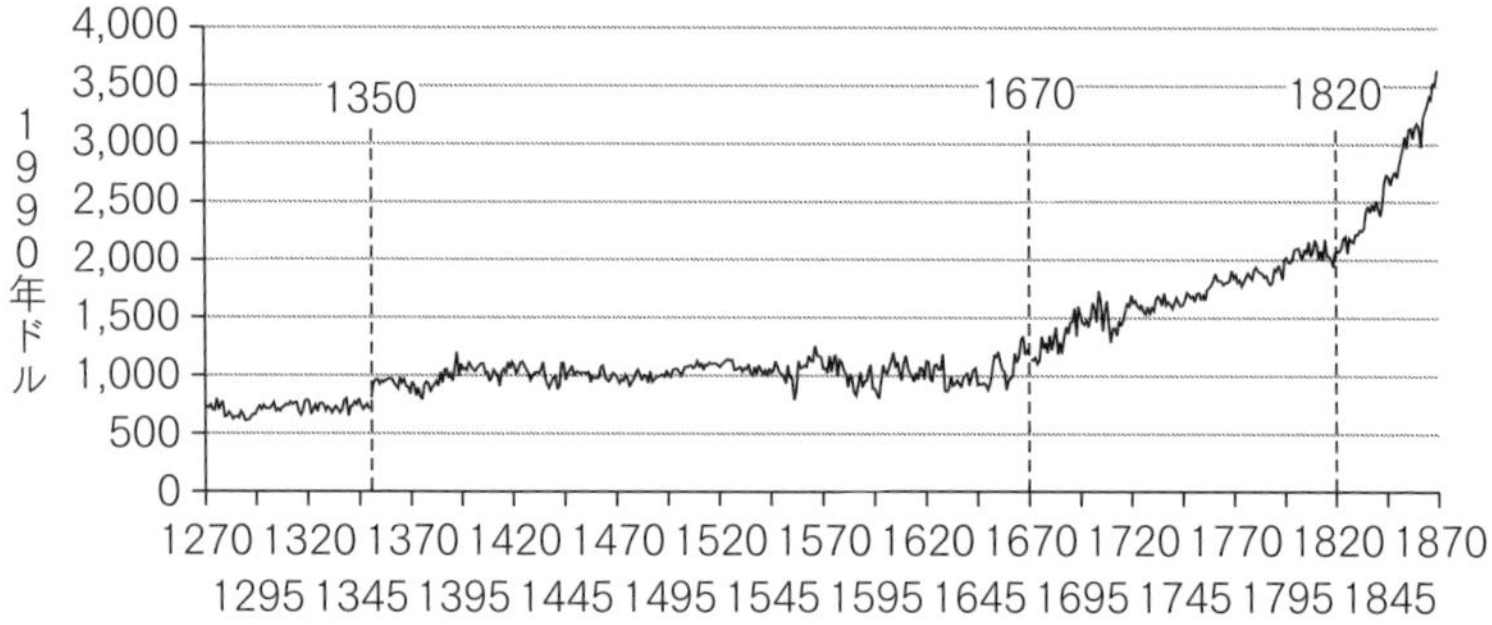

イギリスの国民一人当たり所得は何千年も最低生活水準近くで停滞していたが、黒死病が1回限りの押し上げ効果を生んだ。成長率は安定せず、たびたび後退したが、イギリスの生活水準は少しずつ上向いていった。これは1370年から1670年にかけての300年間に所得が26%増加したことによる。1670年以降の150年間の年伸び率は0.2%と2倍になり、1820年の所得は1670年の水準を13%上回った計算である。この伸び率は今日では特段目を引くものではないが、これが持続的な経済成長の起点となり、19世紀に人間のあり方を一変させることになる。

出所：Stephen Broadberry, "Accounting for the Great Divergence," Economic History Working Papers 184-2013, London School of Economics, November 2013の国民一人当たりGDP。

を与えたことは、図11からも明らかだ。国民一人当たり国内総生産（GDP）はちょうど1350年頃に跳ね上がり、そこから少しずつ上向いて行っている（明らかに加速しはじめたのは、17世紀後半になってからである）。

分水嶺となった二つ目の出来事は、15世紀に訪れた。イスラム世界の細分化、明王朝による政策的な鎖国体制、コンスタンティノープルの陥落（オスマン帝国が拡大してヨーロッパとの貿易ルートが断たれた）によって、シルクロードが遮断されたのだ。

この時代には中国文明が繁栄し、元王朝、明王朝のもとで芸術、科学、製造業が隆盛をきわめた。南海への大航海も行われている。歴史家

図12　生産と人口の世界シェア：紀元1500年にはアジアが世界を支配していた

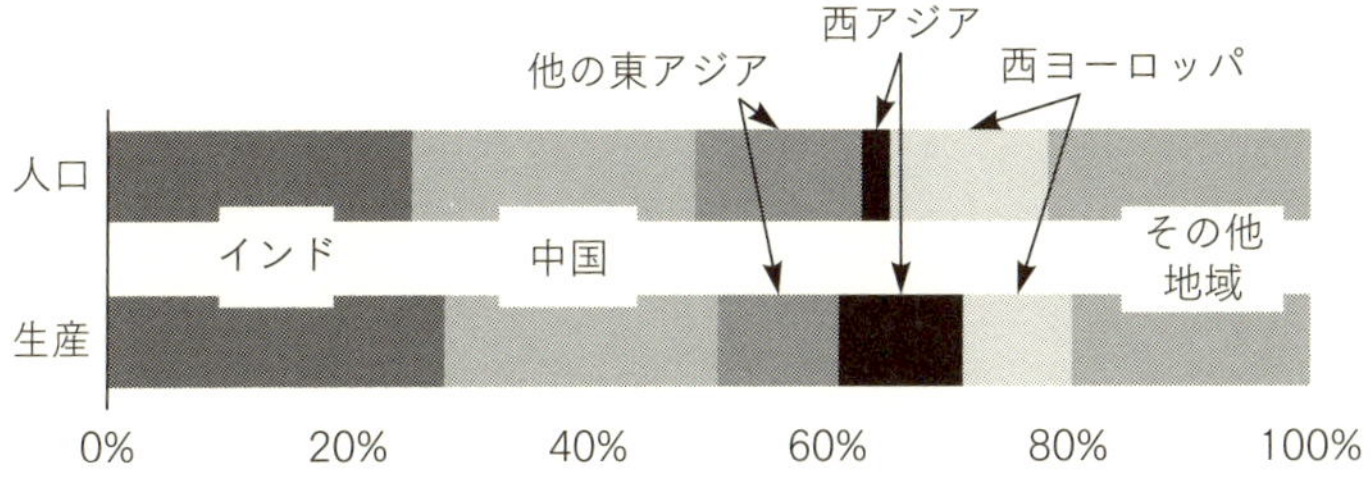

紀元1500年には、世界各国の国民一人当たり所得に極端な差がなかった。そのため人口とGDP（生産）の分布は似通っており、1500年にはアジア、特にインドと中国が世界経済を支配していた。地球全体の人口と経済生産に占める西ヨーロッパのシェアはそれぞれ18%、13%にすぎなかった。

西アジアは人口のシェアに比べて生産のシェアがとても高いが、この時期は「イスラムの黄金時代」と呼ばれる時代にあたり、一人当たり所得が非常に高かったためである。

出所：マディソン・データベース（2013年版）。

のエドワード・ドレイヤーが著書『鄭和――初期明王朝の中国と海』で詳しく述べているように、中国の武将、鄭和は、大きさも性能もヨーロッパの船を圧倒する船団を率いて、中国から東南アジア、インド、ペルシャ、アフリカまで航海した。[9]

シルクロードが分断されたことで、こうした中国の前進がヨーロッパと中東に伝わらなくなった。

〈中東とアジアの経済支配〉

シルクロード交易が15世紀に途絶えたときには、アジアが世界経済を支配していた。アンガス・マディソンはGDPと人口のシェアを紀元1年に遡って推計しており、直近のデータとなる1500年の数値を図12に示した。

ここで鍵となるポイントは、この時代の人類文明の重心はアジアだったということだ。北大西洋のグローバリゼーションをめぐる議論では、この事実がたいてい見落とされている。歴史家のフェリペ・フェルナンデス＝アルメストが1995年の著作『ミレニアム――文明の興亡　この1000年の世界』で述べているように、ヨーロッパは、経済的にも、地理的にも、「アジアの小さな岬」だった。[10]

〈プロト・グローバリゼーション（1450〜1776年）〉

シルクロードの開通は、グローバリゼーションの長い歴史のなかできわめて重要な段階となった。1450年の閉鎖も、それと同じくらい大きな出来事になる。これを機に、歴史家のアンソニー・ホプキンスが「プロト・グローバリゼーション」と呼ぶ時代に入った。この時代は、フェーズ3で訪れる劇的なシフトの準備段階となる。

プロト・グローバリゼーションは3本の柱に支えられていた。ルネサンス・啓蒙思想、大航海時代、そしてコロンブス交換である。

〈ルネサンスと啓蒙時代〉

14世紀、ヨーロッパはアジア文明の西縁から、世界の一大経済・軍事圏へと変わりはじめた。ジョン・ホブソンやフェルナン・ブローデル、イアン・モリスらは、ヨーロッパが復活したのは、中東と極東の高度な文明から借用した思想、制度、技術によるところが大きいとしている。その大半は、イスラム黄金時代にイスラムの学者によって守られて、統合され、拡張されていたものだった。

特に重要だったのが、イスラムの商慣習、数学、地図製作のほか、製鉄と鋼の生産技術、印刷機、新しい農業手法、航海術、火薬をはじめとする、中国の数々のイノベーションだった。

ルネサンス（1300年代～1600年代）は、ミケランジェロ、ガリレオ、ルター、ダヴィンチ、マキャヴェリ、コペルニクスらの登場で最盛期を迎える。啓蒙時代（1600年代と1700年代）には、デカルト、ロック、ヴォルテール、ホッブス、ヒューム、カント、ニュートン、スミス、ルソーらの思想が加わり、ヨーロッパは急速に台頭していく。銀行業や金融、市場もヨーロッパで大きく発展した。

貿易と、のちにグローバリゼーションと呼ばれることになるものを支える経済思想の土台は、この時期につくられた。鍵となったのは、アダム・スミスが1776年に発表した大著『国富論』である。この本は、フランスの重農主義の著述家が唱えた思想に拠って立っていた。

〈ヨーロッパの大航海時代：地球がグローバル化する〉

1400年代初め、経済と製造業のグローバルな重心はまだアジアにあった。シルクロードが閉鎖されると、中東の領土を経由せずに、東方の富裕層と交易する新しい手段を発見する経済的な見返りが大幅に高まった。ポルトガル国王はアフリカ周りでアジアに向かう航路を見つけるための航海に資金を投じ、新航路の開拓が本格的に始まった。この一連の探検航海によって、「地球」がグローバル化することになる。

ポルトガル人はまず、1419年にアフリカ西岸を探検した。出発してすぐ、卓越風（南大西洋循環）の影響で、西に進路をとったほうが南に移動しやすいことに気づいた。風の動きや海の流れで西に大きく流されて、南アメリカを見つけているが、そのときはこの発見をそれ以上調査しようとはしなかった。

1488年、ポルトガルの船団が喜望峰を通過した。これがグローバリゼーションの最初の大きなブレークスルーとなる。4年後には、西回りでアジアへ行く航路を開こうとしていたコロンブスが、目標とは違ったが、中央アメリカへの上陸を果たす。そして10年後、ポルトガルの船団がアフリカ経由でインドに到達、ポルトガルに帰還して、成果を報告した。そのわずか2年後には、ブラジルはポルトガル領であると宣言されている。

1500年代末には、ポルトガルは、リスボンからアフリカ西岸・南岸、中東、インド、東南アジアを通って長崎を結ぶ交易所を各地に設けていた。スペインは、ペルー、ボリビアを筆頭に、中央アメリカ全土と南アメリカの西海岸を植民地化した。

16世紀初めから、ヨーロッパ人はヨーロッパからアジアへの貿易を支配し、「覇権」を奪い合った。オランダ人がポルトガル勢を駆逐すると、そのオランダ人はイギリス人に駆逐された。

この「大航海時代」には、アジアとヨーロッパの交易ルートが変わっただけでなく、ヨーロッパによる南北アメリカの植民地化も進んでいる。それがやがて、ユーラシアの文明による1万年にわたる経済支配を突き崩す一因になる。

〈コロンブス交換：食用作物と感染症〉

地球の経済の重心が北大西洋にシフトした背景の一つに、いわゆるコロンブス交換がある。アメリカから持ち込まれた食用作物、特にジャガイモとトウモロコシは、ヨーロッパが臨界人口密度に

図13　ヨーロッパとアメリカの人口、紀元1～1820年

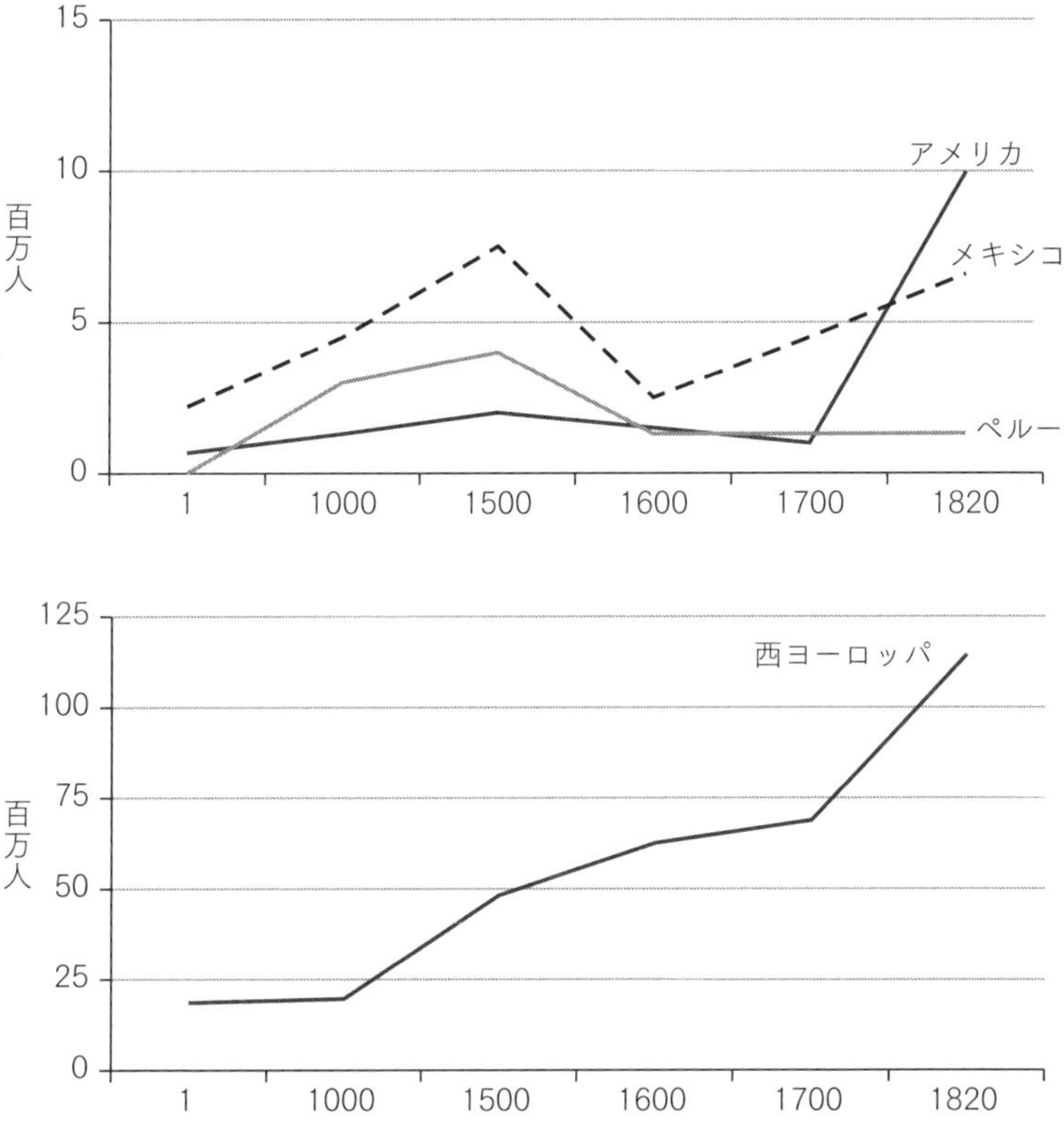

コロンブス交換によって新しい主食が持ち込まれ、ヨーロッパの人口は急増した。反面、天然痘、はしか、チフスなどの旧世界の病気が持ち込まれて、新世界の人口は激減した。その結果、旧世界は人が多すぎて土地が足りなくなり、新世界は逆に人が少なすぎて土地が余っている状況になった。旧世界のチャートの目盛りは新世界のチャートの目盛りの約10倍になっている点に注目してほしい。

出所：マディソン・データベース（2013年版）。

達するのに不可欠な要素だった。それと引き換えに、新世界の人口を激減させ、メソアメリカとアンデスの古代文明を崩壊寸前に追いやった新しい病気がヨーロッパから持ち込まれた。両方の効果を図13に示している。

〈産業革命が始まる〉

プロト・グローバリゼーションとフェーズ3のあいだのグレーゾーンは、イギリスで産業革命が始まった時期である。「革命」という言葉は結果を指しており、ペースの速さに関するものではない。産業革命では、技術、組織、社会、制度が1世紀かけて漸進的に変化し、人間のありようが完全に変わることになった。

経済史学者のニック・クラフツなら、産業革命は徐々に進展していったのだから、特定の年を基準年に使うのは誤解を招くと言うだろうが、１７７６年が一つの目安になる。というのも、クラフツはこの年にイギリスの産業の成長に構造的な変化が起きたとしているからだ。おあつらえむきに、１７７６年はアダム・スミスの『国富論』が出版された年でもある。

産業革命は輸送の向上と直接結びついていた。18世紀末に内陸水運・道路輸送網が密になった。新しい帆の種類や構造が開発され、新しい造船技術が生まれたほか、航海術が大きく進歩するなどして、水運が発達した。１７００年代には、ヨーロッパ人は世界地図を作成しており、航海は容易になっていた。植民地主義は拡大しつづけ、特にイギリス、フランス、オランダがこれを推し進めた。南北アメリカで独立の動きが活発になったものの、大西洋で貿易が途絶えることはなく、経済は発展しつづけた。

このプロセス全体を育んだのが、ロンドンを中心とする金融仲介業の急速な発展だった。その結果、イギリス経済は農業から製造業へと方向転換し、人口は農村部から都市部へとシフトした。
大きな変化が起きたのは、当初はほとんどイギリスだけだった。1789年にフランス革命が始まり、ナポレオン戦争が数十年にわたって続いたため、産業革命がヨーロッパ大陸に波及するのが遅れたからだ。デヴィッド・ランデスが1969年の有名な著書『西ヨーロッパ工業史』で述べているように、大陸は「資本の破壊と労働力の喪失、政治の不安定化と社会不安の蔓延、裕福な企業家層の大量殺戮、あらゆる形の貿易の中断、凶暴なインフレーションと通貨の変動」に見舞われ、技術の進歩が妨げられた。[11] とりわけナポレオン戦争期には、フランスとイギリスが貿易を妨害し合ったため、貿易に直接的な影響が及んだ。

〈アジア経済の停滞と大西洋経済の台頭〉

中東は1500年にわたって東西貿易を独占してきたが、その支配が終わると、経済力、政治力、軍事力のグローバルな分布が大きく変化した。図14（上のパネル）が示すとおり、紀元1千年紀には、古代文明圏のほうが進んでいた。実際、一人当たりの所得が、飢えずにすむ必要最低限の水準を上回っていたのは、古代文明圏だけだ。エジプト、インド、イラン、イラク、中国、トルコ、ギリシャ、イタリアのほか、ポルトガル、スペイン、フランスなどのローマの植民都市である。北大西洋諸国と日本の所得はまだ、最低生活水準に近かった。
紀元1000年を迎える頃には、ローマとローマの植民都市は没落する一方、イスラム文明が発展し、ビザンツ帝国が台頭した。

図14　一人当たり所得、紀元1〜1820年（1990年ドル）

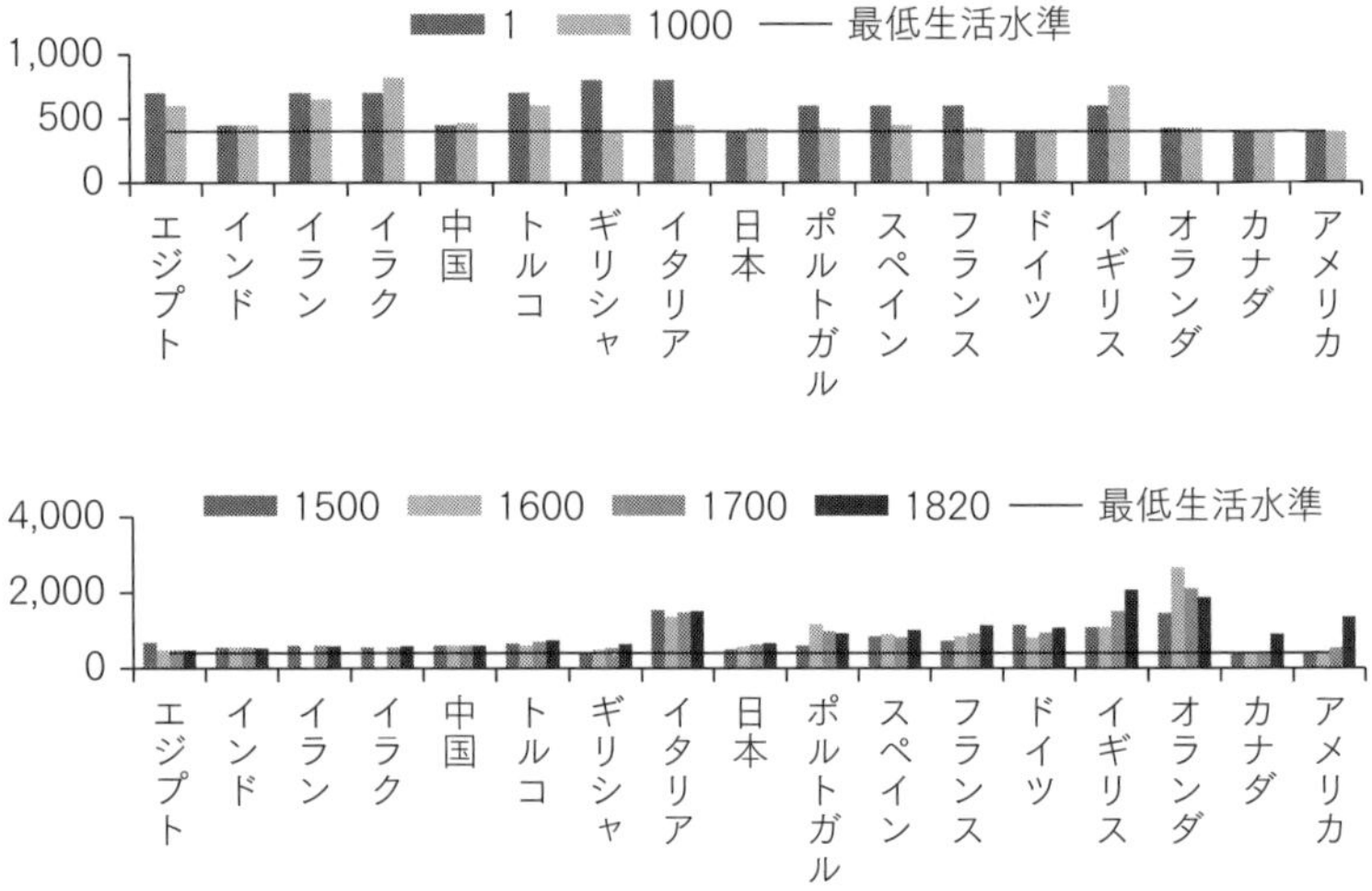

世界の大半の国の所得は飢餓水準に近かった。いわゆるマルサス的最低生存費水準であり、アンガス・マディソンは現代の価格水準で年400ドルと試算している。紀元1000年までは、所得がこの水準を上回っていたのは古代文明圏だけであり、そこでさえ大きく上回っていたわけではない。プロト・グローバリゼーション期には、西ヨーロッパとその新世界の領土の所得が増えた一方、古代文明圏の所得は頭打ちになった。

出所：マディソン・データベース（2009年版）。

図15　1820年のアジアの世界経済支配（世界所得に占めるシェア）

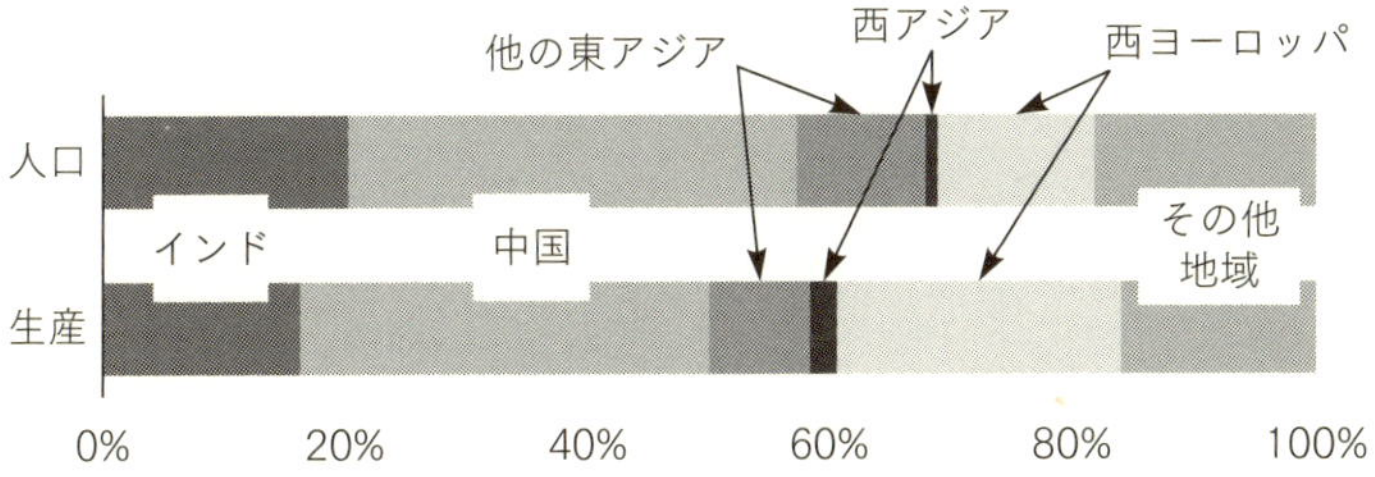

1820年には、大西洋圏の所得がアジアの所得を大きく上回るようになっていたが、アジアは人口が圧倒的に多く、依然として地球の経済の重心だった。中国は清王朝期に新しい食用作物が導入されて人口が急増した。その結果、地球の人口に占めるシェアは1500年には約25%だったが、1820年に現代のグローバリゼーションが離陸したときには、ほぼ40%まで上昇した。

出所：マディソン・データベース（2013年版）。

1500年以降は、状況が大きく変わりはじめる（図14の下のパネル）。ルネサンスを牽引したイタリアを除くすべての古代文明圏が停滞し、西ヨーロッパの所得が増えた。それが特に顕著だったのが、ヨーロッパの四つの帝国（イギリス、オランダ、スペイン、ポルトガル）である。ヨーロッパの所得が増えた背景には、経済と政治の大きな変容があった。封建主義的な農村中心の社会は、都市型の市場経済へと移行した。この変化は商業革命と呼ばれる。

〈人口と一人当たり所得〉

フェーズ2に大西洋圏とアジアの一人当たり所得の格差が生まれたが、グローバル経済はアジアが支配しつづけた。図15に示すとおり、アジアが抱える莫大な人口が、大西洋諸国の所得の優位性を打ち消したのである。

変化の胎動

フェーズ2では世界の人口分布が固まった。紀元1年には、人類の約3分の2がアジアの東部および南部に居住していた。この比率は今もほとんど同じである。理由は非常に単純だ。アジアはとても暮らしやすい。ところが、大きな変化が水面下で起きていた。フェーズ2がちょうど終わる頃に広がりはじめた一人当たり生産高の分布のシフトが、やがて世界経済を根底からひっくり返すことになる。次の章はフェーズ3のストーリーがテーマになる。

BOX2

「フェーズ2」の要約

人類は有史以来、今日の地球温暖化が春の雨に見えるような気候変動に見舞われてきた（図4参照）。約1万2000年前、地球の気候がより「文明的」なパターンに落ち着くと、フェーズ2が始まった。

生産と消費は引きつづき結びついていたが、農業革命が起きて、消費が生産の場に移動するのではなく、生産が消費の場に移動するようになった。フェーズ2のグローバリゼーションとは、世界経済が「ローカル化」することだった。

▼重要な結果
現代世界が家だとすると、フェーズ2は家の基礎にあたる。文字、崇拝から政府、小型砲艦まで、文明を象徴するものはすべて、この時期に現代的な形になった。この基礎は三つの段階を経て築かれた。

▼気候が変動してアジアが勃興する（紀元前1万〜紀元前200年）
気候が温暖化して安定すると、穀物の栽培に適した地帯（北緯30度前後）に位置し、河が毎年氾濫する四つの河の流域で、生産が消費とはじめて結びつくようになった（河の氾濫で、土地がやせるという古代農業を悩ませていた問題が解決した）。これらの地域には、何千年にもわたって同じ場所に大勢の人がいて、食料が豊富にあったため、やがてエジプト、メソポタミア、インド／パキスタン、中国で古代文明がおこった。西側の三つのクラスターのあいだで交易はあったが、現地にはない原材料やエリートが使う財が中心だった。

▼シルクロードができてユーラシアが一つにつながる（紀元前200年〜紀元1350年）
四つのすべてのクラスターで定期的な貿易が始まったが、輸送コストが高く、交易量は非常に少なかった。

▼黒死病が大流行して社会が一変し、ヨーロッパが台頭しはじめる（1350〜1820年）
西ヨーロッパはずっと未開の辺境の地だったが（数世紀にわたって栄華を誇ったギリシャ＝

ローマ文明は例外)、一大経済圏へと発展を遂げ、たちまち経済力、軍事力、文化力で世界を支配するようになる。この富の逆転をもたらす鍵となったのが、ルネサンス・啓蒙思想、大航海時代、コロンブス交換である。産業革命は、フェーズ2の終わりにはイギリスの小さな山火事にすぎなかったが、フェーズ3には地球を覆う大火の嵐となった。

第2章
蒸気革命とグローバリゼーションの第一のアンバンドリング

人類の歴史における最大級のドラマの一つは、フェーズ3に生まれた。目を見張るような富の逆転が起きたのだ。

文明が夜明けを迎えてから、アジアと中東の消費／生産クラスターが、世界のすべてを文字どおりの意味で支配した。文字、都市、組織化された宗教、政府、法律、正規の軍隊、倫理学、数学、文学、詩――人類社会のありとあらゆる側面が、チベット高原の東、南、西に広がる生産／消費クラスターで発明された。古代文明圏は地球の経済活動も支配していた。それ以外のすべての地域を足し合わせても、経済生産の3分の1にも満たない。ところが、フェーズ3の終わりに、そのすべてが逆転した。

世界を変えてしまうようなこのドラマは、三つの幕に分けられる。

【第一幕：1820～1913年】

第一幕（設定）では、観客に「ヒーロー」（貿易コストの低下）や主要な登場人物（貿易、工業化、都市化、成長）が紹介される。第一幕はほぼ1世紀にわたって続く。

【第二幕：1914～1945年】

演劇の定石どおり、第二幕では「対立」が起きる。ヒーローは大きな困難にぶつかり、グローバリゼーションは失敗に終わる運命なのかと、観客はやきもきする。第二幕は30年ほどで終わるが、その短い時間のなかでヒーローは二度の世界大戦と大恐慌に見舞われる。保護主義が頭をもたげると同時に、戦争のあおりで生産と消費が再び結びつくようになり、観客は息をのむ。

【第三幕：1946～1990年】

第三幕では、ヒーローの貿易コストが落ち着きを取り戻して、逆境に打ち勝ち、「解決」が訪れる。貿易が自由化され、輸送のイノベーションが生まれて、貿易コストは40年にわたって下がる。生産と消費のアンバンドリングがかつてないほど進む。

この三幕構成は、便宜的にそうしたのではない。図16に示すように、データにはっきりと表れているのだ。

この逆転をもたらした技術のブレークスルーは、蒸気革命だった。蒸気動力を手に入れた人類は、大陸間の距離を克服し、馬力、風力、水力では想像もできなかったような形で、世界を一変させた。これを境にして、フェーズ2はフェーズ3へと移行する。歴史のナラティブを続ける前に、このショックを深く探っていこう。

図16　古代7ヵ国（A7）と先進7ヵ国（G7）が世界GDPに占めるシェア、1820～1990年

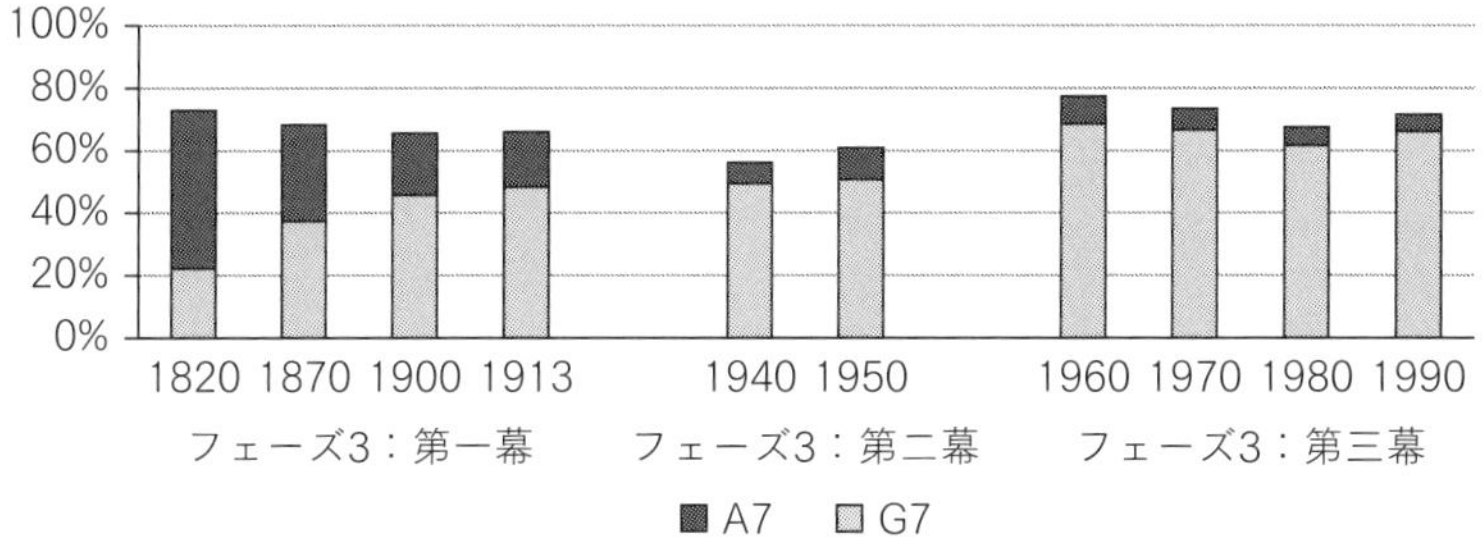

世界GDPシェアのシフトが物語るように、フェーズ3では運命の大逆転が起きた。古代文明7ヵ国（中国、インド／パキスタン、イラク、イラン、トルコ、イタリア／ギリシャ、エジプト）と、のちに先進7ヵ国と呼ばれるようになる国（アメリカ、日本、ドイツ、フランス、イタリア、イギリス、カナダ）の二つのグループの展開も「三幕」構成になっている。古代文明7ヵ国（seven ancient civilizations）はA7、先進7ヵ国（Group of Seven）はG7と略す（イタリアは1500年頃にA7からG7に移っているので、このチャートではイタリアはA7ではなくG7に入っている）。

GDPのシェアは第一幕でA7からG7に急激にシフトしたが、第二幕ではその流れが停滞し、第三幕になって一気に進んだ。A7とG7を合わせたシェアは三幕を通じておおむね80%で推移している点に注目してほしい。

出所：マディソン・データベース（2009年版）。

ブレークスルー：蒸気革命

フェーズ3では、あらゆる種類の貿易コストが劇的に下がった。第二次大戦後の貿易コストの低下はきまって「革命的」と形容されるが、それがかすんで見えるほどだ。図17（上段のパネル）に示すように、19世紀初めまでは貿易コストは大きく振れたが、そこから1世紀にわたって下がりはじめた。第一次大戦と第二次大戦のあいだには上昇したものの、その後はまた下がりつづけた。貿

図16に示した世界GDPシェアと同様、フェーズ3の貿易コスト（上のパネル）、貿易量（下のパネル）の進展も三幕構成になっている。貿易量は第一次大戦まで急増した。蒸気革命とパックス・ブリタニカを背景に、貿易障壁が急激に下がったためである。

所得の増加は貿易を強力に刺激するため、ヨーロッパ、日本、さらにアメリカなどのヨーロッパの植民地が産業革命を追い風に経済成長が離陸段階に入ったことも、貿易ブームに拍車をかけた。貿易量は戦間期には横ばいとなったが、その後は一貫して増加した。

出所：貿易量（輸出量）は、David S. Jacks, Christopher M. Meissner, and Dennis Novy, "Trade Booms, Trade Busts, and Trade Costs," *Journal of International Economics* 83, no. 2 (2011)：185-201にもとづき、1870年以前のデータは著者たちとの私的なやりとりのなかで得た。1870年以前の貿易コストは、Knick Harley, "Ocean Freight Rates and Productivity, 1740-1913：The Primacy of Mechanical Invention Reaffirmed," *Journal of Economic History* 48, no. 4 (1988)：851-876にもとづく。残りは、Saif I. Shah Mohammed and Jeffrey G. Williamson, "Freight Rates and Productivity Gains in British Tramp Shipping 1869-1950," *Explorations in Economic History* 41, no. 2 (2004)：172-203による。

図17　世界貿易コストと貿易量、1745〜1990年

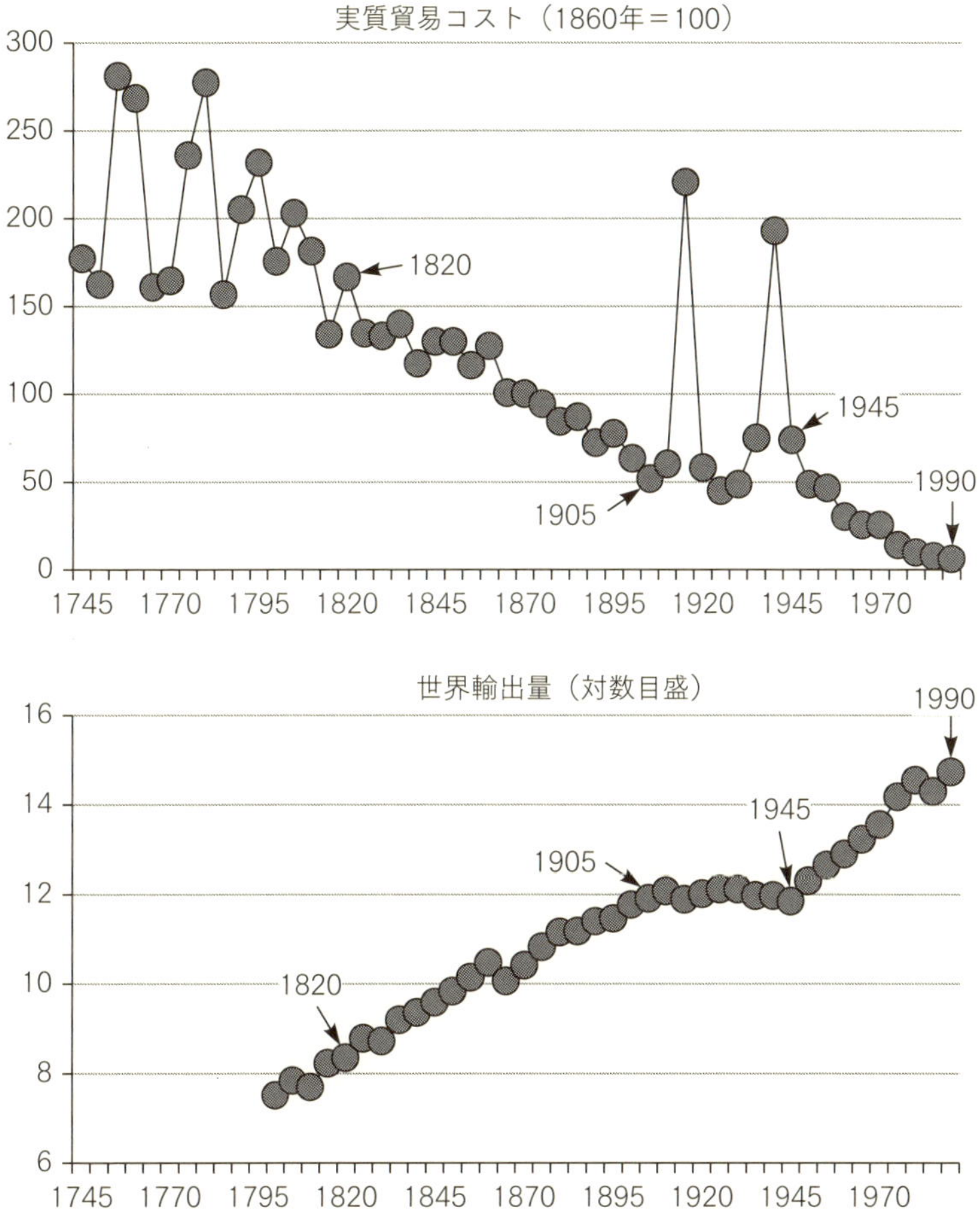

易コストの低下が貿易量に大きな影響を与えたことは、下段のパネルからも明らかだ。

18世紀から19世紀初めにかけて貿易コストを引き下げた最大の原動力は、輸送コストがめざましく低下したことだった。しかし、輸送コストが下がったのは、輸送手段が向上したためというだけではない。経済史学者のアラン・テイラー、アントニ・デステヴァデオルダル、ブライアン・フランツは、金本位制の普及も国際商取引の大きな追い風になったことを突き止めている。

火付け役となったのが蒸気動力である。1712年、世界初の商用蒸気機関が登場した。このニューコメンの蒸気機関はとても大きく、莫大な燃料を消費したうえ、それほど強力でもなかった。しかし、炭鉱から水をくみ出す作業を機械化することができた。それまでは馬500頭を使って排水していた。その後の1世紀半に設計が改良されて経済性が高まり、蒸気機関はさまざまな産業に使われるようになった。

高効率の動力が牽引役となって工業化が進み、それが所得を押し上げて、輸送への需要が急増した。輸送手段の向上が強く求められるようになると、画期的なイノベーションが次々に生まれた。最初に帆船、内陸水路、陸上輸送が大きく進歩する。19世紀初めには、商用蒸気機関がボートや荷車に取り付けられるようになっていた。

鉄道が出現すると、ばら荷を陸路で輸送するコストが急激に下がった。これによって大陸の奥地がグローバル経済とつながるようになる。この大きな前進は、1840年代に始まった。ものの数十年で、鉄道は陸上輸送を一変させていた。先行したのはイギリスだったが、アメリカとドイツが一人当たり軌道キロですぐに追い越した。日本がこのレースに加わったのは19世紀後半になってからだが、日本はイギリスと同じく、国内輸送を海路に頼ることができた。

表1　イギリスの蒸気船の輸送能力、単位トン、1825～1860年

	鉄製の蒸気船	木造の蒸気船	合計
1825	0	4,013	4,013
1830	0	3,908	3,908
1835	3,275	22,192	25,467
1840	20,872	30,337	51,209
1845	33,699	8,268	41,967
1850	70,441	52,248	122,689
1855	478,685	34,414	513,099
1860	389,066	12,174	401,240

蒸気船の出現は航海に革命を起こしたが、革命が起こるまでに何十年もかかった。イギリスのデータを使って革命の軌跡をたどると、1800年代初めに静かに始まったことがわかる。その後、1830年代前半、さらに1840年代後半に輸送能力は急増した。しかし、増加幅がいちばん大きかったのが1850年代後半で、蒸気船の数はわずか5年でほぼ5倍に増えている。

19世紀半ば以降、蒸気船が海を支配したが、1930年代にディーゼル船に取って代わられた。たとえば、第一次大戦の船艦の大半は蒸気動力だったが、第二次大戦には、ディーゼル動力が中心になった。

出所：Jonathan Hughes and Stanley Reiter, "The First 1,945 British Steamships," *Journal of the American Statistical Association* 53, no. 282 (1958) : 360-381, table 367.

蒸気船も航海に革命を起こした。ただし、蒸気船の導入は一気に進んだわけではない（表1）。1819年、蒸気船が初めて大西洋を横断する。船は木造で、風力と蒸気動力を併用した。しかし、燃料をどう供給するかという問題があって、蒸気動力だけに頼れない状態が何十年も続いた。今日でも、充電ステーションの不足から電気自動車がなかなか普及しないが、それとまったく同じで、石炭供給地の不足が制約となって蒸気船の利用は進まず、蒸気船が広く使われるようになったのは、1800年代後半になって石炭を補給するステーションが世界中にできるようになってからのことだった。

蒸気船のインパクトはものすごく大きかった。1830年代後半には、トップクラスの帆船がリバプールを出発してニューヨークに着くまでに48日ほどかかった。帰路は風向きに助けられるので、約36日で着く。それが1840年代には、蒸気船を使って、往路帰路とも14日間で確実に航行できるようになった。

1870年代になると、より軽くて、推進力も大きく、燃料効率の高い鋼船が開発され、蒸気船はさらに進化した。1870年までに、船体、エンジン、燃料、推進技術が発達して、蒸気船は海の王者になり、大陸間の距離を征服した。しかし、フェーズ3の終わりには、蒸気機関はディーゼル機関に追いやられた。

蒸気がモノの貿易を大きく変えたのと同じように、電信は通信を大きく変えた。大西洋を横断する電信ケーブルが1866年に初めて稼働し、数十年のうちにすべての主要国がケーブルで結ばれるようになった。情報量は今日の基準で考えれば微々たるものだったが、電信は通信に革命を起こした。それまで大陸間でメッセージをやりとりするには、月単位とまではいかないまでも、何週間もかかっていた。それが電信の登場で分単位へと短縮されたのだ。

では、基本的な事実をおさえたところで、歴史のナラティブに戻ることにしよう。

グローバリゼーションの第一のアンバンドリングはいつ始まったのか

ケヴィン・オルークとジェフリー・ウィリアムソンは、非常に大きな影響力を持つ論文「グローバリゼーションはいつ始まったのか」で、経済のグローバリゼーションは「空間を越える市場の統合」と定義するのがいちばんふさわしいと論じている。国際価格の収斂を基準にすると、特にそうだといえる。二人は統計上の発見をもとに、現代のグローバリゼーションは1820年頃に始まったとしている。この時期に、国内価格、少なくともイギリスの国内価格が、国内の需給によって決まるのではなく、国際的な需給の相互作用で決まるようになったとされる。[1]

価格が国際的に収斂すると、現地の消費が現地の生産に縛られなくなり、各国の生産特性が分岐しはじめた。自分たちがいちばん得意なことに特化し、残りを輸入するようになったのだ。ここからグローバリゼーションの第一のアンバンドリングが始まる。第一のアンバンドリングは三幕構成で進んだ。

第一幕：第一次大戦前のアンバンドリング

1820年にちょうど何か技術的なショックがあったわけではない。この頃にナポレオン戦争が終結し（1815年）、ウィーン会議で和平合意が成立した。これを機に1世紀にわたる平和な時代に入り、イギリスは卓越した海軍力でパックス・ブリタニカを実現、貿易はグローバルに栄えた。

貿易量が急増する

前に述べた輸送コストとは別に、輸入税（関税）も貿易を阻む要因となった。それどころか、輸送の制約が小さくなるにつれて、貿易政策の制約が大きくなっていった。そのため、グローバリゼーションのフェーズ3のナラティブでは、貿易政策が重要な役を演じるようになる。

伝統的経済史学者の権威であるポール・ベロックは、関税政策を三つの時期に区分している。[2]第一期では、イギリスが1815年以降、関税を引き下げる方向に進み、保護貿易を象徴する穀物法を1846年に廃止して、自由貿易体制に舵を切った。ヨーロッパ大陸の政府は自由貿易を受け入れて、イギリスの工業の成功を模倣しようと試みた。30年間にわたり、自由貿易政策は大きな成果を上げる（1846〜1879年）。これが第二期となる。第三期では、現代でいう保護主義が台頭した（1879〜1914年）。保護主義者の行進を率いたのが、ビスマルクである。

ドイツが統一され、国際貿易の障壁が低くなると、ビスマルクは再び輸入品に対して高い関税を課し、こう宣言した。「他の土地の過剰生産がドイツに大量に流れ込めば……国内の価格が押し下げられ、わが国の産業の発展が妨げられる」[3]。大陸の関税は1879年から1914年のあいだに2〜3倍になった。こうした関税は今でいう「幼稚産業保護」であり、大陸の製造企業をイギリスの産業競争力から守るためのものだった。

ヨーロッパの外に目を転じると、独自の管理貿易政策をとっていた国（つまり、植民地ではなかった国）は関税を高く維持しつづけた。たとえば、アメリカの関税はヨーロッパの主要国の関税の8〜10倍の水準で推移した。自治を行っていない植民地はたいてい自由貿易政策を押しつけられた。少なくとも「本国」からの輸入品についてはそうだった。こうした流れを表すいくつかの例を、表2にまとめている。

北の工業化と南の工業空洞化

ナポレオンの敗北は、大陸ヨーロッパが工業化する扉を開いた。まずベルギーがイギリスに続き、1820〜1870年に急速に発展した。フランス、スイス、プロイセン、アメリカは1830年

表2　製品に対する関税、1820年、1875年、1913年（単位%）

	1820年頃	1875年	1913年
オーストリア＝ハンガリー帝国	禁止	15–20	13–20
ベルギー	n/a	9–10	9
デンマーク	30	15–20	14
フランス	禁止	12–15	20–21
ドイツ	n/a	4–6	13
イタリア	n/a	8–10	18–20
ポルトガル	15	20–25	n/a
ロシア	禁止	15–20	84
スペイン	禁止	15–20	34–41
スウェーデン（ノルウェー）	禁止	3–5	20–25
スイス	10	4–6	8–9
オランダ	7	3–5	4
イギリス	50	0	0
アメリカ	45	40–50	44

イギリスが1846年に自由化政策をとって自由貿易に先鞭をつけると、保護主義は一進一退を繰り返すことになった。ヨーロッパの列強は1860年からイギリスに続いたが、ヨーロッパ域内で自由貿易が行われた時期は長くは続かなかった。大半の大陸諸国は1880年頃から自由化方針を転換した。例外がベルギーやオランダなど、海外貿易の長い伝統を持つ国々だった。

非ヨーロッパ地域で独自の管理貿易政策をとっていた国（表には示されていない）は高い関税を維持し、イギリスとの競争から自国の産業を守った。アメリカは1850年代に関税自由化に振れたが、すぐに大陸ヨーロッパとともに従来の保護主義的なスタンスに戻った。

注：「禁止」は製品の輸入が一般に禁じられていることを意味する。「n / a」は情報を入手できないことを意味する。ベルギーは1820年にはオランダの一部だった点に注意すること。1820年のドイツについてはプロイセンのデータを使っている（ドイツが国になったのは1871年）。

出所：Richard Baldwin and Philippe Martin, “Two Waves of Globalization : Superficial Similarities, Fundamental Differences,” NBER Working Paper 6904, National Bureau of Economic Research, January 1999, table 8.

代、1840年代に工業化する。工業化の波は大きく広がり、1800年代の終わりまでに、カナダ、ロシア、オーストリア＝ハンガリー帝国、イタリア、スウェーデン、さらにヨーロッパの他の大部分の国に及んだ。

19世紀の後半になると、化学、電力、内燃機関が進化して、新しい産業や生産手法が登場した。いわゆる「第二次産業革命」である。この時期にアメリカが工業力でイギリスを追い越した。北が工業化すると、工場が工業地域に集中するようになった。この近接立地がイノベーションを育み、経済発展が先に進んだ国（北大西洋諸国と日本）で、コストの低下がさらなる特定地域への集中を招く力学が生まれた。その裏で、古代文明圏の製造業の消費／生産クラスターは下降スパイラルに落ち込んだ。北の工業化と南の空洞化は、フェーズ3の富の逆転現象で特筆すべき側面の一つである。

サイモン・クズネッツは著書『経済成長と構造』で次のように書いている。「19世紀以前、それもおそらく19世紀の直前まで、ヨーロッパ人のあいだでは、現在の発展途上国の一部の国、特に中国とインドの一部は、ヨーロッパよりも高度に発展していると考えられていた[4]」。18世紀を通じて、インドの綿織維産業は、品質の面でも、生産、輸出の面でも、グローバル・リーダーだった。18世紀のインドと中国は、世界最高の品質を誇る絹と磁器も生産していた。18世紀以前は、こうした製品はヨーロッパに輸出され、その代金は銀で支払われた。ヨーロッパの製造業者は東で競争力を持たなかったのだ。

ところが、19世紀の終わり頃になると、インドの繊維消費の70％以上が輸入されるようになり、インドはバリューチェーンを下に移動して、綿花の輸出国になっていた。これほど劇的ではないも

図18　国民一人当たりの工業化水準、1750〜1913年

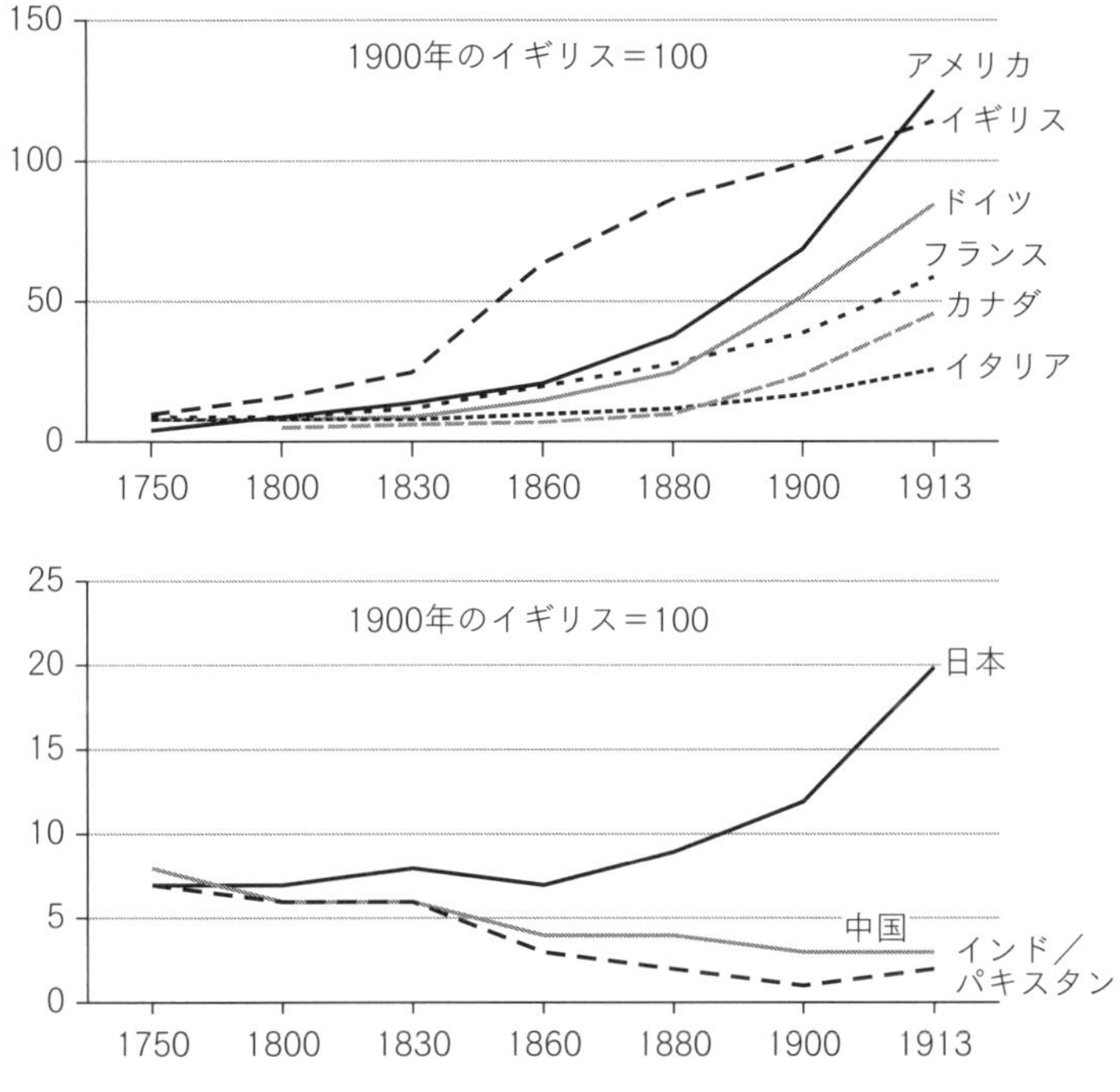

イギリスは他国に先駆けて工業化し、圧倒的な優位を保ってきたが、1900年にアメリカに抜かれた。他のヨーロッパのG7諸国は1800年半ばから後半に離陸した。日本の工業は1860年頃から成長が加速した。

チャートが示すように、G7の工業化と中国と亜大陸の空洞化は同時に起きている。チャートの縦軸の最大値は上のパネルは150だが、下のパネルは25にとどまっている点に注意すること。

出所：Paul Bairoch, “International Industrialization Levels from 1750 to 1980,” *Journal of European Economic History* 2 (1982) : 268-333, table 9.

の の、インドの造船業、製鉄業でも同じことが起きていた。

図18は、国民一人当たりで見た工業化と工業空洞化の推移を示している。ここで注目してほしいのは、どの国・地域も、起点は同じ水準であることだ。イギリスの1900年の一人当たりの工業化水準を100とすると、ヨーロッパ諸国の1750年の水準は6～10だった。中国とインドは7～8、アメリカは4だった。

1860年には、イギリスの工業力は他のすべての国を圧倒していた。この小さな島国が地球規模で覇権を握り、パックス・ブリタニカを実現できたのもよくわかる。イギリスの工業力は、最も近い競争相手であるアメリカとフランスの3倍、ドイツの4倍、日本の9倍余りもあった。イギリスと中国の差はとてつもなく大きかった。

ここでも、一人当たりの数値では、グローバルな分布はとらえられない。一人当たりで見た工業化の水準に大きな違いがないうえ、アジアが莫大な人口を抱えていたことから、18世紀にはアジアの産業が世界生産を支配していた。世界人口のデータを使って、一人当たりの生産高を総生産高に大まかに換算すると、中国とインド／パキスタンが1750年の世界製造業生産の73％を占めた計算になる。1830年になってもまだ、グローバル生産の半分以上を生み出しつづけていた。それが1913年には、わずか7・5％に落ち込んでいる。

「大いなる」分岐

19世紀に主要7ヵ国（G7）の経済成長が離陸すると、ある現象が生まれた。ラント・プリチェットが「所得の二極化」と呼び、ケネス・ポメランツが同じタイトルの著書のなかで「大いなる分岐」と呼んでいるものだ。産業革命は古代文明圏を完全に素通りしたわけではなかったものの、古代文明圏の成長率は、北の成長率の半分に満たなかった（図19）。

　複利での成長という魔法が働くと、ほんの小さな成長率の違いが、数十年後には驚くほど大きな違いを生み出す。たとえば、アメリカの所得は１８２０年には中国の約3倍だったが、１９１４年までに中国のほぼ10倍に増加した。南の古代文明圏と残りの「先進工業国」との格差も、それと同じくらい大きかった。

　北の急速な工業化は、一人当たり成長率と密接に結びついている。理由は二つある。一つは、労働者が農業から製造業へとシフトすると、労働者一人当たりの生産性は大きく上がることだ。理由は単純で、農作業の場合は生産性が比較的低い時間がかなりある（植え付けをしてから収穫するまでの時間がそうだ）。このシフトが続いている限り、国の成長率は押し上げられる。これは過渡的な現象だが、この効果は何十年も続くことがある。もう一つは、製造業のほうが漸進的な改善に向いており、労働者の生産性は年々高まっていくことだ。そのため、製造業労働者のシェアが拡大すると、経済全体の平均的なイノベーションの度合いと生産性の伸び率が引き上げられて、所得の伸びが加速する。

　ところが、北大西洋諸国の成長の構図は、海の両側で違っていた。ヨーロッパでは、人口が増加し、耕地が限られていたため、農業の労働生産性が押し下げられていた。ヨーロッパの農業は収穫逓減に陥っており、所得の伸びは主に工業化によってもたらされた。

　これに対し、新世界では、農業が重要な未開拓の機会を生み出した。広大な土地が手つかずのまま残っており、大部分はヨーロッパの農地と非常によく似ていた。このように労働に対する土地の古代文明7ヵ国（A7）は1000年にわたって世界経済を完全に支配していたが、G7諸国の所得の伸び率はA7よりも早い時期に速いスピードで離陸した。ヨーロッパと日本の場合、図18からも明らかなように、離陸を推進したのは工業化だった。アメリカとカナダのストーリーは少し違う。新世界の農業生産性は相対的に高かった（農民一人当たりの優等耕地が多かった）ため、移民が流入して耕地が増えると、北アメリカの平均所得は上がった。

第一次大戦までに、19世紀の「新興市場国」と言えるG7諸国のすべてが年1～2%の成長を謳歌していた。これは当時としては高い水準である。

A7の多くも1820年頃に成長率が急激に変化した。A7の地中海組は成長が大きく離陸した。特に高かったのがギリシャである。1914年にはギリシャは明らかに高成長クラブに加わっており、残りのA7との差が急速に広がっていた（イタリアは2千年紀にA7を抜けたと考えられる）。これに対し、A7のアジア組は低迷した。中国経済は収縮し、インドは停滞した。

二つのパネルは直接比較できるように縦軸の目盛りを同じにしている点に注意してほしい。今日の基準で考えると成長率の格差は小さく見えるかもしれないが、G7の成長率はすべて1%を上回っている一方、古代文明圏の成長率は1%を下回っており、その差はとても大きい。成長率格差がこれくらいあると、ほんの数十年で大きな所得格差に増幅する。

出所：マディソン・データベース（2009年版）。

比率が高かったため、農場の労働生産性は押し上げられた。そうして、1880年から1914年にかけて大量の労働力が大西洋を横断して移動し（表3）、労働力を送り出す地域も、受け入れる地域も、平均的な生産性が高まった。

これが引き金となって、いわゆる「クズネッツ・サイクル」が始まる。鉄道と運河の建設を追い風に、輸送コストが劇的に下がり、アメリカのフロンティア地域で穀物を生産できるようになった。新しく開かれた土地に移民と資本が流入し、アメリカは15～20年にわたるブームに沸いた。

都市化

フェーズ3では、都市化は大西

図19　19世紀の経済成長の離陸、G7vs古代文明7ヵ国（年率換算成長率、%）

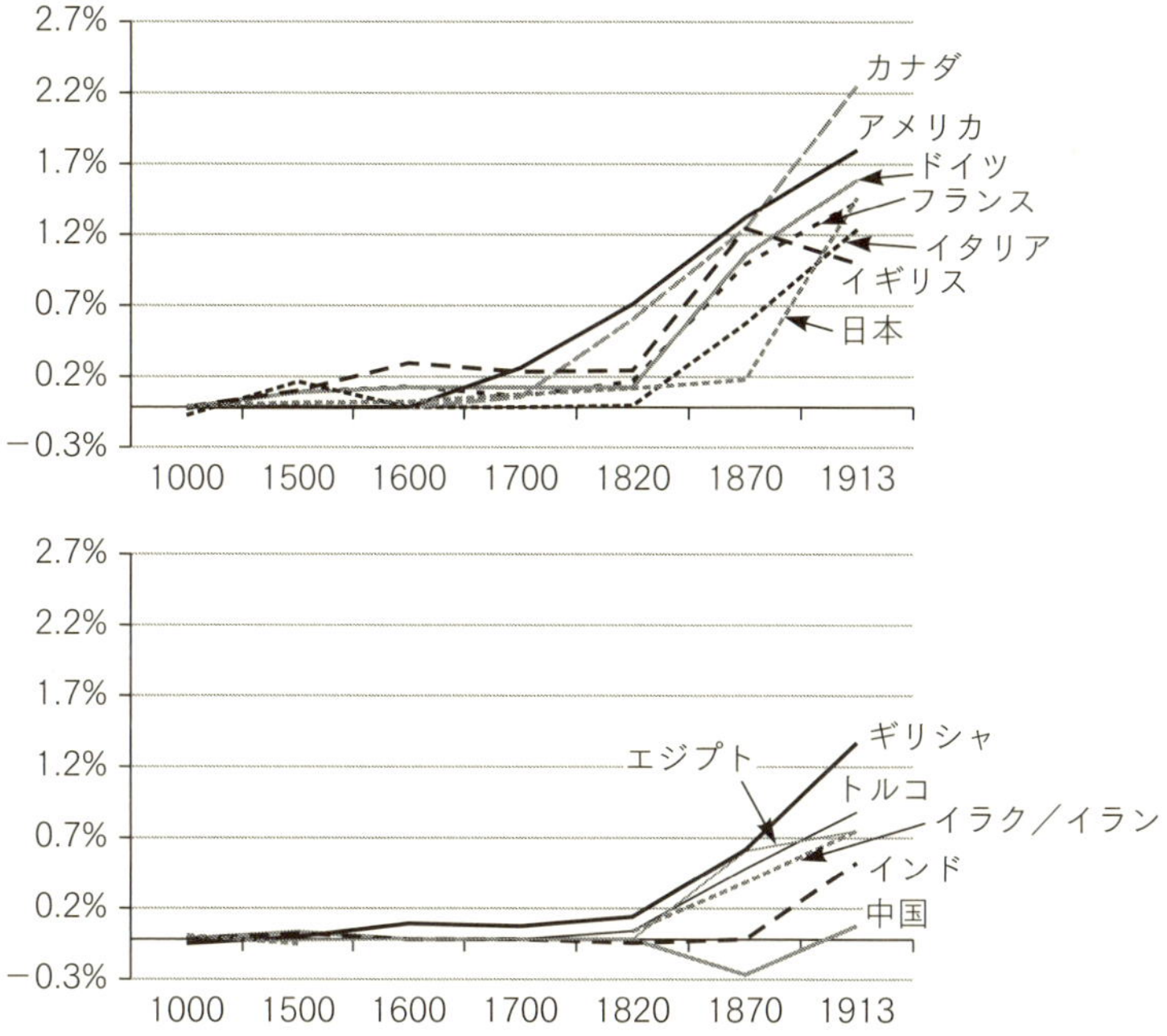

洋諸国に大きく偏っていた（図20）。人口100万人以上の都市を基準とすると、ヨーロッパの大都市の数は、1800年の時点では中国よりも少なく、日本と同じ水準だった。ところが1900年には、ヨーロッパ以外のすべての国を足し合わせた大都市数を上回るようになっていた。そしてアメリカがそれに続いた。

この流れは1950年にかけて加速した。平均的なG7諸国では人口の60%超が都市部に住んでいたが、古代文明圏は30%を割り込んでいた。この数字が物語るように、第一のアンバンドリングを背景に都市化が世界規模で進んだが、1950年の時点では北大西洋諸国が大きく先行していた。都

表3　19世紀のヨーロッパから新世界への大量移住

自国の人口に対する比率（%）		1880年代	1890年代	1900年代
送り出す側	イギリス	−3.1	−5.2	−2.0
	イタリア	−1.7	−3.4	−4.9
	スペイン	−1.5	−6.0	−5.2
	スウェーデン	−2.9	−7.2	−3.5
	ポルトガル	−3.5	−4.2	−5.9
受け入れる側	アメリカ	5.7	8.9	4.0
	カナダ	2.3	4.9	3.7

19世紀のヨーロッパは人口が多すぎたが、新世界は人口が不足していた。この格差が部分的にならされたことが、グローバリゼーションのフェーズ3第三幕が持つ経済的側面の一つだった。表が示すように、1880年代以降、大西洋をまたぐ大きな人口のシフトが起きた。

現代の基準からすると、その数に驚かされる。この期間は10年で人口の2～5%が移住するのがごく当たり前だった。アメリカ社会に与えたインパクトは数以上に大きかった。科学、詩から政治、軍事にいたるまで、アメリカの20世紀のリーダーの多くが移民か移民の子どもだった。

出所：Baldwin and Martin, "Two Waves of Globalization," table 16. Alan Green and Malcolm Urquhart, "Factor and Commodity Flows in the International Economy of 1870-1914," *Journal of Economic History* 36 (1976) : 217-252, table 2にもとづく。

市化と所得のあいだには非常に強力な相関があり、北大西洋諸国は所得が圧倒的に高かった。それがこの結果に反映されていることは間違いない。

図20　富の逆転：人口100万人超の都市の数が示す証拠

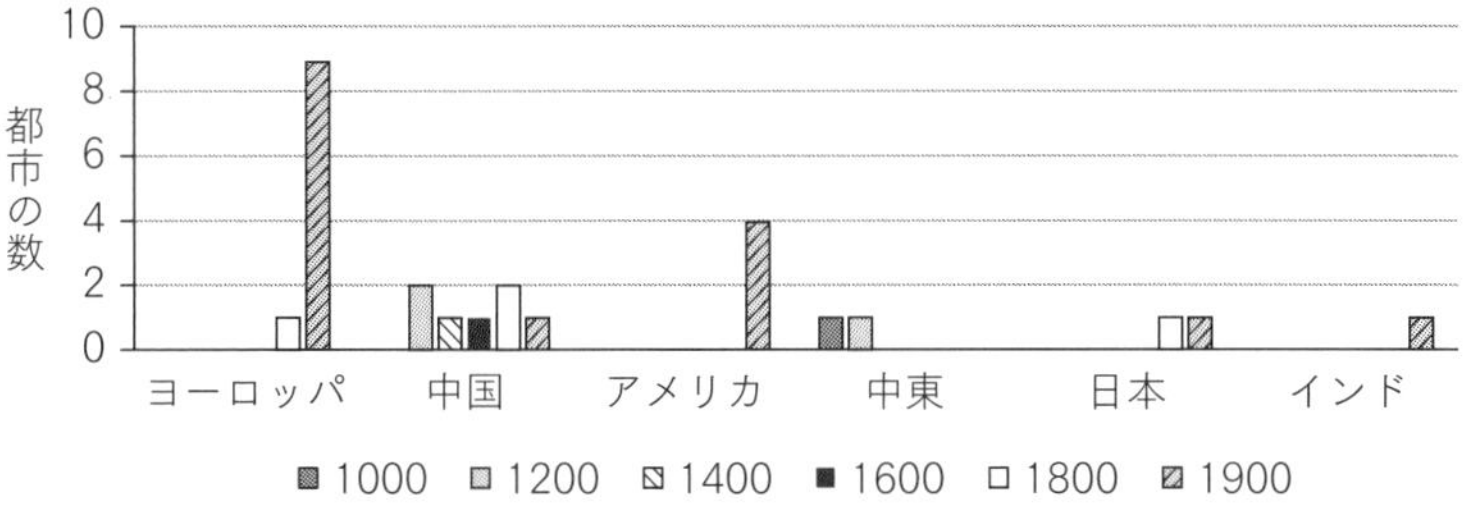

2千年紀の初めから1800年頃まで、世界の大都市はすべて、アジアと中東の古代文明圏にあった。「大」都市とは人口が100万人を超える都市と定義される。1千年紀以降、大都市の数は増減したが、世界経済の重心が北大西洋諸国にシフトすると、その数は急増した。

1900年には、人口100万都市は二つを除くすべてがヨーロッパとアメリカにあり、その二つのうちの一つは日本にあった。フェーズ3の劇的な「富の逆転」を鮮明に裏付けている。端的に言うと、世界の都市の風景は、A7の大都市が支配するものから、G7の大都市が支配するものへとシフトした。

この「衛兵交替」の背景にある原動力は、図19に示す所得格差の拡大だった（国の都市化と一人当たり所得は非常に強く結びついている）。

出所：George Modelski, *World Cities, -3000 to 2000* (Washington, DC：FAROS, 2003).

第二幕：リバンドリング（1914～1945年）

グローバリゼーションに関する限り、第一のアンバンドリングの第一幕はバッドエンドとなった。終末は静かに始まり、やがて音を立てて崩れた。経済史学者のハロルド・ジェイムズはこれを「グローバリゼーションの終焉」と呼び、それをタイトルにした著書を2001年に発表した。直接の原因となったのが戦争である。

戦争は必ずといってよいほど貿易にマイナスに働く。第一次大戦と第二次大戦も例外ではなかった。戦争の影響で商業輸送のリスクが増し、コストが上昇した。その結果、生産と消費が再び結びつくことになった。図17からも明らかなように、二度の戦時下には貿易コストが跳ね上がっている。

輸送コストは、戦争に関連してピークをつけ、その後に下がりはじめたものの、関税が恐ろしく高い水準にあったため、生産と消費は1世紀にわたるアンバンドリングの軌道に戻れないでいた。図21に示すように、関税は戦争時に下がったが、戦間期には上がっている。戦時下に関税が下がったのは、ほとんど意図されていない結果だった。当時の関税はたいてい、バナナ1トン当たり100ドルといったように、名目ベースで設定された。そのため、戦時インフレーションの影響で、輸入品の消費者物価に対する関税率が押し下げられた。いずれにしても、大半の国は輸入を厳しく制限しており、関税が最大の障害ではないことが多かった。

これに対し、戦間期の関税引き上げは、明確な意図を持っていた。グローバリゼーションへの政治的な反発である。ウッドロウ・ウィルソン大統領が有名な14ヵ条の平和原則の一つにグローバル

図21　世界とアメリカの平均関税、1910～1946年

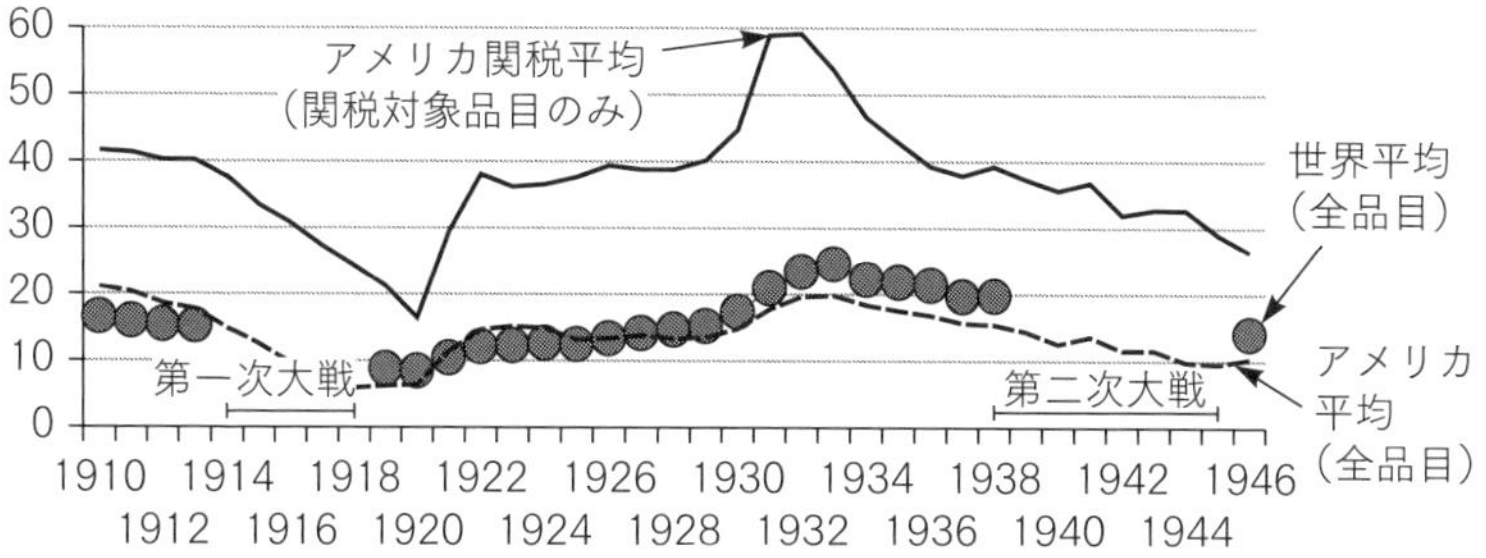

第二幕では関税の水準が大きく変化した。戦時インフレーションの影響で関税率は押し下げられたが、戦間期に政策主導で関税が引き上げられたため、貿易は低迷を続けている。最も大きな出来事となったのが、スムート＝ホーリー法の制定と、それが引き起こした世界的な報復措置である。

カリフォルニア大学バークレー校の経済学者、バリー・アイケングリーンは、金本位制への固執が保護主義を台頭させたとしている。有名な著書『金の足かせ――金本位制と大恐慌』（Oxford University Press, 1992）で、為替レートによる調整メカニズムがなかったために、政府が関税の引き上げを余儀なくされた背景を説明している。

注：平均関税率とは、関税額を輸入額で割ったものである。いちばん下の線は、分子から無関税輸入枠分（各種原材料など）を除いたアメリカの平均を示している。

出所：アメリカの関税は、アメリカ国際貿易委員会にもとづく。世界の関税は、Michael Clemens and Jeffrey G. Williamson, "Why Did the Tariff-Growth Correlation Reverse after 1950?" *Journal of Economic Growth* 9, no. 1 (2004) : 5-46にもとづく。

な自由貿易をあげていたにもかかわらず、第一次大戦の戦後処理、特にベルサイユ条約では、世界貿易システムの健全性を維持するという視点がすっぽりと抜け落ちていた。１９１０年代後半から１９２０年代には、保護主義の嵐がヨーロッパなどで激しく吹き荒れた。

第一幕（１８２０～１９１３年）と違って、イギリスには世界貿易体制を一人で支える意思も力もなかった。これが問題の根本である。マサチューセッツ工科大学の経済学者、チャールズ・キンドルバーガーは、１９８９年の論文「戦間期の通商政策」で、「イギリスが覇権を失い、それに取って代わる国が現れなかったため、国際関係は無政府状態に沈んだ」と評している。世界貿易体制にとどめを刺したのが、１９３０年関税法、通称「スムート＝ホーリー法」にもとづく悪名高いアメリカの関税引き上げだった。

１９２８年秋、大統領候補だったハーバート・フーヴァーが選挙活動中にアメリカの農家に向けて保護主義的な公約を掲げ、それにもとづいてスムート＝ホーリー法が定められることになった。29年初めに議会の特別会合が開かれて、法案の骨格が決まると、孤立主義と保護主義のスパイラルへと落ち込む。関税対象は工業製品にも広げられ、民主党議員も共和党議員に同調した。あげくには「ロビイストらが関税率を決める仕事を奪い取り、共和党議員も民主党議員も、委員会室から追い出された」とキンドルバーガーは伝える。[6]

１９３０年６月の成立を待たずに、諸外国は報復措置に動いた。イタリア、フランスなどは１９２９年後半、１９３０年初めに関税を大幅に引き上げた。イギリスにいたっては数年後に自由貿易を放棄し、ポンドを切り下げ、大英帝国特恵関税制度を導入した。

その結果どうなったかは、データを見れば一目でわかる。図21は、アメリカと世界の平均関税率を示している。アメリカの低いほうの数値は全平均であり、すべての品目を対象としている。高いほうの数値は「関税対象品目」の数値であり、関税がゼロではない輸入品が対象となる。この違いは重要になる。というのも、アメリカは鉱業や鉱産物のように国内で保護する必要のないものの輸入は保護していなかったからだ。関税対象品目は工業製品や食料品だった。データがないため、図21では世界の平均関税率は全品目ベースのものしか示していないが、比較のために、アメリカの「全品目」ベースの数値も示している。

1930年代末には、世界は貿易ブロックに分裂していた。ドイツ、イタリア、ソ連は、アウタルキーをめざし、世界覇権を夢見て、二国間貿易協定を維持した。覇権国のイギリスと植民地は大英帝国特恵関税制度で結びつき、日本は大東亜共栄圏と呼ばれる貿易ブロックを築いた。

貿易システムの崩壊が、第二次大戦への歩みを早めたのは間違いない。ドイツ、イタリア、日本のファシストが唱えたアウタルキー的な貿易哲学を受け入れる土壌がつくられたからだ。たとえば、歴史学者のガーハード・ワインバーグは小論「ヒトラーの目から見た世界」で、貿易の閉鎖が、「生存圏(レーベンスラウム)」を確保するという領土拡大の野望を正当化する強力な要因になったとしている。ヒトラーはドイツ国外でつくられた財が必要であることはわかっていたが、第三帝国の国境を大西洋からモスクワに、北極海から黒海に拡大して、国際貿易を国内貿易に変えることを選択した。[7]

これが現代貿易の最暗黒期となった。政策立案者の頭のなかで、保護主義と最悪のシナリオが初めて結びついたのである。しかし、夜明けはそこまできていた。

第三幕：第二次大戦後のアンバンドリング

歴史のナラティブではよくあるように、第二次大戦後の貿易自由化の歴史は、その前から始まる。1920年代後半に保護主義の連鎖が一気に進み、その反省から、アメリカ議会は1934年互恵通商協定法を成立させた。これを機に、アメリカは一方的関税引き上げから互恵的関税引き下げへと軸足を移す。関税の「スパゲティボウル現象」が起こるのを避けるため、1934年法で「最恵国」待遇という概念が定められた。最恵国原則のもとでは、ある協定締結国と二国間で関税引き下げに合意したら、それがすべての協定締結国に自動的に適用されることになる。この原則は、第二次大戦後のグローバル貿易体制の礎石となった。

その結果を図21に示している。1930年代半ばから第二次大戦終結直前まで、アメリカの関税も世界の関税も下がった。現代のグローバリゼーションについてはさまざまな説明がなされているが、1945年が起点になっているので、この事実が見落とされている。

関税の引き下げは第二幕に始まったが、貿易のグローバル・ガバナンスが確立されるには、戦争の終結を待たなければならなかった。これは正真正銘のイノベーションだった。人類の歴史で初めて、グローバル貿易が銃の支配ではなく、法の支配によって統治されるようになった。

GATT体制のもとで、貿易の国際ルールが確立する

第一幕が終わったときには、世界貿易システムには制度的な支援が事実上なかった。それどころ

か「システム」そのものがなかった。パックス・ブリタニカの副産物にすぎなかったのだ。考えようによっては、イングランド銀行が国際金融システム（当時は金本位制）を運営していたともいえる。今日の国際通貨基金（ＩＭＦ）のようなものだ。当時、国際連合、国際司法裁判所、世界貿易機関（ＷＴＯ）が今演じている役を、どれもきわめてイギリス的なやり方でイギリス海軍が担っていた。

しかし、第三幕が始まるときには、状況は一変していた。第二次大戦の帰趨が明らかになると、連合国、特にアメリカとイギリスが、戦後体制を設計しはじめた。第一次大戦後のように国際ガバナンスの「真空」状態に陥ることだけは何ともしても避けたかった。そのためにつくられた重要な制度の一つが、関税および貿易に関する一般協定だった。この協定は「ＧＡＴＴ」の通称で広く知られるようになる。

ＧＡＴＴの使命は、生活水準を引き上げ、持続可能な開発を促進することだった。ＧＡＴＴ加盟国は、国際貿易の基本となるいわば「交通ルール」を定めて、この使命を達成しようとした。と同時に、多角的交渉によって相互的かつ互恵的な関税引き下げをはかることが取り決められた。

ＧＡＴＴのルールは複雑に入り組んでいるが、現代のグローバリゼーションを推進させるうえで絶対不可欠のものだった。そこで、ＧＡＴＴの精神を一つの一般原則、五つの特定原則に落とし込んで説明することにしよう（ただし、ＧＡＴＴルールは１９９５年にＷＴＯルールに移行している）。

まず、一般原則は、世界貿易システムは「結果重視」ではなく「ルールにもとづく」べきであるというものだ。これはＧＡＴＴ／ＷＴＯの憲法原則とでも呼べるものである。ＧＡＴＴとＷＴＯが、相対的な輸出の伸び率や市場シェアのような定量的な結果よりも、手続きやルール、ガイドラインの設計、実行、更新、施行などを重視しているのはそのためだ。

そして、特定原則の一つ目は、「無差別」である。これには二つの側面がある。一つは、国境における無差別原則であり、これは基本的に先の最恵国原則にあたる。最恵国原則のもとでは、ある国に関税を適用するときには、すべての国に適用しなければならない。GATT／WTOのルールブックは実務文書であり、例外も認められている。自由貿易協定がその一つだ。もう一つの側面は、国内での無差別原則で、GATT用語で「内国民待遇」と呼ばれる。内国民待遇とは、輸入品に適用される内国税と国内規制を、国内産品に適用されるものと同じにすることである。

特定原則の二つ目は「透明性」だ。これは、貿易の制限を文書化して公表しなければならないというものである。三つ目は「互恵」。これにはプラスの面とマイナスの面がある。プラス面は、GATTの貿易交渉のなかで関税を引き下げる場合には、相手国と互いに関税を引き下げ合うようになることだ。ところが、GATTには大きな抜け穴があった。GATT用語で「ラウンド」と呼ばれる関税引き下げ交渉では、発展途上国は、相手国が関税を引き下げても、自国の関税は引き下げなくてもよいとされていた。マイナス面は、他国が関税の取り決めに違反したときの報復措置が例外として認められていることである。

四つ目は「柔軟性」である。加盟国はこの先、国内で強い圧力を受けて、新たな貿易障壁を築くことが求められるようになることもあるかもしれない。GATTの創設者たちは、それを見越して「安全弁」を設け、新しい関税にさまざまな制限をかけられるようにしている。そして最後が「コンセンサス方式による意思決定」である。GATT／WTOの意思決定のほとんどが、全会一致により行われている。

GATTの成功を読み解く

GATTは、関税の引き下げを進めるという点では、大きな成功を収めた。少なくとも先進国のあいだではそういえる。しかし、GATTの成功の裏では、二つの政治経済のメカニズムが働いていた。GATTがたどってきた歴史的な経緯の話を進める前に、そんな魔法のようなメカニズムについて説明しておきたい。一つ目のメカニズムは、「ジャガーノート」効果とでも呼べるものである〔訳注：ジャガーノートとは、圧倒的な破壊力を持つ巨大な力を意味する〕。このメカニズムのもとで、各国内での関税引き下げの政治力学が変わり、貿易自由化が自律的なサイクルに入るようになった。この後で明らかになるように、その鍵をにぎるのがGATTの互恵原則である。

この点を理解するために、一歩下がって、誰が関税を好きで、誰が関税を嫌いなのか考えてみよう。輸入品と競合する国内企業は、高い国内関税を好む傾向がある。関税が高いと輸入が制限され、国内価格が上がり、したがって利益が押し上げられる（少なくとも損失が最小限になる）からだ。これに対し、輸出をする国内企業は、外国が高い関税をかけると輸出と利益が減るので、これを嫌う。

こうした二つの関税（国内の関税と外国の関税）は、本質的にはリンクしていない。結局のところ、どの国もそれぞれ関税を独自に設定する。しかし、GATT／WTOのラウンド中は、互恵の原則が働くので、この二つがリンクするようになる。外国の関税が下がるには、国内の関税も下がらなければいけないのだ。すると各国のなかで政治闘争が始まる。輸出企業は、本来なら国内関税はほとんど気にしないが、外国の関税引き下げを勝ち取るには、自国の輸入競争企業と闘わなければ

GATTの一つ目の「T」はtariffs（関税）の頭文字であり、GATTの主な成果の一つは、第二次大戦後に非常に高い水準になった関税を1990年初めまでに非常に低い水準へと引き下げたことである。一連の関税引き下げは「ラウンド」と呼ばれる多国間交渉で取り決められた（横軸の枠部分は、GATTラウンドが進行中だった時期を表している。各ラウンドの名称については表4を参照）。しかし、上のパネルが示すように、貧しい国は関税の水準が元々高く、ラウンド中に引き下げなかった。その結果、グローバリゼーションのフェーズ3を通じて発展途上国の関税は先進国を大きく上回った。

先進国の関税が大きく下がった局面が三つある。一つ目は1947年の最初のGATTラウンドで、このときには関税が大幅に引き下げられた（データはアメリカのみ、下のパネル）。次がケネディ・ラウンド（1963〜1967年）、その次が東京ラウンド（1973〜1979年）である。

注：チャート中の「先進国」は、EU諸国、スイス、ノルウェー、日本、オーストラリア。「発展途上国」はアルゼンチン、ブラジル、中国、エジプト、インドネシア、インド、ケニア、韓国、メキシコ、マレーシア、ナイジェリア、パキスタン、フィリピン、タイ、トルコ。平均関税率とは、ドル・ベースの関税額を輸入額で割ったものである。下のチャートは、分子から無関税輸入枠分（各種原材料など）を除いたアメリカの平均関税率を示している。このやり方のほうがGATTラウンドで引き下げ可能と考えられる関税の水準の全体像をつかみやすい。

出所：上のパネル：Clemens and Williamson, "Why Did the Tariff-Growth Correlation Reverse after 1950?"；下のパネル："U.S. Imports for Consumption, Duties Collected, and Ratio of Duties to Value, 1891-2014," Office of Analysis and Research Services, Office of Operations, U.S. International Trade Commission, http:\\dataweb.usitc.gov.

ばならないことに気づくからである。

政治の観点から見ると、互恵原則のおかげで、各国の政府は自国の保護主義派のロビー団体と自国の自由化支持派のロビー団体の釣り合いをとることができる。ここがジャガーノート効果の肝だ。互恵主義を基礎とした交渉が始まる前は、政府は主に国内の関税支持派の圧力団体の意見を聞く。そして交渉中は、自由化支持派の圧力団体（つまり輸出企業）の意見も聞く。その結果、GATT／WTOの互恵的な関税引き下げ交渉によって、各国内の政治経済の力学は、関税を引き下げる方向に振れる。

原則をいえば、消費者の利益を政治的均衡に反映させるべきである。ところが、関税の選択に消費者が政治的にかかわることはめったにない。そのた

図22　先進国、発展途上国の平均関税率、1950〜1994年

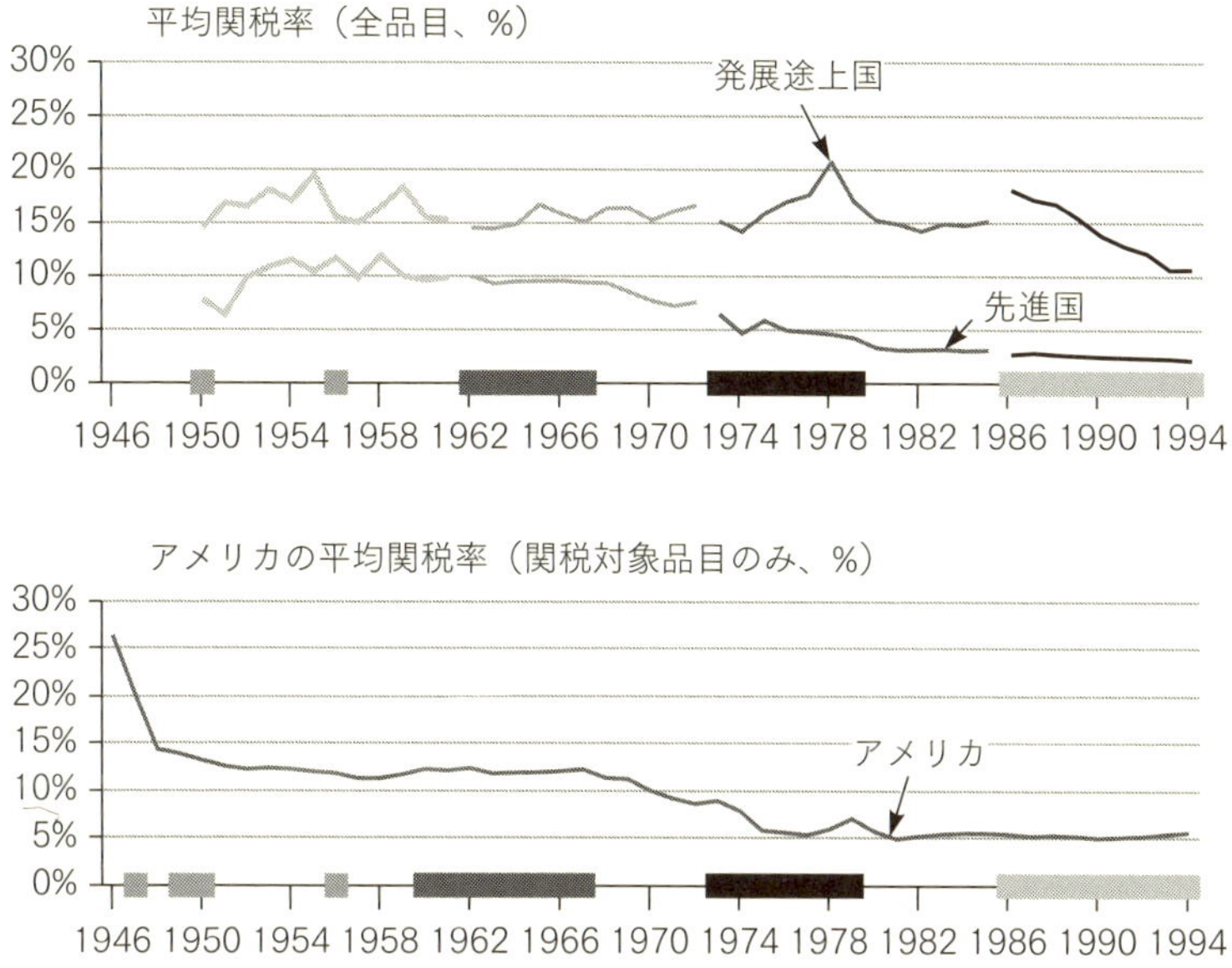

め、ほとんどの国では、関税の問題に対する消費者の声はかき消えてしまう。

GATTラウンドで関税引き下げが決まっても、ジャガーノート効果は終わらない。その引き下げが「雪だるま」効果を引き起こすのだ。国内の関税が下がると、輸入が増える。すると輸入と競合する産業が縮小する。その一方で、外国の関税が下がると、輸出企業の生産、雇用、利益が刺激される。経済力が高まると政治的な影響力が高まるので、輸出の利害の拡大と、輸入と競合する利害の縮小が組み合わさると、将来の政治的計算は、関税引き下げを進めるほうに傾く。

一言で言うと、あるGATTラウンドで互恵的な関税引き下げが合意されると、国の政治経済の風景は、自由化

表4　GATTラウンドでの関税引き下げ率と参加国数、1947～94年

ラウンド名	開始年	関税引き下げ率（%）	参加国数	発展途上国数
第一次ジュネーブ・ラウンド	1947	26	19	7
アヌシー・ラウンド	1949	3	20	8
トーキー・ラウンド	1950	4	33	13
第二次ジュネーブ・ラウンド	1955	3	35	14
ディロン・ラウンド	1960	4	40	19
ケネディ・ラウンド	1963	37	74	44
東京ラウンド	1973	33	84	51
ウルグアイ・ラウンド	1986	38	125	88

GATTの初期には多国間交渉（「ラウンド」）が頻繁に行われた。13年間で5回開かれている。最初のラウンド（第一次ジュネーブ・ラウンド）を除き、初期のラウンドは主に新しいルールの設定と新規加入国の承認が話し合われた。ケネディ・ラウンド以降は関税引き下げに焦点が戻ったが、複雑化する貿易障壁（貿易の技術的な障壁、投資ルール、政府調達など）も取り上げられた。

GATTは日本、ヨーロッパ、北アメリカの関税引き下げでは大きな成果を上げたが、発展途上国は「特別かつ異なる待遇」と呼ばれる規定のもとで高い関税を維持することが認められた。この規定は貧しい国が関税の壁に守られて工業化できるようにすることが狙いだった（数多くの先進国が第二次大戦前にそうしていた）。

ウルグアイ・ラウンド最終合意を受けて、GATTに代わる機関として1995年にWTOが発足した。名称が変わっただけでなく、紛争解決におけるGATTの司法的役割が制度化されたほか、国際投資、規制、知的財産、サービスに関する基本の「交通ルール」が新たに設けられた。

出所：Will Martin and Patrick Messerlin, "Why Is It So Difficult? Trade Liberalization Under the Doha Agenda," *Oxford Review of Economic Policy* 23, no. 3 (2007) : 347-366.

を推し進める方向へと変わる。「ジャガーノート効果」とはよく言ったものだ。関税引き下げというボールがひとたび転がりはじめると、政治経済学的な弾みがつき、すべての関税を破壊しつくすまで転がりつづける。[8]

二つ目の魔法の杖は、一握りの豊かな国がGATTを運営できたことだ。コンセンサス原則があるのに、それが可能だったのは、互恵原則に巨大な抜け穴があったからである。豊かな国が関税を引き下げて、発展途上国の輸出企業が恩恵を受けたとしても、発展途上国には互恵原則が適用されないので、自国の関税を引き下げる義務はなかった。豊かな国が関税を引き下げるときには、最恵国原則に従って、GATT／WTOのすべての加盟国に対しても同様に引き下げなければならなかった。たとえ相手が相互引き下げをしなくても、それは変わらなかった。

この抜け穴があったため、発展途上国は関税引き下げ交渉でフリーライダーになった。しかし、フリーライダーとしては特別な点があった。発展途上国にとっては、最恵国原則のもとでラウンドを成功させることが自国の利益につながったのだ。ラウンドの成功で自国の輸出企業が豊かな国の関税引き下げから恩恵を受けられるためだ。

こうして発展途上国は「従わず、反対せず」のスタンスをとるようになり、コンセンサス問題は解決ではなく、回避されることとなった。事実、数多くの発展途上国はGATTの交渉に参加することさえなかった。そうしなければならない理由もなかった。発展途上国には抜け穴があったので、守るべきものが何もなかった。さらに、発展途上国には交渉材料がなく、豊かな国がどの関税を下げるかという問題に対して、何の発言権もなかった。

政治経済のロジックから現実の出来事に目を転じると、図22がナラティブを組み立てるのに役立つ。図22は、1950年から1994年の貧しい国と豊かな国の平均関税率を示している（上のパネル）。1950年までの4年間の動きはGATTの関税引き下げを理解するうえで非常に重要な意味を持っているのだが、体系的な国際データがないため、豊かな国で何が起きていたかを表すものとして、下のパネルにアメリカの全期間のデータを示している。

GATTは鳴り物入りで始まり、関税引き下げで大きな成果を上げた。これは、アメリカが1934年から進めてきた取り組みが多国籍化して拡張されたものと考えることができる。第一回GATTラウンドは1947年に始まり、関税が大幅に下がった（表4）。その後の4回のラウンドでは関税はほとんど下がらなかった。これは新しいルールの策定を重点的に進めたことと、1951年のドイツの加盟、1955年の日本の加盟をめぐる交渉が難航したことによる。

その後の「ケネディ・ラウンド」（1963〜1967年）でGATTの議論は関税引き下げに戻った。図22が示すように、豊かな国の関税は大きく下がったが、合意内容は5〜10年かけて段階的に実施された。ところが、「従わず、反対せず」のメカニズムが働いて、貧しい国の関税は下がらなかった。

次にジャガーノート効果が表れたのは、1973年だった。いわゆる東京ラウンドが始まったときだ。このラウンドでは、関税の引き下げに加えて（表4参照）、関税以外の問題、たとえば補助金、規制、政府調達などが話し合われた。発展途上国はフリーライダーのままだった。それどころか、発展途上国はGATTラウンド中には好き勝手ができたので、貧しい国の関税は1973〜1979年の経済危機時に跳ね上がっている。

何年かすると、ジャガーノート効果が作用して、関税はさらに下がる方向へと進むようになった。

ほとんどの国で自由化反対勢力が弱くなり、自由化賛成勢力が強くなっており、貿易をいっそう開放することが、多国間レベルでも、地域レベルでも、政治的に最適になったのだ。歴史が示しているとおり、GATT加盟国は1986年にウルグアイ・ラウンドを開始したが、その年には、一部のGATT主要国が大規模な地域貿易自由化にも乗り出している。

具体的には、三つの自由化の取り組みが1986年に始まった。アメリカとカナダは自由貿易協定の交渉に入り、1989年に妥結した（この交渉がのちに北米自由貿易協定＝NAFTAになる）。1986年には、ヨーロッパも貿易自由化クラブ（その頃には欧州連合＝EUと呼ばれるようになっていた）を深化・拡大させた。スペインとポルトガルの加盟が認められ、EUはいわゆる単一市場構想のもとで、さまざまな経済障壁の深い自由化に乗り出した。

ウルグアイ・ラウンドは1986年から1994年まで続いた。図22に示すように、貧しい国で関税が急速に下がったのは、この局面だけだ。しかし、この発展途上国の関税自由化は、GATTとは何の関係もないことに注意しなくてはいけない。「従わず、反対せず」の原則はまだ働いていた。この引き下げが起きたのは、フェーズ4のなかで発展途上国の姿勢が革命的に変化しはじめ、貧しい国がオフショアの工場や仕事を呼び込もうと動いたからである（この点については第3章で論じる）。

ウルグアイ・ラウンドは1994年に終了し、最終合意の一環として、GATTはWTOに発展的に継承されて、重要な裁定責任を獲得した。WTOの設立は本当に歴史的な出来事ではあったが、世界の貿易量が上昇軌道を進みつづけるうえでそれ以上に重要だったのは、第三幕で輸送コストが下がりつづけたことだろう。

コンテナリゼーションにより輸送コストが下がる

船舶、列車、トラックの技術面での改良が進み、モノを移動させるコストは下がりつづけたが、荷役作業という長年の問題は克服されていなかった。この分野での大きなブレークスルーが1960年代に訪れる。「コンテナリゼーション」と呼ばれるこのアプローチは、70年代、80年代に飛躍的に発展した。

コンテナリゼーション以前は、人力による手作業で船に貨物を積み込んでいたため、輸入する財が港に何週間も留め置かれることがあった。国際生産ネットワークを運営する企業にとってそれ以上に悪いのは、船がいつ入港するかがはっきりわからず、輸送スケジュールが不確かになってしまうことだった。

コンテナリゼーションは輸送に革命を起こした。貿易財を規格化された鋼鉄の箱に入れて運べるようになったのだ。さまざまな理由から、そのインパクトはものすごく大きかったと、マーク・レヴィンソンは2006年の著書『コンテナ物語――世界を変えたのは「箱」の発明だった』で述べている。一つには、コンテナによって輸送はコストが下がり、スケジュールが安定するようになった。コンテナへの荷積みは財を送る会社が行い、荷下ろしは顧客がするのが普通だ。発送する側も受け取る側も、「箱」のなかに何が入っていて、それをどう扱えばいいかわかっているので、通常はこのほうが速く処理できるし、コストも安くすむ。また、船への積み下ろしに巨大なクレーンを使えるため、この作業も低コストで速くでき、スケジュールの予測がつくようになる。コンテナの出現で作業量が減ったうえ、港湾労働組合の力も弱まったことで、それまではストライキの影響で発生していた遅れも減った。[9]

加えて、コンテナは大きさが規格化されているので、地球上のすべての港や鉄道ターミナルで、クレーンなどの機械を箱の規格に合わせて最適化できた。そのおかげで、輸送ネットワークの「点を結ぶ」のも容易になった。たとえば、ハイテク部品を積み込んだコンテナをカリフォルニアの工場からトラックで運び、ロサンゼルスの港でコンテナ船に載せて、日本の名古屋に運び、最終顧客にトラックや列車で届けるというプロセスを、コンテナに人の手が一度も触れることなく、完了できるようになった。

その結果として、モノを移動させるコストは驚異的に下がった。経済学者の試算では、コンテナリゼーションの貿易刺激効果は、図22に示した関税引き下げ全体をはるかに上回る。

BOX3

「フェーズ3」の要約

フェーズ2は人類社会の基礎をつくった局面だと考えることができるとしたら、フェーズ3は、歴史上で「現代世界」と呼ばれるようになる家を建てた時期だといえる。

人類の歴史の大半を通じて、距離という制限があったために、人が消費するものは、歩いて行ける距離のなかで生産されたモノに限られた。その距離による強い束縛が解かれると、フェーズ3が始まった。クーデターの鍵となったのが、蒸気動力である。

蒸気革命は、農業革命と同様、「相転移」の引き金となり、やがて現代のグローバリゼーションへとつながっていった（より厳密には、本書で言う「オールド・グローバリゼーション」であり、第一のアンバンドリングである）。19世紀が進むと、蒸気は風力や畜力に取って代わり、やがて蒸気も内燃機関や電気エンジンに置き換えられた。しかし、蒸気動力の発展こそが、すべての始まりといえる出来事である。

輸送技術の一連のブレークスルーを背景に、遠く離れたところでつくられたモノを消費することが経済的に見合うようになった。このフェーズのグローバリゼーションとは、消費地と生産地が大規模に切り離されることを意味した。

大陸間の距離が克服されると、貿易、集積、イノベーションという、相互に結びついた三つの現象が生まれた。そしてそれらがあいまって、世界経済の秩序をひっくり返すことになる。歴史上まれに見る劇的な富の逆転が起きて、中核だったアジアが周辺になり、周辺だった北大西洋が中核になった。

フェーズ3のドラマは三幕構成で展開した。グローバリゼーションは第一次大戦前に前進し、戦間期に後退、その後、第二次大戦後に一気に進んだ。

▼重要な結果

第一のアンバンドリングがもたらした重要なインパクトは次のとおりである。

- 大西洋諸国と日本（「北」）は工業化し、アジアと中東の古代文明圏（「南」）は空洞化した（インドと中国は特にそうだった）。

- あらゆるところで成長が離陸したが、北のほうが南よりも先に離陸し、成長のスピードも速かった。
- 大いなる分岐が起きた。
- 国際貿易が繁栄した。
- 都市化が特に北で加速した。

こうした一連の巨大な変化が起きたのは、生産のノウハウの分布が大きく偏っていたことに原因があった。北で生まれたイノベーションは北にとどまったので、北の賃金と生活水準は上昇し、南を著しく上回るようになった。その後、情報技術が水門を開き、ノウハウのグローバルな不均衡は縮小して、フェーズ４へと進む。第３章では、フェーズ４で起きた大きな変化を振り返る。

第3章
ICTとグローバリゼーションの第二のアンバンドリング

ニュー・グローバリゼーションは、みなさんの父親世代のグローバリゼーションではない。まったく別のものだ。21世紀のグローバリゼーションがもたらしているインパクトはこれまでとは大きく異なり、恩恵を受ける人もいれば、打撃を受ける人もいる。メキシコ中北部にある植民地時代の都市、サンティアーゴ・デ・ケタレロの場合は、ニュー・グローバリゼーションはまるで奇跡のような恩恵となっている。

サンティアーゴ・デ・ケタレロと周辺地域は、オフショア生産拠点の磁石であり、データセンターから航空機製造まで、さまざまな活動を引き寄せている。たとえば2006年には航空機メーカーは2社しかなく、従業員は合わせて700人ほどだった。それが8年後には、航空機メーカーは33社に増え、5000人を超える雇用を生み出したと、ポール・ギャラントが2014年にカナディアン・ビジネス誌に寄稿した記事で伝えている。[1]

「ボンバルディアの実験がどのようにしてメキシコの経済革命の中心地になったか」という記事の

タイトルが物語るように、すべての鍵をにぎっていたのが、カナダのボンバルディア社だった。同社はまず、技術水準の低い労働集約型の生産工程をケタレロに移した。航空機用ワイヤーハーネスの組み立てなどの作業がケタレロで行われ、部分組立品がケベックに戻されて、そこで組み立てられている航空機に取り付けられた。しかしその後、オフショアに移される工程がどんどん高度になっていった。たとえばボンバルディアのケタレロ施設では、今ではビジネスジェットの尾翼をつくっている。

最近も、水上バイク「シードゥー」などを生産するボンバルディア・レクリエーショナルプロダクツ（BRP）が、高度な複合船体をつくる拠点を開いた。そのような革新的な生産工程をメキシコに持ってくるのは異例だった。ギャラントはその理由を、BRPケタレロのディレクター、トーマス・ウィーナーズの言葉を引用して説明している。「普通なら、どうやればいいかを完璧にわかっていて、加工価値を活かしたいものをもってくる。しかし、ここは強力な人材の宝庫だ。私たちはそう確信している」。

ケタレロの成功は、ボンバルディアがカナダからメキシコに移動させた知識によるところが大きい。だが、それは簡単なことではなかった。「ボンバルディアはジレンマに陥った。フランス語を話すベテランからスペイン語を話す新人に、いったいどうやってノウハウを伝えればいいのか」と、ギャラントは指摘する。同社はそのハードルを乗り越えるため、メキシコ人の作業員がフランス語をわからなくても理解できるピクトグラムをつくった。

ケタレロの「スペイン語を話す新人」にとっては奇跡のようなこの出来事も、ケベックにいる「フランス語を話すベテラン」にとっては歓迎できるものではない。ボンバルディアは今では、時給35

図23　フェーズの移行時期を特定する：世界GDPのシェア、1000〜2014年

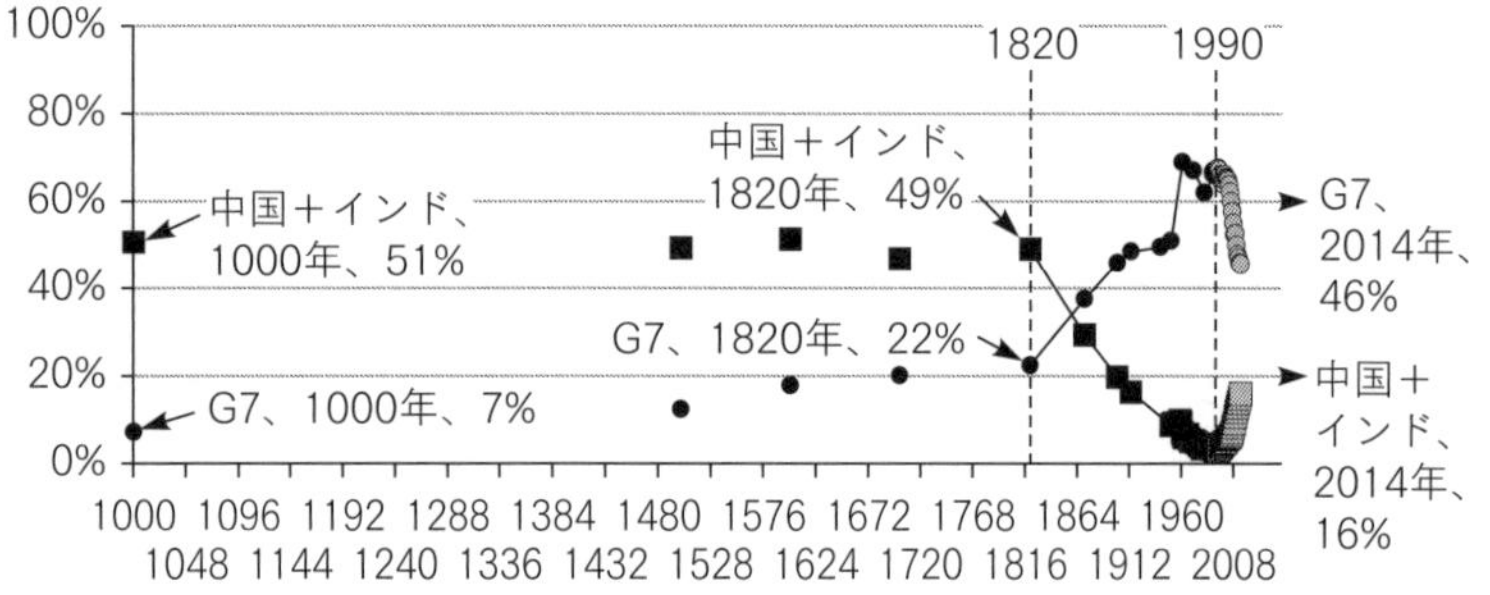

産業革命以前は、最低生活水準以上の暮らしをしていた人類はごくわずかだった。そのため、国内総生産（GDP）の国別のシェアは人口の国別シェアとほぼ同じだった。インドと中国は人口が圧倒的に多かったため、世界経済を支配していたが、19世紀初めにフェーズ3が始まり、図23に示すように、170年間にわたる崩壊へと落ち込んだ。

1990年頃にニュー・グローバリゼーションが始まると、この流れが反転した。それ以降、中国とインドというアジアの二大国が世界GDPに占めるシェアは急上昇している。そのペースは何世紀も続いた下降のペースをはるかに凌ぐ。今日のシェアは歴史上の標準的な水準である50%には遠く及ばないが、確実に上昇している。これが大いなる収斂（グレート・コンバージェンス）である。

出所：World Bank DataBank（米ドル建てGDP）およびマディソン・データベース（2009年版）、1960年以前の数値は筆者の計算による。

ドルのカナダ人航空エンジニアに代えて、日給約60ドルのメキシコ人製造エンジニアを使って、航空機の尾翼をつくっている。

個人の視点に立っていては、ニュー・グローバリゼーションのインパクトはとらえにくい。地球規模の視点で見ると、その効果がどれほど強かったか、どれだけ強調しても足りない。過去1000年間の国民所得の推移を見れば、それが一目でわかる（図23を参照）。

この章では、最初に情報通信技術（ICT）の革命を掘り下げて見ていく。ICT革命をきっかけに、フェーズ3（オールド・グローバリゼーション、グローバリゼーションの第一のアンバンドリング）はフェーズ4（ニュー・グローバリゼーション、第二のアンバンドリング）に移行した。併せて、航空貨物の発達についても取り上げる。航空貨物も、ICTと同様に、複雑な活動を国際的に管理するコストを低減させる要因となる。

次に、ニュー・グローバリゼーションのインパクトがオールド・グローバリゼーションのインパクトとどう違っているのかについて論じる。フェーズ4は最近の出来事なので、歴史のナラティブではなく、経済活動、貿易、貧困を中心に話を進めていくことになる。そして最後に、一連の事実を踏まえて、ニュー・グローバリゼーションの大きな特徴をまとめる。

ブレークスルー：ICT革命

革命という言葉が軽く使われることが多くなっている。しかしICTについては、まさに「革命」という言葉がふさわしい。50歳以上の読者には、情報通信技術の進歩がもたらしたインパクトを改めて説明する必要はないだろう。この世代が育った世界では、会議の案内がエアメールで送られてきて、国際電話が1分ごとに5ドルかかって、文書を1枚送るのに翌日配達便で最低でも50ドルかかった。ファクシミリのほうが速かったが、とても読めたものではなかった。

若い読者であっても、劇的な変化に立ち会うことになるだろう。今の若者にとっては、電子メールでさえ年代物のださいテクノロジーで、使い勝手が悪い。グループでメッセージをやりとりするには、フェイスブック（2004年以降）、ツイッター（2006年以降）、スナップチャット（2011年以降）のほうがずっと便利だ。

ICT革命は、数字にも表れている。1986年から2007年にかけて、世界の情報保存能力は年23％拡大した。電気通信量は年28％増加し、計算能力は年58％向上している。成長率がここまで高いと、10年もあれば世界は一変する。たとえば、1986年に電気通信によって伝送された1年間の情報量が、1996年にはわずか1000分の2秒で送れるようになった。2006〜2007年の情報量の増加幅は、それまでの10年間に伝送されたすべての情報の合計量をはるかに上回る（もっと厳密に言うと、情報量の増分は10年間の合計量の1・06×10の36乗である）。

計算能力の伸び率はそれ以上にすごい。エクセルで10年以上の成長率を予測しようとしてもできない。エクセルではそんなに大きな数字を扱えない。指数表記を使ってもだめだ。情報を集め、処理し、伝送する能力の向上がもたらす変化の大きさは、とても一言では言い表せない。「世界を変える」「革命的」「破壊的」という形容詞がすべて当てはまる。

ICT革命を支える法則

ICT革命は、相互に関連する三本の鎖《ストランド》でできている。情報（information）を表す「I」の原動力は、計算コストとデータ保存コストだった。通信（communication）を表す「C」の原動力は、伝送技術の進化だった。技術（technology）を表す「T」は、組織再編（reorganization）の「R」にするべきだったかもしれない。「I」と「C」が経済に与えるインパクトは、新しいネットワーキング手法や職場組織が生まれて、大きく増幅されたためだ。

ICTの「I」を推し進める法則は、提唱者のゴードン・ムーアの名前をとって「ムーアの法則」と呼ばれる。コンピューターの計算能力は幾何級数的に進化するというものだ。たとえば、コンピューターチップの性能は18ヵ月で2倍になるとされる。「T」を推進する力は二つある。ギルダーの法則とメトカーフの法則だ。ジョージ・ギルダーは、通信網の帯域幅はコンピューターの処理能力の3倍のスピードで増加すると唱えた。6ヵ月で2倍になる計算である。そうなれば伝送能力が進化して、計算と保存の制約が小さくなる。データの伝送、処理、保存の進化は互いに増幅し合う。これが「クラウド」とそのさまざまな用途の経済原理である。

ロバート・メトカーフは、ネットワークの価値はユーザー数の2乗に比例して増加すると主張した。ネットワークのユーザーの数が、たとえば10万人であるとき、ユーザーが一人増えると、新しい接続の数は10万増えることになる。ユーザーの数が20万人であれば、ユーザーが一人増えると、新しい接続の数は20万増える。言葉を変えると、新しい接続数は直線的に増えるわけではない。ユーザーが増えるたびに新しく増える接続数は大きくなるので、成長が成長を生み出していく。

計算能力と電気通信の進歩に、インターネットの出現が加わると、長距離の情報共有に革命が起きた。最初は電子メール、次がウェブベースのプラットフォームである。しかも革命はそこで止まらなかった。

オードレ・ロードの言葉になぞらえると、革命とはたった一つの出来事ではない。まず、ケーブルを通してアイデアをほぼノーコストで、ほとんどどこにでも送れるようになると、仕事のやり方や経営管理の仕方、企業とサプライヤー・顧客との関係が大きく変わった。また、作業方法や製品デザインがシフトして、生産のモジュール化が進み、生産活動を遠隔で調整しやすくなった。さらに、電気通信革命とインターネット革命が引き金となって、情報管理の一連のイノベーションが生まれると、複雑な活動を空間的に調整しやすくなった。調整のコストも下がり、安全性が上がった。そして、電子メールや編集可能なファイル（*.xls、*.doc など）、専門性の高いウェブベースの調整ソフトウェアパッケージが出現し、多面的な手順を遠く離れた場所から管理する能力が革命的に高まった。

蒸気革命がグローバリゼーションを変容させるのには何十年もかかったが、ICT革命のインパクトは年単位で表れた。図24に、数種類のICT指数を示している。これを見ると、インターネットホストの成長曲線には1986年に変曲点が、電話契約者数には1995年に変曲点がある。

しかし、この時期に起きた大きな変化は、ICT革命だけではなかった。航空貨物の発展と国際生産ネットワークの発展とが互いに刺激し合って、大きく前進したのである。

図24　世界のインターネットホストと電話回線の伸び、1975～2011年

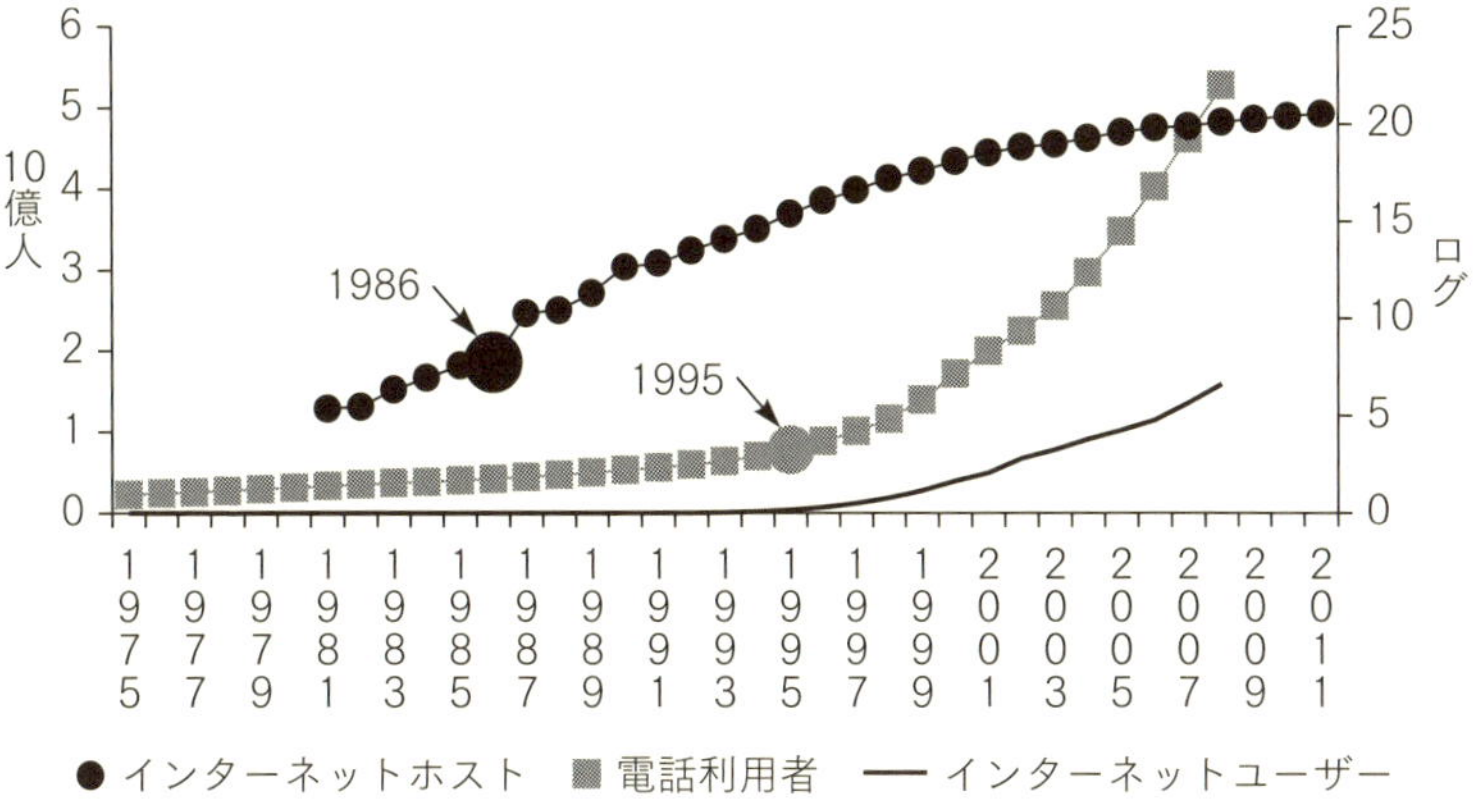

デジタイゼーションに関連する産業については、1990年頃にニュー・グローバリゼーションが始まる前に遡って、ICT（情報通信技術）に関する統計を見つけるのは驚くほど難しい。たとえば、ダニエル・コーエン、ピエトロ・ガリバルディ、ステファノ・スカルペッタの共著書『ICT革命』ではそこまで遡る体系的な数値が示されていない。

入手可能なのは、インターネットホスト数、インターネットユーザー数、電話利用者数である。一連のデータは、ICT革命が1985～1995年のどこかで起きたことを強く示唆しているが、データの推移を見る限りでは、革命というよりも急速な発展といった感がある。

出所：International Telecommunication Union（ITU）およびWorld Bank data; Daniel Cohen, Pietro Garibaldi and Stefano Scarpetta, *The ICT Revolution*（Oxford：Oxford University Press, 2004）.

航空貨物

第二次大戦が終結して航空機に余剰が生まれると、航空貨物の商業利用が可能になったが、事業が本格化したのは、1980年代半ばにフェデックス、DHL、UPSが台頭してからである。信頼性の高い航空貨物サービスの発展は、グローバル・バリューチェーンの台頭と深くかかわっている。理由は単純明快である。航空貨物を使えば、国内の工場間とほとんど同じように、中間財を遠く離れた工場間で確実に航空輸送できることをメーカーが知ったのだ。実際に、経済学者のデヴィッド・ハメルズ、ゲオルグ・シャウアーが2012年の論文(「貿易障壁としての時間」)で示しているとおり、アメリカに輸入される部品やコンポーネントのゆうに4割が空輸されている。[2]

ここでの鍵はコストではない。空輸はコストが下がってきているが、航空貨物は今日でさえ、船便貨物の何倍もかかる。モノを飛行機で送る最大の魅力はスピードだ。たとえば、ヨーロッパの貨物を海上輸送すると、アメリカの港に着くまでに平均で20日、日本に着くまでには1ヵ月かかる。航空輸送なら1日あれば届く。

スピードは確実性にも結びつく。この意味は大きい。国際生産ネットワークでトラブルが発生しても、航空貨物ならオフショアリング企業が問題を数日、場合によっては数時間で解消できる。陸上輸送や海上輸送だったら、何週間もかかるだろう。

では、ICT革命と航空貨物の発展に関する基本的な事実と経緯をおさえたところで、一連の変化がもたらしたインパクトに話を進めよう。

フェーズ4：グローバリゼーションの第二のアンバンドリング

グローバリゼーションの性質が変化したことは、さまざまな経済統計からも見てとれる。グローバリゼーション三段階制約論に照らせば、こうした大きな変化はすべて、北から南に製造業がシフトしたことから始まっている。そこで、ニュー・グローバリゼーションが製造活動の立地に与えた強烈なインパクトを最初に検証していこう。

製造業へのインパクト

製造業については、ニュー・グローバリゼーションは富の大逆転と関係がある。オールド・グローバリゼーションのもとでは、北が工業化し、南が空洞化した。ニュー・グローバリゼーションではこの状況がひっくり返った。北（20年前に「先進工業国」と呼ばれていた国のグループ）では雇用が急速に減少し、製造業セクターの付加価値に占めるシェアが急低下している。その一方で、六つの発展途上国の製造業生産が急増している。新興工業経済6地域（I6）と呼ばれる中国、韓国、インド、インドネシア、タイ、ポーランドの6ヵ国だ。

よく知られているように、一部の発展途上国が1990年以前に発展を遂げている。1970年代に「新興工業経済地域」と呼ばれた香港、台湾、シンガポール、韓国が1970年から1990年にかけて急速に工業化した。しかし、本当の意味での逆転は、そのずっと後に訪れた。製造業に占める主要7ヵ国（G7）のシェアは緩やかに下がっていたが、それが1990年頃から加速しはじめた。1990年には3分の2あったシェアが、2010年には半分を割り込んだ（「序章」の図2を参照）。

図25は、世界製造業生産高に占めるG7のシェアをまとめたものである。G7のシェアが全体として下がっていることは誰の目にも明らかだが、G7上位3ヵ国のシェア（上のパネル）のパターンには差がある。日本は20年にわたる「奇跡の時代」を経験して、製造業生産高が急速に拡大し、国民の所得全体が飛躍的に伸びた。この急成長を追い風に、日本の自動車産業、エレクトロニクス産業、機械産業が戦後のアメリカ製品の支配を脅かすようになり、やがてアメリカとの深刻な経済摩擦を引き起こす。1990年頃まで、日本のシェア上昇とアメリカのシェア低下は鏡に映し出したように対称的だ。この状況を変えたのが、第二のアンバンドリングである。1990年以降、日本もG7の下降トレンドに加わっている。

興味深いのは、アメリカの製造業生産高がフェーズ4の最初の10年間はプラス成長だったことだ。これはたぶん、メキシコとカナダへのアウトソーシングが効いて、国際競争で優位に立ったからだろう。理由はさておき、それ以降、シェアは下がりつづけている。アメリカの製造業生産高は2000年頃からG7全体の動きに同調しはじめた。ドイツのシェアは過去40年間、一貫して下がっている。

下位4ヵ国の空洞化の軌跡は図25の下のパネルに示した（目盛りが変わっていることに注意してほしい）。イタリア製造業のシェアは右肩下がりになっているが、1990年代初めからそのペースが加速し、2000年頃に再度加速した。これに対し、イギリスは1980年代まで大きく上昇したが、それ以降は下がっており、1990年頃から急低下している。カナダとフランスも

図25　製造業の逆転：G7の世界製造業シェア、1970〜2010年

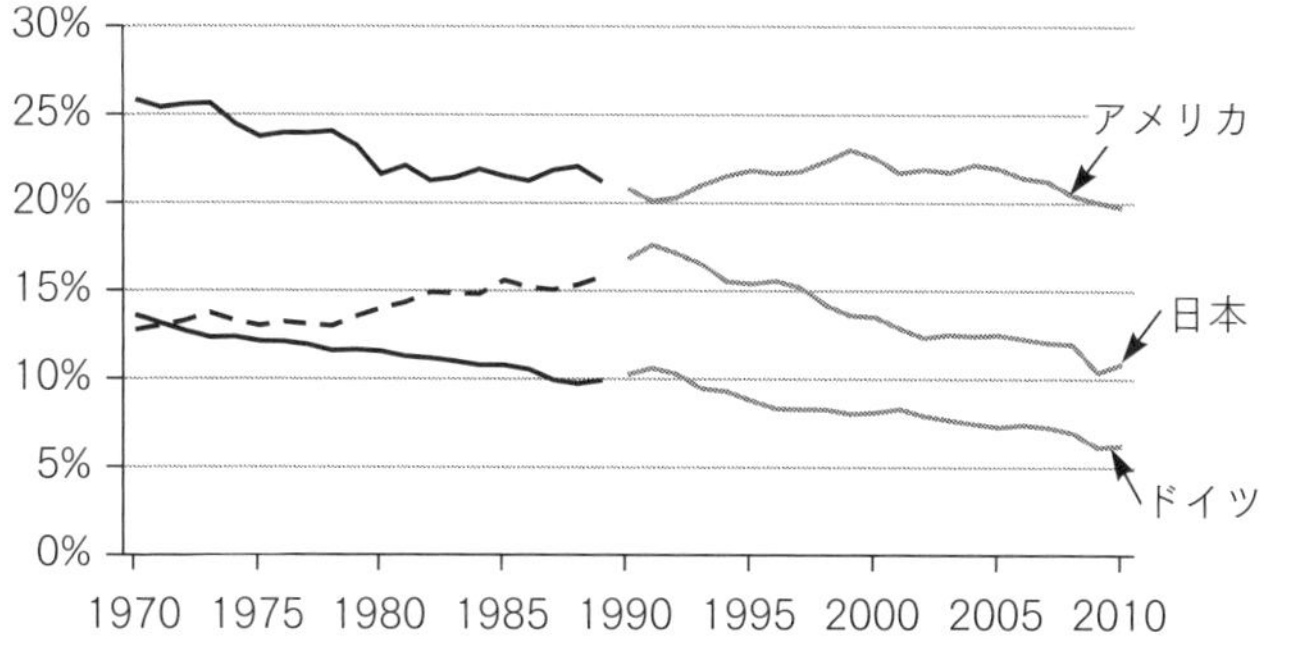

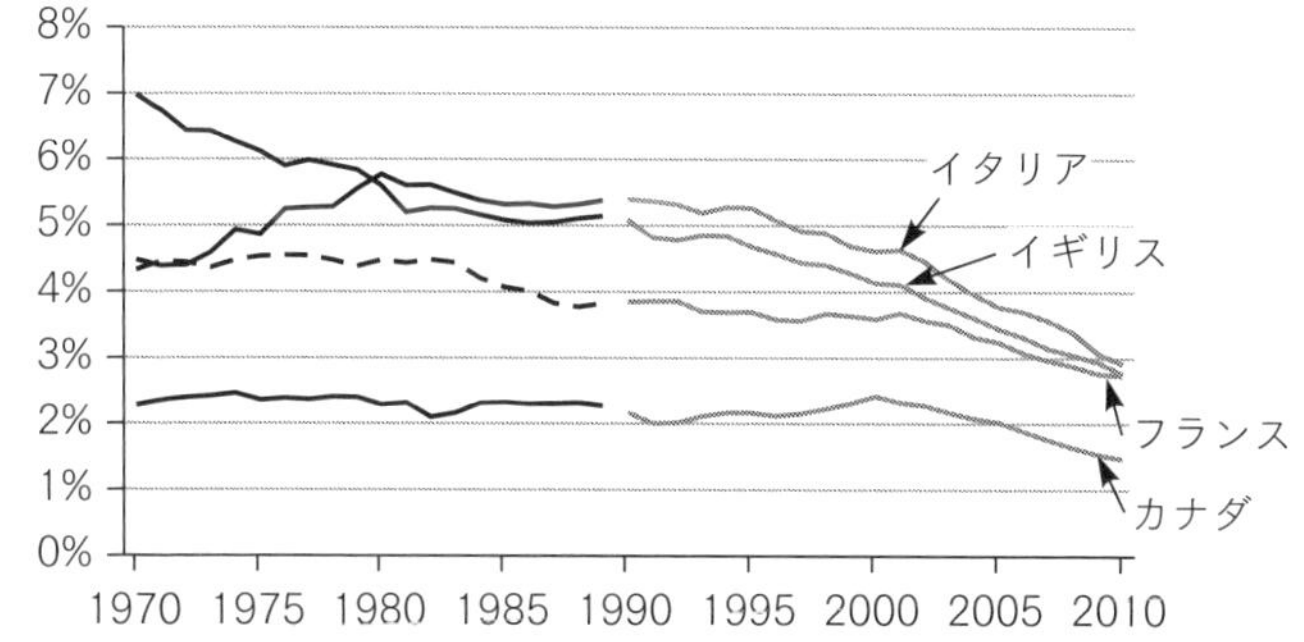

G7の製造業上位3ヵ国では、ここ何十年間かの経験が大きく異なっている。日本が世界製造業生産高に占めるシェアは1990年まで上昇したが、その後は下がりつづけている。日本が台頭した時期はアメリカがシェアを失った時期とほぼ一致している。アメリカは数年ほど回復を見せたが、2000年頃から下降トレンドに加わった。これに対し、ドイツのシェアは、データの起点である1970年から一貫して下がっている。

他のG7諸国のシェアは軒並み右肩下がりになっており、ほとんどの国が1990年か2000年以降、低下ペースが加速している。

出所：UNSTAT.orgのデータ。

2000年頃まではシェアが緩やかに下がっていたが、それを境に低下するスピードが加速した。

図26に示すように、I6のあいだでさえ、シェアの上昇には大きなばらつきがある。突出しているのが中国だ（目盛りが大きく違うので、上のパネルに示している）。これはもう驚異的と言うしかない。中国の製造業セクターは、1970年は競争力がまったくなかったが、2010年には世界第二位の製造業大国になった。

他のI6諸国については、成長の軌跡はまちまちである。韓国など一部の国は、一貫して上昇基調にある（韓国は新興工業経済地域の一つだった）。これに対し、インドネシアやタイなどは、1980年代に成長が始まった。ポーランドのシェアが急上昇しはじめたのは、1989年にベルリンの壁が崩壊した後のことだ。インドは韓国よりもずっと早くから工業化が始まったが、その後、安定して上昇し、1990年頃から上昇ペースが加速しているのがうかがえる。

当然ながら、急速な工業化が進むI6では、経済が急成長した。全人類のほぼ半分がこれらの国に住んでおり、この成長爆発はものすごく大きな波及効果を生んだ。その一つが、世界の国内総生産（GDP）シェアの衝撃的なシフトである。

経済活動へのインパクト：GDPシェアのシフト

「衝撃的なシェア・シフト」チャート（図23）が示すように、G7のグローバルGDPに占めるシェアは、1990年には3分の2だったのが、今では半分を割り込んでいる。シェアを足し合わせると100になるのだから、G7のシェアが低下した分、他の国のシェアが上昇していなければならない。そうだとすると、GDPシェアの勝者は誰だったのか。

図26　新興工業経済6地域の世界製造業シェア、1970～2010年

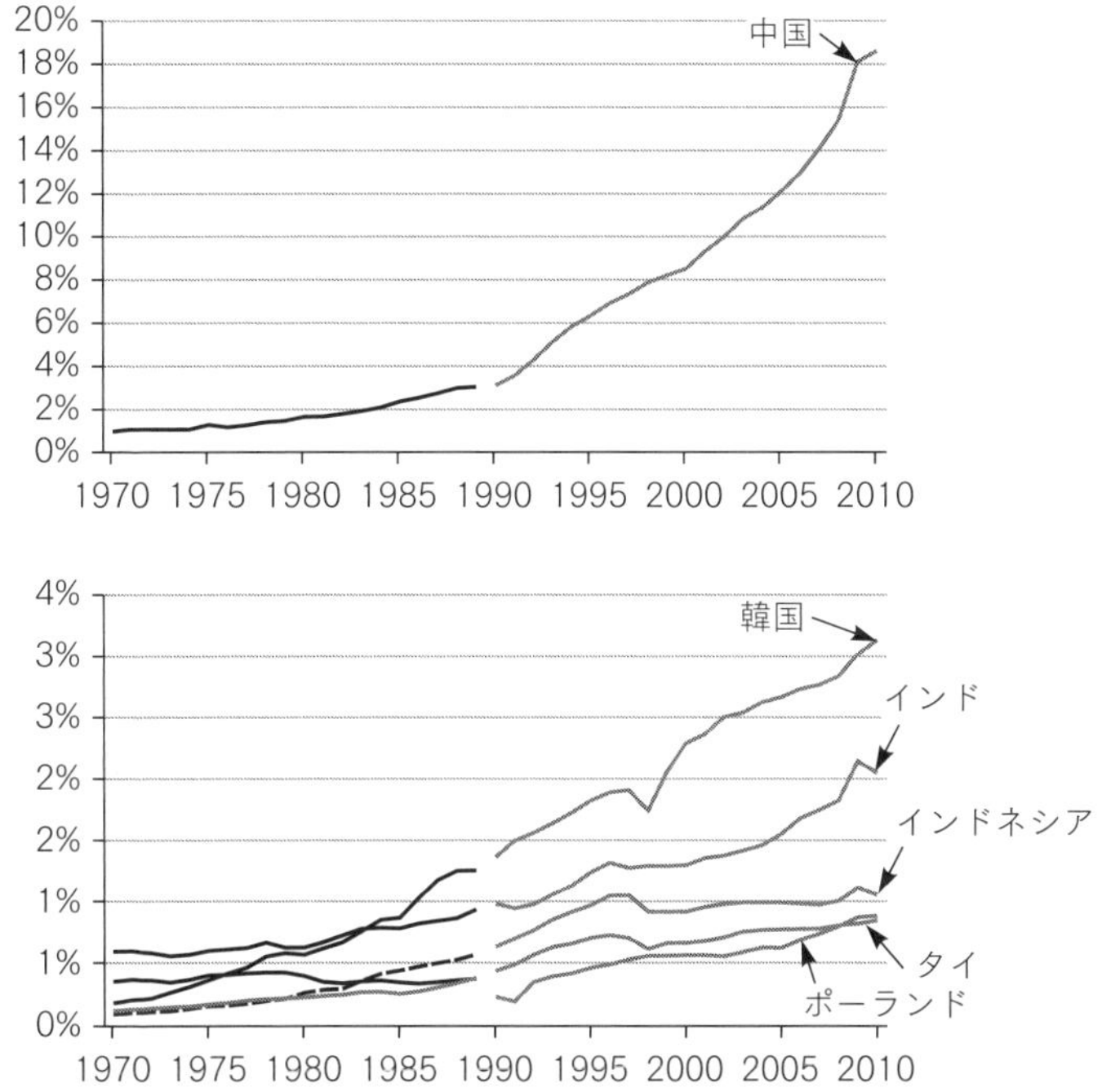

中国のめざましい工業化は1990年前後に離陸した。それを牽引したのが外国企業で、工場と雇用を中国に持ち込み、世界クラスの製品をつくるために必要なあらゆるものをもたらした。世界製造業生産高が安定して増加するなか、わずか20年間で、世界製造業の「パイ」の6分の1が中国国外から中国国内に移動した。

他のI6諸国の経験はまだら模様である。ポーランドのシェアは着実に上がりつづけているが、タイとインドネシアはシェアの伸びが鈍っている。

出所：UNSTAT.orgのデータ。

G7のシェア低下分は、一握りの国に回った（図27の上のパネル）。これが答えである。1990〜2010年にグローバル・シェアが0・3％ポイント以上増えたのは11ヵ国しかない。中国、インド、ブラジル、インドネシア、ナイジェリア、韓国、オーストラリア、メキシコ、ベネズエラ、ポーランド、トルコであり、このグループを新興11ヵ国（Rising Eleven）、略してR11と呼ぼう。R11全体で、G7が失った17％ポイントのうち14ポイントを占める。残る3％ポイントはそれ以外の国（200ヵ国弱）の分だ。

R11のあいだでさえ、シェア・シフトの分布には偏りがあった。図27の下のパネルが示すように、中国だけで約7％ポイントを占めた。それに続くインドとブラジルを加えると、上位3ヵ国の世界GDPシェア上昇率は10％ポイントに達する。

製造業の勝者とGDPの勝者

I6とR11。この二つの勝ち組グループはかなりの部分が重なっている。I6は、タイを除いて、すべてR11に入っているのだ。急速な工業化と急速な経済成長はずっと密接な関係にあるので、これは驚くことでも何でもない。しかし、R11の他のメンバーはどうやって世界平均をはるかに上回るペースで成長したのだろう。残るR11メンバーの大半、つまり、ブラジル、インドネシア、ナイジェリア、オーストラリア、メキシコ、ベネズエラ、トルコについては、それを説明するものとして「国際商品」（コモディティ）という言葉が頭に浮かぶ。

経済協力開発機構（OECD）は、すばらしい貿易データを新たに生み出しており、これを手がかりに追っていける。データは図28に示しているが、この証拠を読み解くには、背景知識が少しば

図27　G7、R11、中国：グローバルGDPシェアの再配分、1960〜2010年

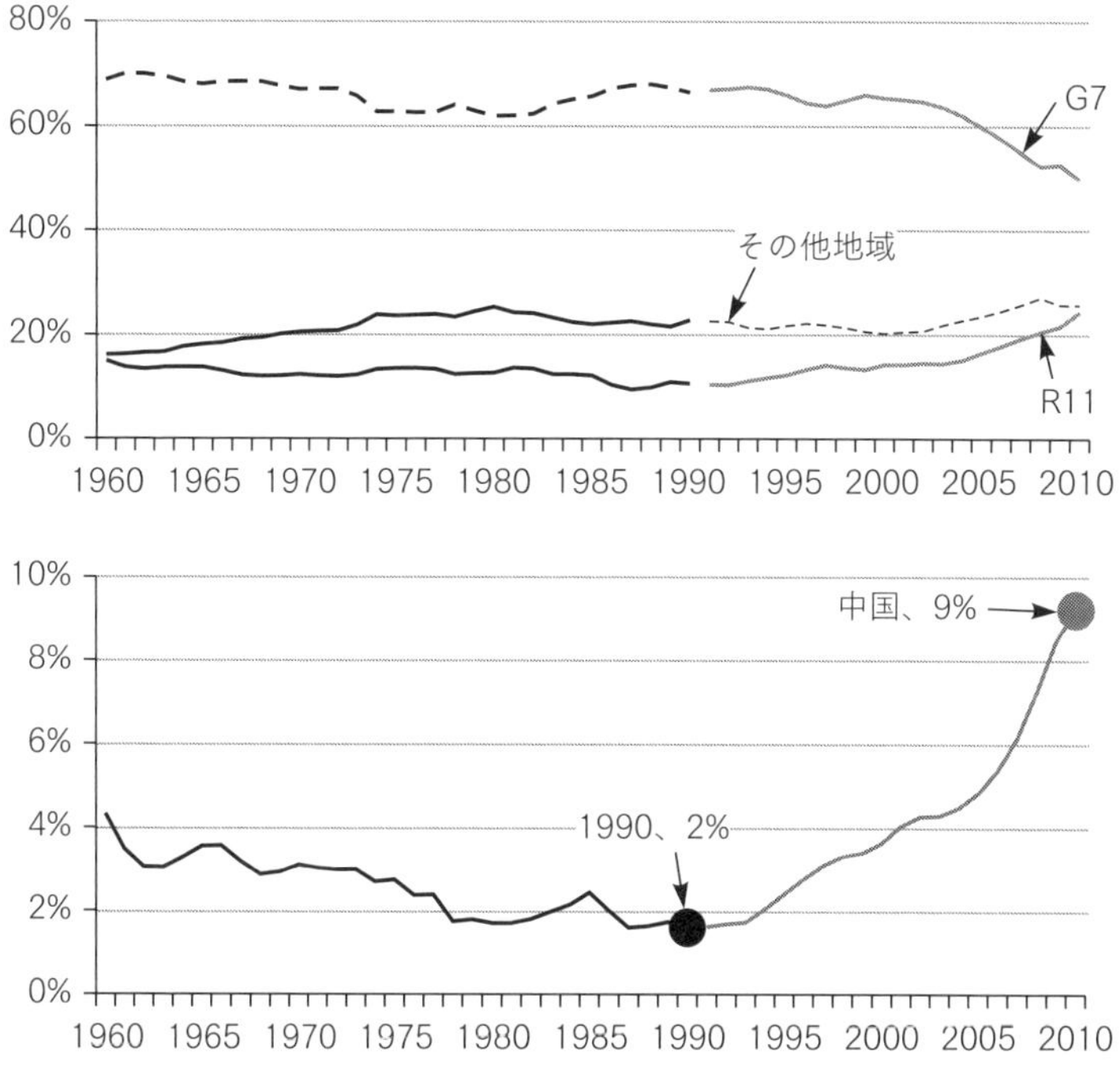

フェーズ4では、グローバリゼーションのインパクトは地理的に限定された。G7のGDPシェアの喪失分は、わずか11の新興国（R11）が獲得した。R11は、1990〜2010年に世界GDPシェアが0.3%ポイント以上上昇した国と定義される。中国、インド、ブラジル、インドネシア、ナイジェリア、韓国、オーストラリア、メキシコ、ベネズエラ、ポーランド、トルコがそれに該当する。その他地域のシェアは1990年以降、ほぼ横ばいとなっている。

下のパネルが示すように、中国は1990年まで地歩を失ってきていたが、1990年以降、急速に回復した。R11全体の上昇分の約半分が中国のみのシェア上昇分による。

出所：World Bank DataBank（米ドル建てGDP）および筆者の計算。GDPシェアは個人の厚生よりも経済規模を測るものであるため、非貿易財の国内価格を調整していない数値を用いている。

急速に成長している発展途上国グループ（新興11ヵ国［R11］）の成長の源泉はじつにさまざまである。あるグループは製造業が原動力となり、別のグループは商品が牽引し、ある国（インド）はサービス・セクターを通じて輸出を成功させた。それは上のチャートにもはっきりと表れている（付加価値輸出とは何か、従来型輸出とはどう違うのかについての説明は本文を参照）。

図28が示すように、中国、韓国、トルコ、ポーランド、メキシコ、インドネシアの輸出成長に占める付加価値の半分以上は、製造業セクターからきている。もちろん中国のシェアはとても高く、85%に達する。このグループの輸出ブームを急速な工業化が牽引したことは明らかで、そのかなりの部分がグローバリゼーションの第二のアンバンドリングと関連していた。

急成長国グループの他のメンバーは、輸出ブームのなかで商品輸出の比重が高かった国である。その筆頭がオーストラリアで、付加価値輸出の成長の約65%が一次産品セクターからきている。「ハードコモディティ」輸出（鉄鉱石など）の成功と「ソフトコモディティ」セクター（ワイン、穀物、肉など）の成功が寄与している。ブラジルの成功への寄与は国際商品と製造業がほぼ半々で、石油輸出大国であるインドネシアも同じである。

インドはユニークなケースで、輸出ブームを牽引したのは製造業セクターでも一次産品セクターでもなく、サービス・セクターだった。

注：1995〜2008年という期間が選ばれたのは、1995年からデータの入手が可能であり、2008年はグローバル危機の影響で貿易データが歪められる前の最後の年だからである。
出所：「付加価値貿易」（TiVa）に関するOECDのオンライン・データベース、www.oecd.org。

図28　新興市場国はどのように成長を実現したか：製造業国と商品輸出国の比較

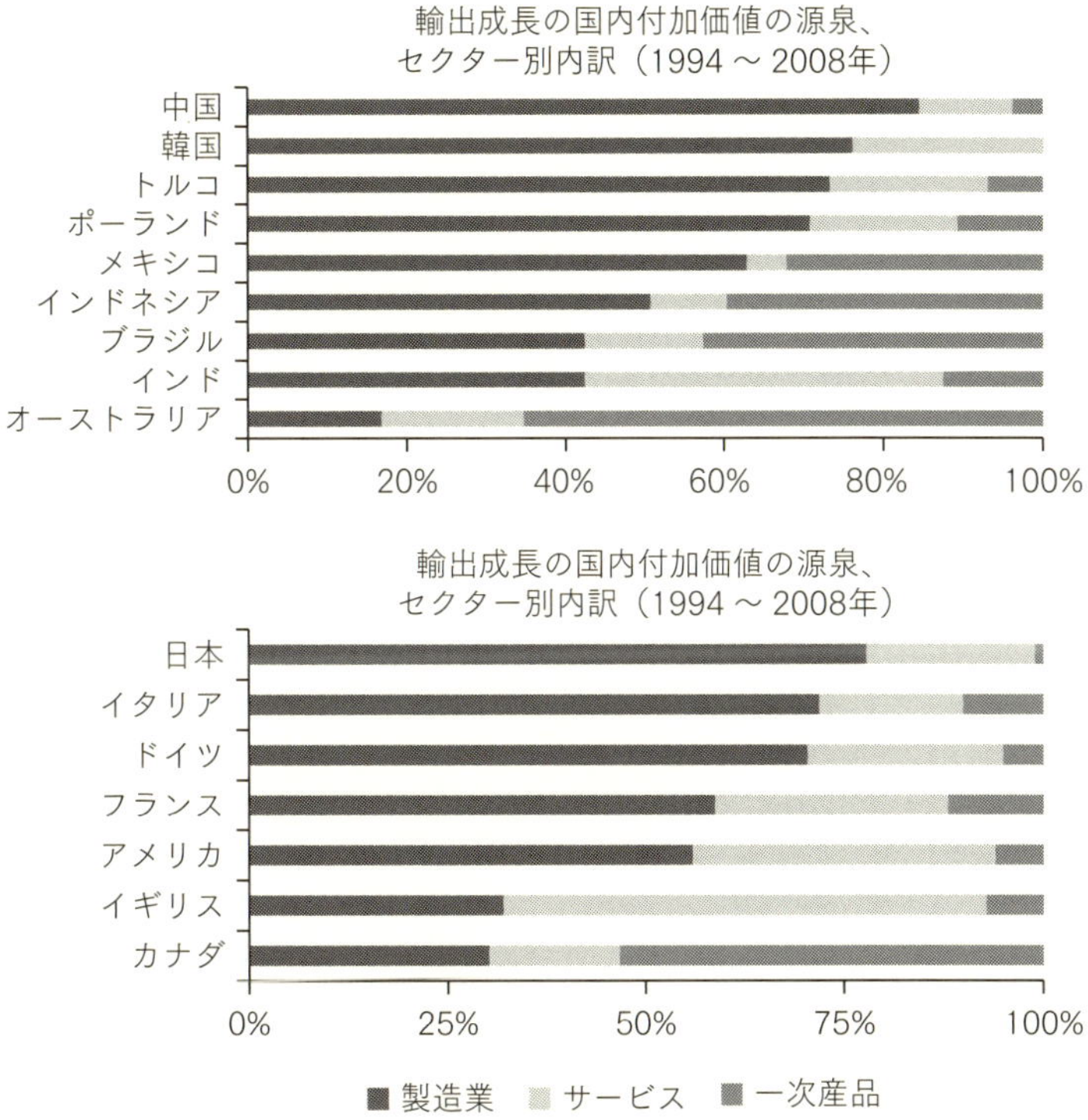

かり必要になる。チャートの数字は、経済を一次産品、製造業、サービスの三つに大きく分けて、各国の輸出成長に対するそれぞれの寄与度を表している。たとえば、中国の輸出の伸びの約90％は製造業セクターからきている（上のパネルのいちばん上）。しかしこの90％は、輸出の標準的な定義にはもとづいていない。つまり、外国に向けて送り出す財の額ではない。いわゆる「付加価値輸出」の内訳を反映したものだ。

従来の輸出統計と付加価値輸出のデータでは、何が違うのだろう。ＯＥＣＤは、付加価値輸出統計を出す際に、輸出品をつくるために使われた輸入中間財の価値を抽出する。そのため、従来型の輸出は「グロス」の輸出、付加価値輸出は「ネット」の輸出と、大まかにとらえることができる。

付加価値輸出統計のメリットは、輸出品が実際にはどこでつくられているのかが、セクター別でも、国別でも、かなりはっきりとすることだ。中国のように、グローバル・バリューチェーンが重要な意味を持つ国では、グロスとネットの数値の違いが重要になることがある。ｉＰｈｏｎｅを例に考えると、それがよくわかる。

従来型輸出ベースでは、中国は２００９年にアメリカに約20億ドルのｉＰｈｏｎｅを輸出したが、この20億ドルの大部分は、中国国外で付加されていた価値を表している。ｉＰｈｏｎｅをつくるために中国が輸入した財やサービスの価値を差し引くと、中国のｉＰｈｏｎｅの付加価値輸出は約２億ドルにとどまる。[3]このケースでは、20億ドルはグロスの輸出、２億ドルは付加価値輸出となる。

図28に示すように、Ｒ11は三つの大きなグループに分けられる。図の上位５本のバーを見ると、Ｒ11の５ヵ国（中国、韓国、ポーランド、トルコ、メキシコ）が、好調な製造業セクターを原動力に「成功」したことがわかる。二つ目のグループは、一次産品輸出を通じて成功した国だ。このカ

テゴリーに明らかに入るのはオーストラリアだけである。輸出成長の付加価値の60％超が、一次産品セクターからきている。しかし、ベネズエラとナイジェリアもこのクラブに入ると思われる（両国のデータはOECDのTiVA〔付加価値貿易〕統計にはない）。

最後のカテゴリーがインドである。インドの付加価値輸出の成長はサービスに大きく偏っているが、成長の約40％を製造業セクターが占める。インドが情報技術サービス、コールセンターなどに強みを持つことはよく知られており、これはそうした状況を反映したものだ。

ブラジルとインドネシアは、単純に分類できない。成長著しい付加価値輸出の約40％が一次産品セクターから、40～50％が製造業セクターからきている。

比較のために、図28の下のパネルにG7の同じ内訳を示している。G7諸国のほとんどは、付加価値輸出の（わずかばかりの）伸びの大部分が製造業セクターからきているが、イギリスはサービス・セクターの寄与が際立って大きく、カナダは一次産品セクターが重要な役割を果たしている。

貿易へのインパクト

グローバル所得に占めるG7のシェアがきりもみ状に落ち込むのと前後して、北－南の国際商取引は劇的に変わった。とりわけ大きかったのが、技術的に進んだ国と一部の発展途上国との貿易の性質のシフトである。第二次大戦以降の世界の貿易フローを支配してきた北－北貿易と変わらなくなりはじめたのだ。

豊かな国同士の貿易はずっと、往復貿易が大きな部分を占めている。つまり、同じ種類の財が大量に輸出入されているということだ。たとえば、ドイツはフランスに機械を輸出し、フランスはド輸入している財と同じ種類の財を大量に輸出しているというと奇妙に感じるかもしれないが、豊かな国のあいだではそれが普通だった。この現象は、工場が国境を越えて広がっていることを表すものと考えると、ぐっと理解しやすくなる。たとえば、エアバスの航空機はフランスで組み立てられるが、部品はヨーロッパ全域でつくられている。ある部品はフランスでつくられ、それがドイツに輸出されてさらに加工され、それがフランスに再輸出されて、最終財であるA320型機に取り付けられる、という具合である。

1980年代後半、1990年代初めに第二のアンバンドリングが始まるまで、この双方向貿易の大半は豊かな国のあいだで行われていた。フランスとドイツのケースをチャートに示しているが、それを見ると、1970年代にはフランス-ドイツ間の貿易全体の70%超がこの産業内貿易だったことがわかる。ニュー・グローバリゼーション（第二のアンバンドリング）の一環として工場が北－南の境界を越えはじめると、北－南貿易のフローが北－北貿易のフローに似てくるようになった。

その点を明らかにするために、左のチャートでは、ドイツ、アメリカ、日本と、それぞれの主要な発展途上国のオフショアリング相手国、具体的にはポーランド、メキシコ、東南アジア諸国連合（ASEAN）加盟国との貿易に焦点を絞っている。貿易のフローは突然変化しており、ニュー・グローバリゼーションによって貿易パターンが変わっていることを雄弁に物語っている。G7諸国と急速に工業化が進んでいる国との他の組み合わせでも、貿易のフローは同じパターンを示しているが、わかりやすくするためにチャートには載せていない。

注：二国間の産業内貿易（IIT）指数は、3桁の標準国際貿易分類コードをもとに集計している。
出所：国連商品貿易統計（UN Comtrade）データベース、comtrade.un.org/db/。

イツに機械を輸出している。往復貿易の一部は最終財で起きている（ヨーロッパのフィアットとルノーがその例）。しかし、大半は中間財関連だ。一例をあげると、自動車部品は長くカナダとアメリカの重要な貿易品目になっている。図29は、二国間の貿易に占める往復貿易のシェアを示している（この種の取引は専門用語で「産業内貿易」〔IIT〕と呼ばれる）。

図29から読み取れるキーポイントとして、1985年頃から、従来からの製造業大国と近隣の発展途上国との往復貿易が急増している。その中心にあるのがG7の三大製造業大国、つまり、アメリカ、日本、ドイツである。1990年にはこの三つの国が世界製造業のほぼ半分を占めていた。

往復貿易を測定する方法はほかに

図29　北－南の往復貿易は1985年前後から活発化した

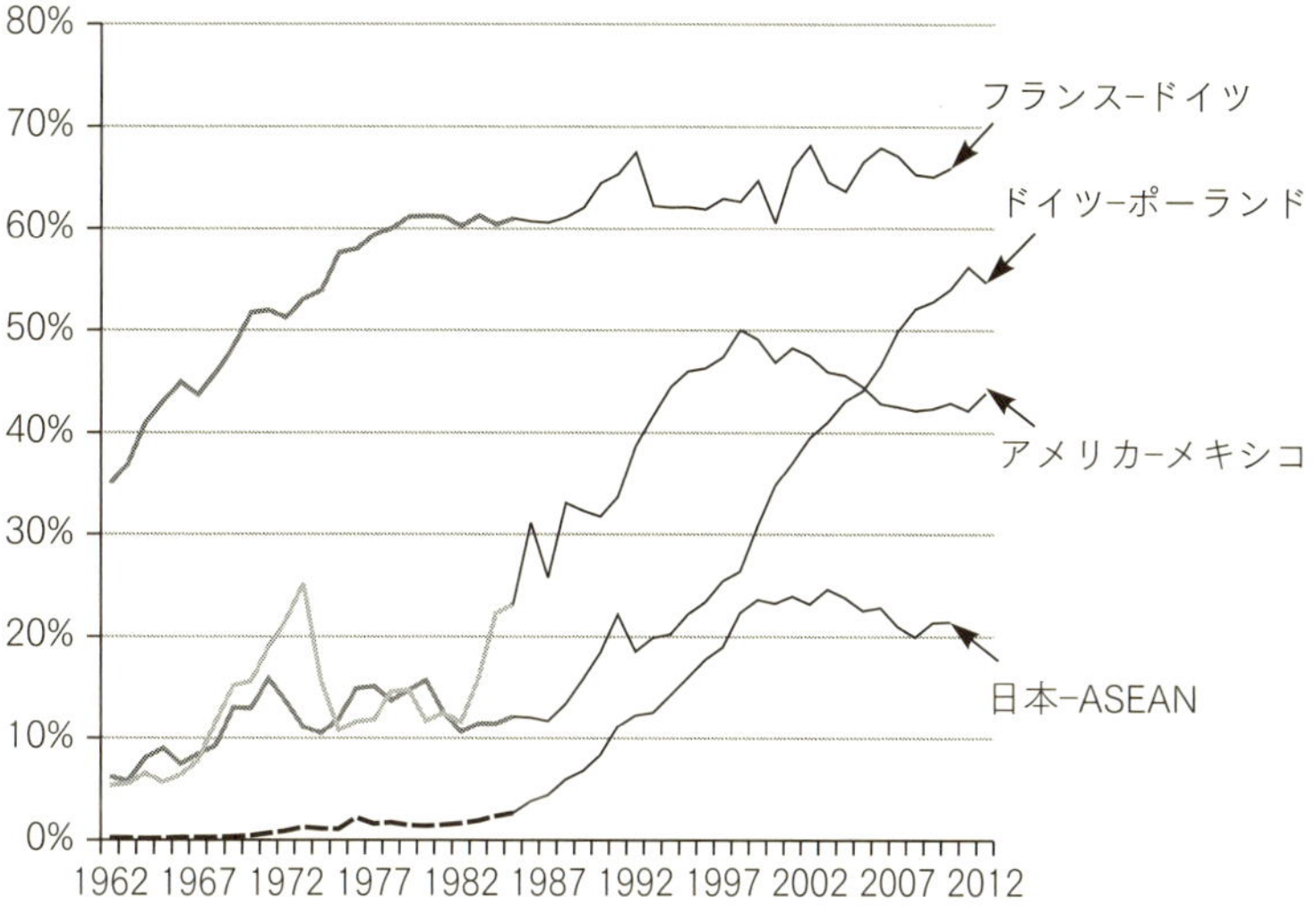

もあるが、どれも同じようなストーリーを描いている。過去に大きく遡って算出するには、ポルトガルの二人の経済学者、ジョアン・アマドルとソニア・カブラルが開発した指標が役に立つ。[4]二人の指標によると、北－南の貿易パターンのグローバルな変化はアフリカやラテンアメリカ（メキシコを除く）では観察されていない。[5]一言で言うと、ＩＣＴが可能にした製造業の革命的な変化は、だいたいにおいて、南アメリカとアフリカを完全に素通りしているのだ。

アマドル＝カブラル指標が示していることはもう一つある。この新しい北－南貿易はごく一部のセクターに集中している。具体的には、電気機器・電子機器が、１９９０年代の水準と成長の大部分を占めた。この点からも、オフショアリングの流れがごく一握りの製造業セクターに集約していることがわかる。サービス・セクターはそれほどでもないが、今ではこの領域でも集中が進んでいるようだ。第10章で論じるが、バーチャルプレゼンスのようなテクノロジーが進歩して、人間が実際にその場にいなくても仕事ができるようになれば、一極集中は大幅に弱まるだろう。

発展途上国の政策に与えるインパクト

「革命」の証拠は結果にとどまらない。政策を決定する国の行動にも、革命が起きている。実際、フェーズ4の初期には、とても奇妙なことが起きた。1980年代半ばから90年代半ばにかけて、世界中の発展途上国の政府は、それまで何十年も続けてきた貿易と投資の自由化に反対する姿勢を覆した。モノ、サービス、投資の国境を越えるフローを妨げる障壁を、突然取り除きはじめたのである。一言で言うなら、発展途上国にとって、保護主義は破壊主義になっているようなのだ。そんなことがあるのだろうか。

歴史を振り返ると、工業化と成長の離陸はどこも、政府が主導している。最初の例（イギリス）を除くすべての国がそうである。経済史学者のロバート・アレンが秀逸な著書『なぜ豊かな国と貧しい国が生まれたのか』で書いているように、他のG7諸国は四つの政策からなる「標準セット」を駆使してイギリスに追いついた。(1)内国関税を撤廃し、インフラを整えて、国内市場を統一する、(2)対外的な関税障壁を築いて、イギリス製品の競争力をそぐ、(3)産業投資に資金を供給し、通貨を安定させるための銀行の設立を認可する、(4)大衆教育を確立して、農場から工場への移行がもたらす影響を緩和する。[6]

この工業化政策には保護主義的な要素が含まれていたが、それは極左の思想家が讃える保護貿易主義にのっとったものではない。発展途上国を保護主義へと向かわせたのは、主流派の見解だった。一例として、1958年に現代自由貿易論の重鎮、ゴットフリート・ハーバラーが「ハーバラー報告」をまとめ、関税および貿易に関する一般協定（GATT）のもとで発展途上国が工業化を促進する手段として、高い関税を維持できるようにすることを勧告した。これがGATTの抜け穴を正当化する重要な理論的根拠となり（第2章を参照）、発展途上国は高い関税を設定し、それを維持できるようになった。

歴史が示しているとおり、フェーズ3で植民地主義のくびきが解かれると、ほとんどの発展途上国がこの標準4パックを実行した。ところが、フェーズ4になると状況は一変した。保護主義が破壊主義に転じたのだ。

グローバル・バリューチェーン革命が勢いを増しはじめると、貿易障壁があるせいで、オフショアに移された仕事の分け前にあずかるチャンスを失っていることに、発展途上国が気づいた。発展途上国は1990年頃から相次いで一方的に関税を大きく引き下げており、それが何よりの証拠である。

図30の上のパネルに、さまざまな地域の事実を示している。この関税自由化、特にアフリカにおける自由化の一部は、国際通貨基金（IMF）の融資条件だったからそうしたものだったが、そのような外圧のない国でさえ、関税を引き下げた。下のパネルからも明らかなように、ラテンアメリカの数字はそれ以上に劇的だ。今でこそほとんどが10％のレンジにとどまっているが、1990年頃の下がり方は凄まじいの一言に尽きる。

図30　1985年以降の発展途上国による一方的関税自由化

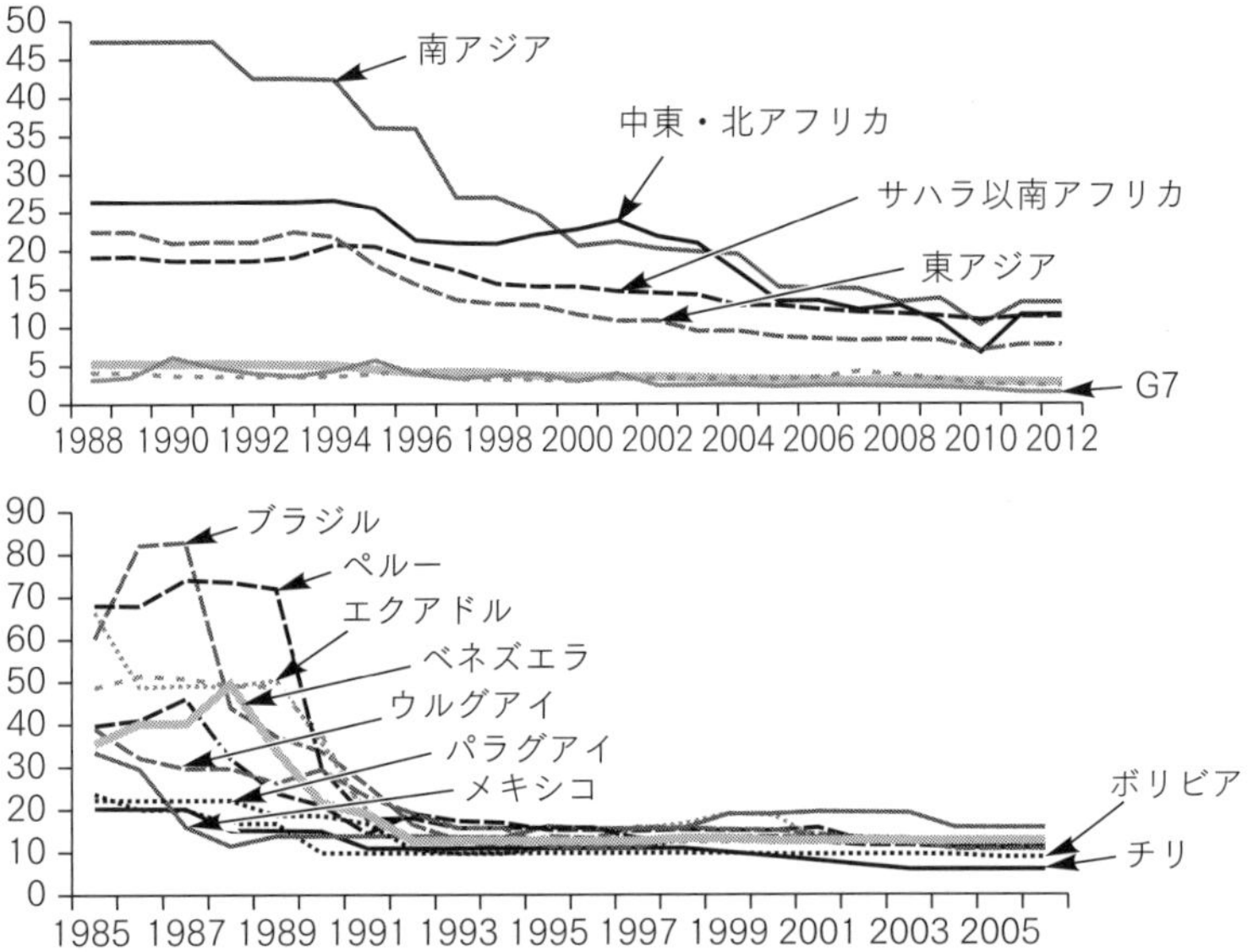

1940年代から1980年代にかけてGATTの協議が行われ、先進国の関税は平均で5%以下に下がった。ところが、発展途上国はこの多国間関税引き下げに加わっておらず、関税は1980年代になっても高かった。第二次大戦後の大半の期間を通じて、発展途上国の関税はかつて「先進工業国」と呼ばれた国（上のパネルのG7）の関税の5〜10倍高い水準を維持したほどだ。

1990年頃から、世界中の地域の発展途上国が関税を引き下げはじめた。これはGATTやWTOの勝利でもないし、発展途上国のあいだで次々に結ばれた地域協定とも本質的な部分では関係がない。明確な意図を持った各国の意思決定によるものだ。端的に言うと、高い関税は自国の成長を促進しておらず、むしろ阻害していると判断したのである。

ラテンアメリカ、特に南アメリカでは、1980年代後半や90年代初めに川が崖を流れ落ちるかのように関税が下がっている（下のパネル）。現在の公定関税率はおおむね9〜10%前後だが、こうした国の多くは主要な貿易相手国と自由貿易協定を結んでおり、この地域の貿易に公定関税率が適用されることはまずない。

注：上のチャートのG7の関税は、アメリカ、EU、日本の平均である。
出所：上のパネルは世界銀行のデータ。下のパネルは米州開発銀行（IDB）。

なぜ、これほど多くの発展途上国の政府が、これほど突然、自由化することを決めたのか。そしてなぜ、それを同じ時期に決定したのか。三段階制約論によるなら、答えはこうなる。オールド・グローバリゼーションのもとでは、関税は産業にプラスに働いていたかもしれないが、ニュー・グローバリゼーションが始まると、関税は産業にマイナスに作用するようになっていた。

たとえば、発展途上国が国際生産ネットワークに加わると、たいていは部品を輸入し、それを加工して再輸出する。輸入された部品に関税がかけられれば、その分コストが増え、輸入国の競争力を直接押し下げる。このように、輸入される部品・コンポーネントに関税がかけられていると、その発展途上国が生産ネットワークに呼ばれる可能性そのものが低くなってしまう。発展途上国が高い関税をかけたのは、産業労働者の仕事を増やすためだったので、北－南のオフショアリングが拡大すると、発展途上国が高い関税をかける意味は薄れた。こうして、北－南のオフショアリングが進む時代には、工業化に関しては、保護主義は破壊主義になったと、大半の発展途上国は見てとったのである。

ところが、開放政策に転換したのは、輸入関税だけにとどまらなかった。

何十年ものあいだ、発展途上国は外国直接投資（ＦＤＩ）とは愛憎関係にあった。「外国直接」の部分は新たな技術を自国にもたらし、「投資」の部分は資本収支を押し上げるとして歓迎された。反面、多国籍企業が自国経済を牛耳るのではないかという不安があった。こうしたプラス面とマイナス面の釣り合いをとるため、ほとんどすべての発展途上国がＦＤＩを規制した。その多くがＦＤＩを明確に制限するものだった。たとえばメキシコは、アメリカ企業がメキシコ企業を買収したり、現地企業と競合することになる企業をメキシコで設立したりする取り組みを阻止しようと、さまざまな規制を設けてきた。

こうした姿勢は1980年代後半に一変する。その証拠となるのが、二国間投資協定（BIT）と呼ばれる国際取り決めだ。BITを結ぶというのは、一言で言えば、BITを結ぶ発展途上国に投資しようとしている豊かな国の企業に譲歩するということである。BITでは、投資する民間外資と投資受入国の政府の行動を相互に規律する規定が組み込まれる。こうした取り決めの規定は、ほとんどが発展途上国の主権を制限するものだ。

一例として、大半のBITでは、発展途上国が資本フローをコントロールすることが制限されるため、投資する企業は自由に資金を投入したり引き揚げたりできる。また外国投資家には、投資受け入れ国とのあいだで紛争が起きた場合に、現地の裁判所ではなく国際仲裁に付託する権利も与えられる。これがいわゆる「投資家対国家の紛争解決」条項であり、最近では、環太平洋パートナーシップ（TPP）協定と大西洋横断貿易投資パートナーシップ（TTIP）協定に関連して、アメリカとヨーロッパで論争になっている。主な仲裁機関は投資紛争解決国際センター（ICSID）で、ワシントンDCにある。

BITの締結で目を引くのは、発展途上国が同時かつ突然に変節したことだ。1985年までは、ほとんどすべての国が、経済的な利益が主権の喪失にまさるとは考えていなかった。ところが1985年以降は、ほとんどすべての国がそう考えるようになった。図31に示すように、BITの新規締結数は、1980年代後半、1990年代初めに爆発的に増えた。

BITを締結した国のリストは、1985年から急速に膨らんだ。1985年には86ヵ国だったが、2000年には倍増している。理由は、この流れに乗る発展途上国が増えたことにほぼ尽きる。

図31　二国間投資協定は1990年から爆発的に増加した

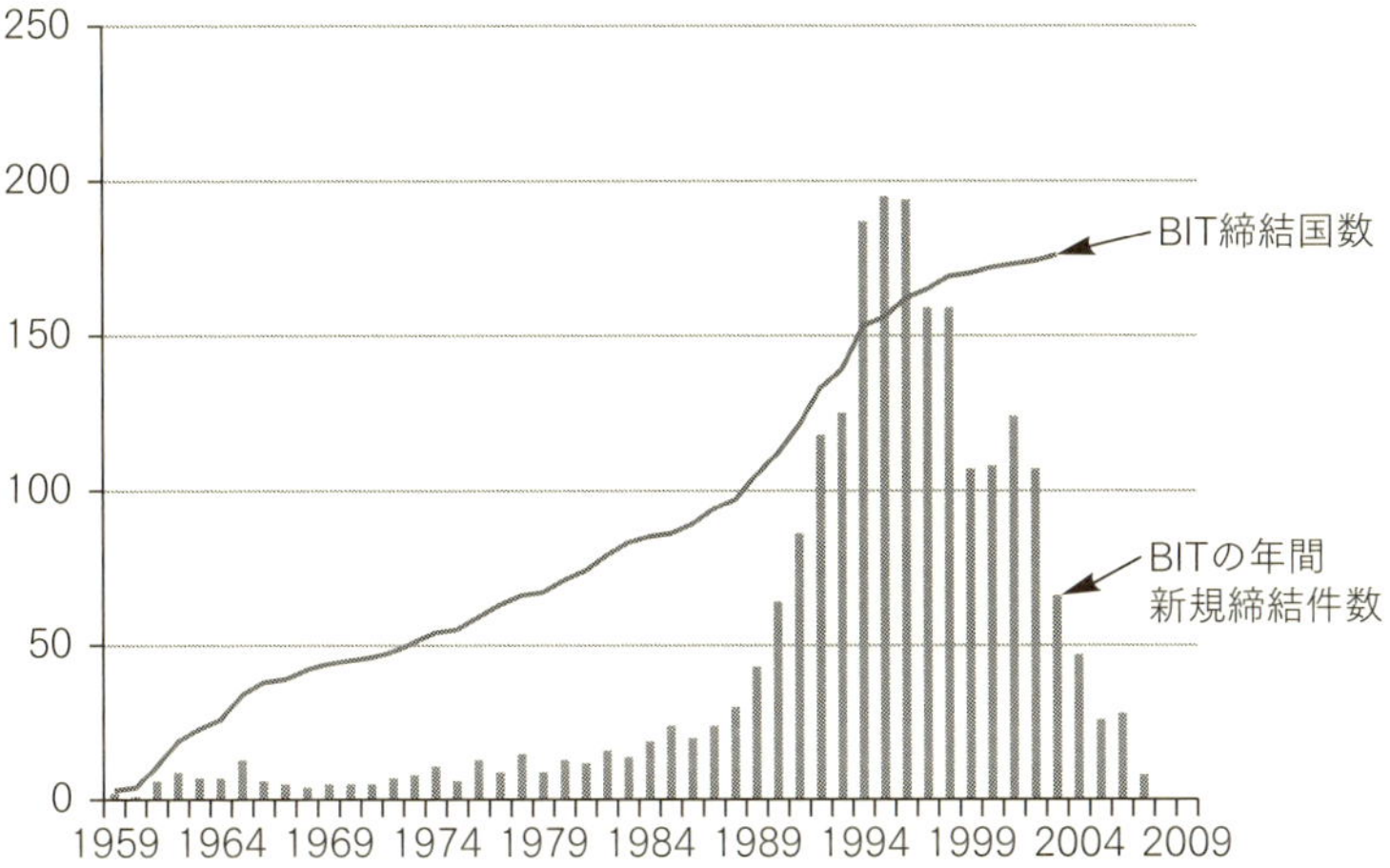

発展途上国は、関税を一方的に引き下げはじめると同時に、「二国間投資協定（BIT）」も締結しはじめた。BITは基本的に外国投資家の財産権を守る手段であり、考えようによっては一方的な協定ともいえる。ところが、発展途上国はこれをウィン・ウィンととらえるようになった。投資を受け入れる国（主に発展途上国）は、グローバリゼーションの第二のアンバンドリングの一環としてオフショアに移転されている雇用と工場を誘致したいと考えた。オフショアリングを進めているG7企業は、自分たちの投資が保護されるという保証を求めており、G7諸国はまさにそれを保証する協定を進んで締結した。

BITは1950年代から知られていたが、1990年代になって猛烈な勢いで広まった。締結件数は現在では3000を超え、主要な投資国と投資受け入れ国のほぼすべてのあいだで協定が結ばれている。原理上ではBITは双方向に作用するが、外国直接投資は主にG7諸国から発展途上国（および他のG7諸国）に向かうため、南から北、あるいは南から南への投資を促進するよりも、北から南への投資を促すものとなる。

最近では、工業化が急速に進んでいる国のうち、BITの締結を拒んでいた国（インド、中国など）がBITにメリットを見いだすようになっている。インド企業や中国企業はG7諸国や一部の発展途上国への投資を急速に拡大させているからだ。インドや中国は「工場」型経済から「本社」型経済へと移行しているのである。

出所：投資紛争解決国際センター（ICSID）のBIT関連データ。チャートはBaldwin and Lopez-Gonzales, "Supply-Chain Trade：A Portrait of Global Patterns and Several Testable Hypotheses" (2013), Figure 3を改変。

そうした国の多くは、主だったＦＤＩ実施国（ＥＵの主要国、アメリカ、日本）のすべてとＢＩＴを結んだため、ＢＩＴの新規締結数は急激に増え、新規締結国の伸び率をはるかに上回った。経済的に重要な国同士で結ばれる可能性があったＢＩＴのほとんどがすでに結ばれているので、新規締結数は落ち着いてきている。

１９９０年代初めから貿易協定に盛り込まれる条項の種類が大きく変わっており、ここにも主権と引き換えに国際生産ネットワークに加わる傾向が認められる。

１９８０年代後半から90年代初めにかけて、北－南の二国間貿易取引の性質が変わりはじめた。それまでは、発展途上国が締結する取り決めのほとんどは、関税しか扱わないという意味で「浅い」ものだった。それが１９９０年頃からは、数多くの発展途上国が技術先進国、特にアメリカ、ＥＵ、日本と、「深い」取り決めを結ぶようになった。新しいスタイルの取り決めは、「深掘り」という意味で深いのではない。その影響が国境の奥深くまで浸透するという意味で「深い」のだ。新しい協定は、関税引き下げにとどまらず、広い範囲に及ぶ。

ＢＩＴと同様、こうした条項はたいてい、発展途上国にある種の改革を義務づけるもので、先進国の法律や慣行にはほとんどインパクトを与えない。基本的には保証であり、ＢＩＴと同じく、発展途上国を先進国の企業がビジネスをしやすいようにするためのものである。

では、条項の内容はどのようなものなのだろう。２０１１年以降、世界貿易機関（ＷＴＯ）が地域貿易協定（ＲＴＡ）の内容に関するデータを集めており、すべての条項を52のタイプに分類している。国際生産ネットワークとリンクしていそうな条項の例を、表５に示した。

グローバル・バリューチェーンの発展を支えるという点で特に注目される条項は、資本移動の自

表5　WTOデータベースにある深いRTA規定の例

条項名	条項の記述
関税	情報提供、新しい法律・規定のインターネット上での公開、訓練。
国家貿易企業	独立した競争当局の設立または維持、生産とマーケティングにおける無差別、情報提供。
国家支援	反競争的行為の評価、国家支援の額と支援先の年次報告、要請にもとづく情報提供。
公共調達	政府調達の外国入札者への漸進的な開放、内国民待遇／無差別原則、新しい法律・規定のインターネット上での公開。
TRIMs	「貿易に関連する投資措置」、外国直接投資のローカルコンテント、輸出要求に関する規定。
GATS	「サービスの貿易に関する一般協定」、サービス貿易の自由化。
TRIPs	「知的所有権に関連する貿易」、基準の調和、実施、内国民待遇、知的所有権に関連する最恵国待遇。
競争政策	反競争的ビジネス行為を禁止する措置の維持、競争法の調和、独立した競争当局の設立または維持。
国際所有権	WTOの知的所有権保護よりも強い保護を提供する国際協定への参加。
投資	情報交換、法的枠組みの発展、手続きの調和と簡素化、内国民待遇、紛争解決メカニズムの設定。
資本の移動	資本移動の自由化、新たな規制の禁止。

今ではG7諸国と発展途上国のあいだで結ばれる地域貿易協定（RTA）には、G7企業が生産ネットワークの一部を、協定を結ぶ発展途上国に、より簡単かつ安全に移せるようにする規定が盛り込まれるのが普通である。貿易の専門家のあいだでは、そうした協定は「深い」RTAと呼ばれる。国境の奥深くまで浸透し、規制や知的所有権に関する政策などを規律するためである。

出所：世界貿易機関（WTO）のデータ。

由化（外国に向けた投資や外国からの投資を行いやすくする）、サービス（通信、輸送、通関など、世界クラスの「連結」サービスを現地で受けられるようにする）、知的財産の保護（G7企業がオフショアに仕事を移転する際に持ち込むノウハウを守る）である。

グローバリゼーションが国の経済に与えるインパクトに目を奪われていると、ニュー・グローバリゼーションの大きなプラス効果の一つが見えなくなってしまう。それは、世界の最貧困層に与えるインパクトである。

貧困に与えるインパクト

オールド・グローバリゼーションには憂うべき側面がある。貧困の増大との関連性がその一つだ。貧困の標準的な指標となるのが、1日2ドル未満で暮らす人の数である。これは幅広い国、年代について入手できる数少ない指標の一つである。同じ2ドルでも、たとえばシンガポールで買えるものはダカールで買えるものよりずっと少ないので、現地の物価水準に合わせて調整されている。

図32に示すように、この貧困線以下で暮らしている人の数は1980年（世界銀行のデータの起点）から1993年のあいだに約3億7000万人増えた。恐ろしい数だが、グローバリゼーションが原因のすべてではないし、大半でさえない。人口が急増したのはすでに貧しかった国であり、そうした貧しい国は、政府が貧困を招くか、貧困を持続させる政策をとっていた。たとえばオックスフォード大学の経済学者、ポール・コリアーはこう書いている。「底辺にある国々は21世紀に存在しているが、彼らを取り巻く現実は14世紀のままだ。内戦と伝染病と無知が蔓延するなかにある」[7]。こうした国では、グローバル・バリューチェーン革命の魔法が働いていない。生産性を高め

図32　所得階層別の貧困者数、1980～2010年

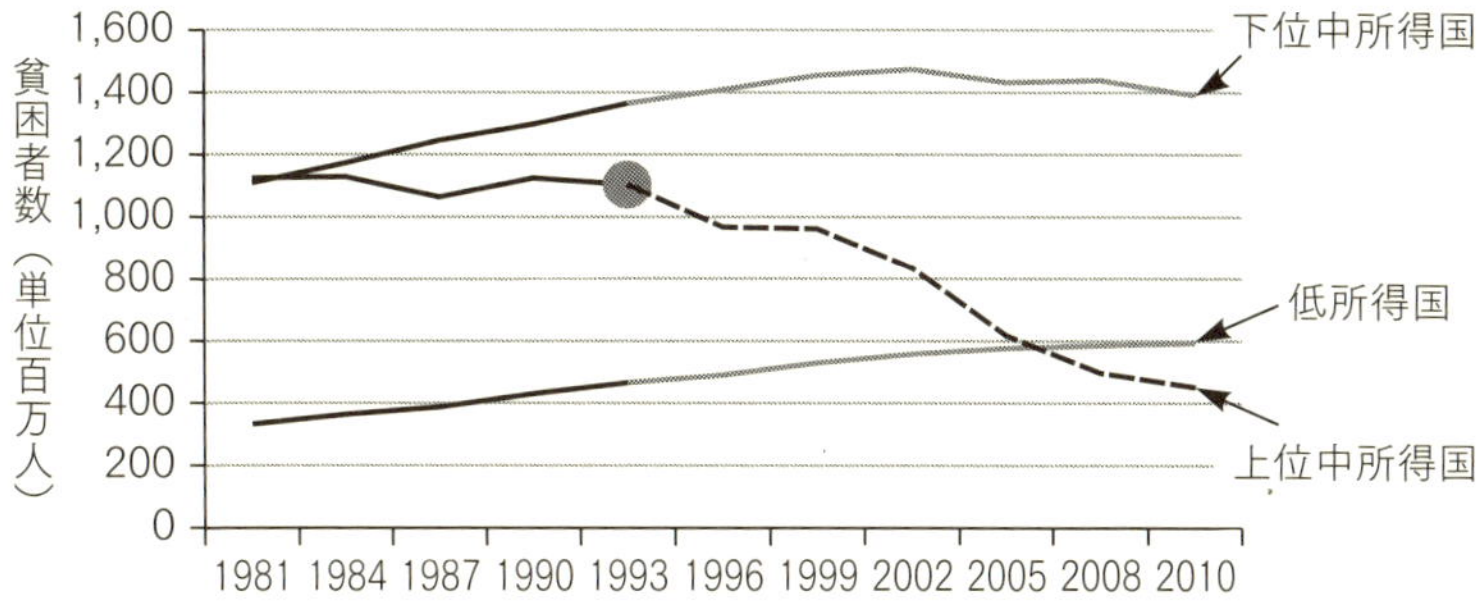

上のチャートは、三つの国のグループ（下位中所得国、上位中所得国、低所得国）で深刻な貧困状態にある人の数を示している。

世界銀行の貧困線（1日3.10ドル）を使用。

このチャートで注目されるのは、全体的に見れば1990年頃から貧困を抜け出す人が増えているが、上位中所得国に限られていることだ。このグループには、急速に工業化が進んでオフショアリングから直接恩恵を受けた国と、それが引き金となって始まったコモディティ・スーパーサイクルから恩恵を受けた国の多くが含まれる。

出所：World Bank DataBankおよび筆者の計算。

る実用的な知識は、G7企業からこうした最貧国には流れていない。

話を進めると、図32で目を引くのは、グローバリゼーションの「衛兵交替」と同時にこの流れが反転したことだ。オールド・グローバリゼーションがニュー・グローバリゼーションに転じてから、世界銀行が上位中所得国に分類する国で、貧困がめざましく減少した。上位中所得国でおよそ6億5000万人が、1日2ドルのラインを上回ったのだ。

上位中所得国のカテゴリーには、R11諸国の大半が含まれる。そのなかで最も重要なのが中国だ。R11のなかで中国とならんで突出しているもう一つの国がインドである。インドは下位中所得国に分類される。このカテゴリーに入る国々の貧困の増加が1993年以降減速しているのは、インドの成長によるところが大きい。低所得国はオフショアリングやグローバル・バリューチェーンの拡大とはほとんど無縁なので、状況は悪化しつづけている。

BOX4

「フェーズ4」の要約

フェーズ4では、グローバリゼーションに四回目の地殻変動が訪れる。フェーズ1では、地球上に人類が徐々に拡散していった。フェーズ2のグローバリゼーションは、それとまったく違うものだった。農業革命が起きて、人類は村や都市に定住できるようになり、やがて文明がおこった。このフェーズのグローバリゼーションは、世界経済が「ローカル化」することだった。

フェーズ3になると、グローバリゼーションはまた大きく変容した。蒸気革命を引き金に1世紀にわたる発展が始まり、人類は大陸間の距離を征服した。コストが下がって貿易が栄えたが、モノが移動するようになっても、世界はフラットにならなかった。むしろまったく逆だった。20世紀後半には、経済活動の3分の2がたった7ヵ国に集積した。それがG7である。製造業はそれ以上に集中した。複雑な産業工程を円滑に進めるため、製造プロセスはG7諸国にある工業プラント内にミクロの集積を築いた。

フェーズ4では、このミクロ集積を支える経済的な土台が崩れている。ICT革命が始まって、複雑なプロセスを遠く離れたところから調整するコストが下がったのだ。製造プロセスを国際分散することが可能になると、企業はこの選択肢を積極的に推し進め、労働集約型の生産工程を賃金の高い国から低い国へ移しはじめた。

グローバリゼーションを変容させたのが、この北―南のオフショアリングである。オフショアに移された生産工程に高度なノウハウが移転されたからだ。この新しい知識のフローこそが、ニュー・グローバリゼーションの〝新しい《ニュー》〟の側面である。フェーズ4では、新しい知識のフローが生まれて、一握りの発展途上国が歴史上に例のない急速な工業化を果たし、世界経済は一変した。

▼重要な結果

ニュー・グローバリゼーションの重要なインパクトは次のとおりである。

- G7諸国が空洞化する一方、一握りの発展途上国が工業化した。
- 効果は驚くほど特定の地域に集中した。
- 急速に工業化が進んだ国は、成長がめざましく離陸した。
- 急速に工業化した国で所得の伸びが加速すると、国際商品の輸出が急増して、価格が急騰し、「コモディティ・スーパーサイクル」と呼ばれるブームが起きた。
- 発展途上国の急成長とG7の停滞があいまって、「大いなる収斂」が起きた。豊かな国が世界GDPに占めるシェアは、第一次大戦勃発時の水準に戻っている。

- G7と多数の発展途上国のあいだの貿易の性質が劇的に変わった。
- ほとんどすべての発展途上国で、貿易、投資、資本、サービス、知的所有権に関する政策が大幅に自由化された。

フェーズ3では生産のノウハウの分布が大きく偏っていたが、フェーズ4で不均衡が縮小し、一連の巨大な変化が生み出された。

第Ⅱ部　グローバリゼーションのナラティブを拡張する

この世界には、光と影がある。だが、人はまわりの世界の光と影をすべて見ているわけではない。そうするには、世の中は複雑すぎる。だから、ノーベル賞経済学者、ダグラス・ノースが「メンタル・モデル」と呼ぶものを使う。つまり、物事を抽象化し、単純化された思考パターンを使って、現実を合理化し、自分たちが理解できるものにするのである。

物事を突き詰めて考える人は、特にメンタル・モデルに頼る。カール・ポパーは『開かれた宇宙――非決定論の擁護』でこう言っている。「科学とは、物事を体系的に極端に単純化する技術と言うことができるだろう。それは無視することが利点になるものを見きわめる技術である」。物理学者のスティーブン・ホーキングはその問題点を次のように指摘する。「そうしたモデルが事象をうまく説明していると、私たちはそのモデルやモデルを構成する要素や概念を、現実の本質、つまり、絶対的な真理であると見なすものだ」[1]。普通はそれでいい。メンタル・モデルが共有されていなければ、社会は一つにまとまることも、協力し合うことも、ほとんどできないだろう。

共有メンタル・モデルがあると社会は一つにまとまりやすくなるため、適切なモデルをつくることが欠かせない。政府や企業は、自分たちがすることや何もしないことがどんな結果につながるかまったくわからないまま、選択をしなければならない。それは知識や理解がないからではない。人間はそうするしかないからだ。人の営みは複雑すぎて、ほんの少し先のことしか見通せない。それでも、遠い将来を見据えて決断をしなければならない。共有メンタル・モデル（共有ナラティブとも呼ばれる）があれば、そんな不確実性に直面するなかで決断する勇気が生まれ、自分たちの決定に自信を持てるようになる。

第4章では、グローバリゼーションのフェーズ2とフェーズ3を理解するために広く使われているメンタル・モデルを見ていく。その後、この考え方を拡張させたもの（「三段階制約」論）を説明する。この視点を取り入れると、グローバリゼーションのフェーズ4はフェーズ3とどうしてこれほど違っているのか、なぜそうなったのか、言い換えると、なぜ「オールド・グローバリゼーション」は大いなる分岐を生み出し、「ニュー・グローバリゼーション」は大いなる収斂を生み出したのかが理解しやすくなる。続く第5章では、ニュー・グローバリゼーションの何が本当に新しいのかを明らかにしていく。

第4章
グローバリゼーションの三段階制約論

経済活動の分布はとても偏っている。地球レベル、国レベルでもそうだし、都市レベルでもそうだ。しかし、これは自明のわかりきった結果ではない。企業は、地代と賃金が高く、交通渋滞がひどく、税負担の重い都市につくられている。人は、生活コストが低く、空気のきれいな地方を出て、生活コストが高く、目から涙がでるくらい空気が汚染されている都市に移っている。こうした〝坂道を上る〟集積化が進んでいる理由を説明するには、距離が何よりも重要でなければいけない。だが、距離の重要さは、事柄によって違う。

したがって、モノ、アイデア、ヒトという三つのものの移動に距離がどのようなインパクトを与えるかを、はっきりと区別しなければならない。それが本書の核となる主張である。そして、その三つのコストが下がった順番に注意しなければならない。オールド・グローバリゼーションは世界にどんなインパクトを与えたのか。ニュー・グローバリゼーションのインパクトがそれとまったく異なるものになっているのはなぜなのか。第4章では、その背景を解き明かすメンタル・モデルを提示していく。

グローバリゼーションが始まるまでは、この三つのものを移動させるコストはどれもとても高かった。消費地と生産地は近くにある必要があり、その意味では、この三つのコストはどれも「制約」要因だった。これらのコスト（制約）は順番に小さくなっていった。最初にモノを移動させるコストが下がり、次にアイデアを移動させるコストが下がった。三つ目の制約（ヒトを移動させるコスト）はまだ小さくなっていない。

このロジックに沿って、三つの制約がすべて大きかった状況（1820年以前）、制約が二つだけになった状況（1990年まで）、そして最後に、制約が一つだけである現状を順に検証していき、三段階制約論について説明していく。

強い制約が三つの状況：蒸気革命以前

A地点からB地点に移動するのに、帆船、川船、荷馬車、ラクダが最善の手段だった時代には、何かをどこかに移動させるのは生やさしいことではなかった。世紀や地域によっては、輸送技術が低いという障害に、山賊や高い税金、政府の独占、交易の禁止が拍車をかけた。

この時代には、モノ、アイデア、ヒトはどれも同じ手段を使って移動していたので、三つのコストにほとんど違いはなかった。それでもヒトを移動させるのは特に危険だった。公道や公海では殺されたり襲われたりする恐れがつきまとった。ある有名な事件では、ジュリアス・シーザーがローマからロードス島に渡る途中でキリキアの海賊に捕らえられている。2ヵ月近く軟禁されたのち、高額の身請け金を払ってようやく解放された。ちなみに、この物語はハリウッド映画ばりの何とも痛快な結末を迎える。シーザーは解放されると、すぐに海賊を捕らえて、縛り首にしているのだ。

モノを移動させるのもそれと同じくらい難しかったが、少なくともモノは現地の商人たちの手を介して運ばれた。一例として、シルクロードを全部旅する商人はほとんどおらず、たいていは何人もの仲買人が旅を引き継いでいた。

アイデアを移動させるときには、書物を輸送するか、そのアイデアを説くことができる専門家を送ったのだが、この方法は時間がかかった。たとえば仏教は紀元前500年頃にインドで生まれたが、極東に伝わるまでに2世紀かかっている。この状況は1000年後もほとんど変わっていなかった。マルコ・ポーロの例がそれを物語っている（BOX5を参照）。

BOX5

13世紀に国境を越えたマルコ・ポーロと知識

1200年代に、マルコ・ポーロの父とおじが、フビライ・ハーンに招かれて中国を訪れた。フビライは二人の語る話に興味をかき立てられ、ヨーロッパの進んだアイデア、いわゆる自由七科（文法、修辞、論理、幾何、数論、音楽、天文）を臣下に教えてほしいので、100人のヨーロッパ人を連れてきてほしいと、二人にローマ教皇への親書を託した。キリスト教にも強い興味を持ち、エルサレムから聖油を持ち帰ることも依頼している。

故郷のベネチアで数年待機したのち、二人は再び中国に向かう。そしてそのとき、若いマルコ・ポーロと数名の宣教師を連れていった。1271年に始まった旅は3年を要した。一行の多くは殺されるか捕らわれた。随行した宣教師は恐れをなして逃げだし、中国にたどり着くことはなかった。しかし、聖油と父、おじ、マルコは中国の地に降り立つ。『東方見聞録』では、フビライ・ハーンが長く待ち望んだ知識を手に入れたかどうかは語られていない。

ベネチアに戻る旅は困難をきわめ、その当時、「高い輸送コスト」とは何を意味したのかが浮き彫りになる。航海には2年かかった。中国南部から何百人もの従者とともに出航したが、生きてベネチアに戻ったのは、マルコ、マルコの父、おじを含めて、18人だった。


前グローバリゼーション時代には、三つの制約はどれも大きかったが、いちばん問題だったのは、モノの移動コストの高さだった。モノを移動させるのが難しかったことが、グローバリゼーションの最大の障害になっていたのである。つまり、輸送技術の低さが「強い」制約だった。この後で見ていくように、この制約が地球の経済地理を決定することになった。

インパクト：生産／消費のバンドリングと低成長

この時代には距離の束縛がとても厳しく、モノの生産は消費者と空間的に結びつけられていた（図33）。ほとんどすべての人類が農耕にたずさわり、ほぼ自給自足の村落規模の経済で暮らしていた。モノを消費者のところに移動させなくてすむように、肉屋、パン屋、蠟燭屋等々、場所ごとにさまざまな商売が営まれ、多くのモノが手作りされていた。

アイデアを移動させるコスト、アイデアを理解しているヒトを移動させるコストの高さは、それ

図33　グローバリゼーション以前の世界では、生産と消費は地理的に結びついていた

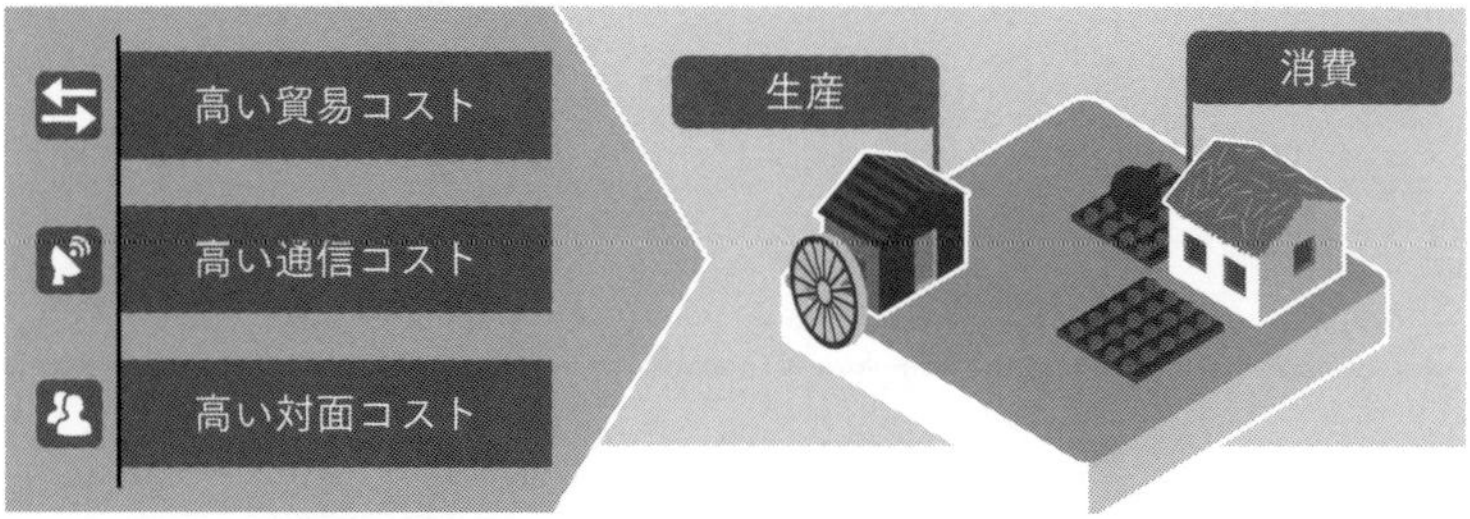

現代のグローバリゼーションが始まる前は、世界経済は「フラット」だった。経済活動は主に農耕を意味しており、人々は貧しく、社会は農耕によって成り立ち、経済活動は地球上に無数にある村を中心に営まれた。貿易は行われていたが、富裕者のためのものだった。

19世紀前には非常に大きな都市があったが、例外的な存在だった。たとえば、中国では北京と杭州を結ぶ大運河が建設され、長距離貿易によって中国南部から中国北部の都市への食料供給が支えられた。そしてローマでは地中海の穀物によって100万の人口が養われつづけた。

しかし、ほとんどの人にとって、食料、衣料、住まいは地元でつくられ、地元で消費された。家から歩いて行けない距離にある場所でつくられたものは、貿易のコストとリスクが高かったので、非常に高価だった。

とは別の意味で重要だった。このグローバリゼーション以前の世界には、現代でいう工場はなかった。中国の磁器や絹織物のように、特定のモノの生産に特化する町や地域もあったが、製造業は、今でいう手工業であり、よくいって家内工業だった。

アイデアを移動させるコストが高かったため、生産が空間的に分散することになり、イノベーションはなかなか生まれなかった。それは需要サイドも供給サイドも同じである。どんなにすばらしいアイデアでも、数十程度の家族しか使うことができなければ、ほとんど意味がなかった。そのためイノベーション

図34　生産が分散して、イノベーションが隔絶され、成長が阻まれた

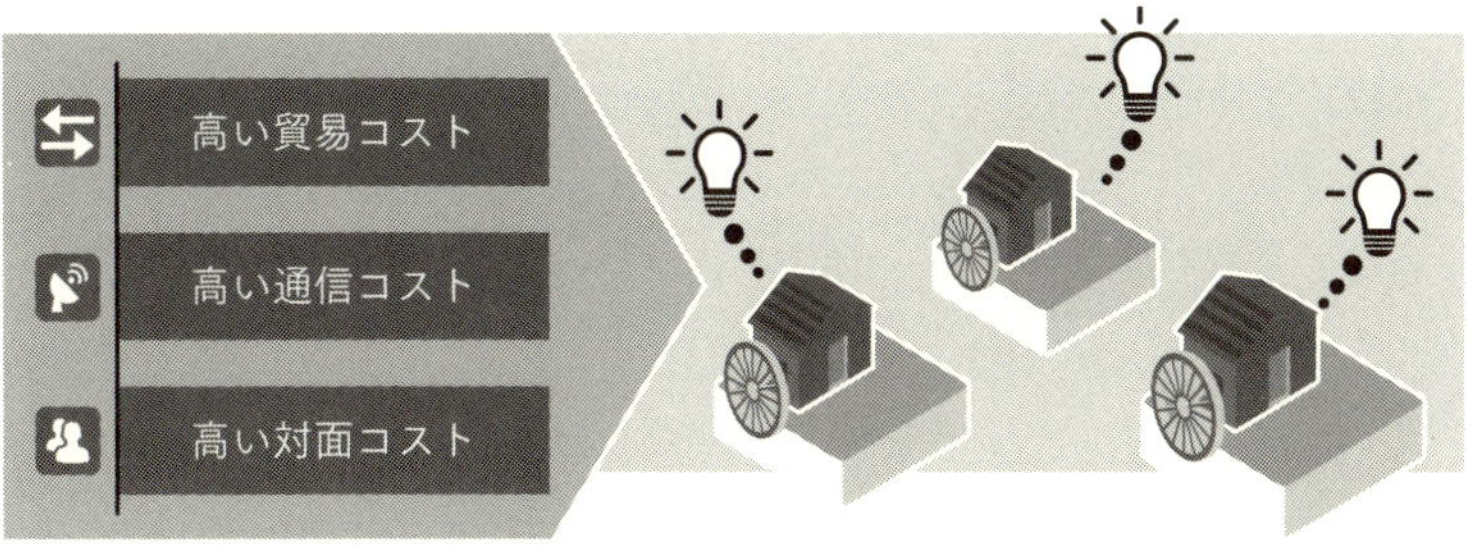

人々は土地に縛られ、生産は人と結びついており（貿易コストが高かったため）、製造業は規模が小さく、広く分散していた。

アイデアや、アイデアを理解している人を移動させるのは非常に難しく、製造業の分散は進歩の妨げになった。イノベーションはほとんど生まれず、たとえ生まれたとしても、なかなか広まらなかった。たとえばコンパスは中国で発明され、西暦1000年頃から航海に使われたが、この知識がヨーロッパの航海士のもとにたどり着くには2世紀以上かかった。

通信はとても難しかったので、重要なアイデアが忘れ去られる恐れがあり、実際にそうなった。第1章で論じたように、紀元前2千年紀の初めには、古代ギリシャとインドで文字が何世紀にもわたって姿を消している。その後も、ローマ帝国が5世紀に滅亡してから何世紀ものあいだ、知識が後退した。だから知識がヨーロッパに戻ったことを「ルネサンス」（フランス語で「再生」「復活」を意味する）と呼んでいるのだ。もっと正確に言うなら、「想起」と呼ぶべきだろう。

はそれほど求められなかった。大勢の人が同じ問題をさまざまな角度から見るときに、イノベーションは花開く。当時は問題を解決する人が村々に分かれて、空間的に分散していたせいで、イノベーションがもたらされなかった。

イノベーションが生じなかったため、生活水準は向上しなかった。別の言い方をすると、集積が起きなかったので、イノベーションが生まれず、したがって経済は成長しなかった（図34）。

図35が示すように、紀元後1千年紀は、一人当たりの所得の伸びはほぼゼロだった。西ヨーロッパにいたっては、ローマ帝

図35　一人当たりGDPは西暦1～1700年に世界のほとんどの地域で停滞した

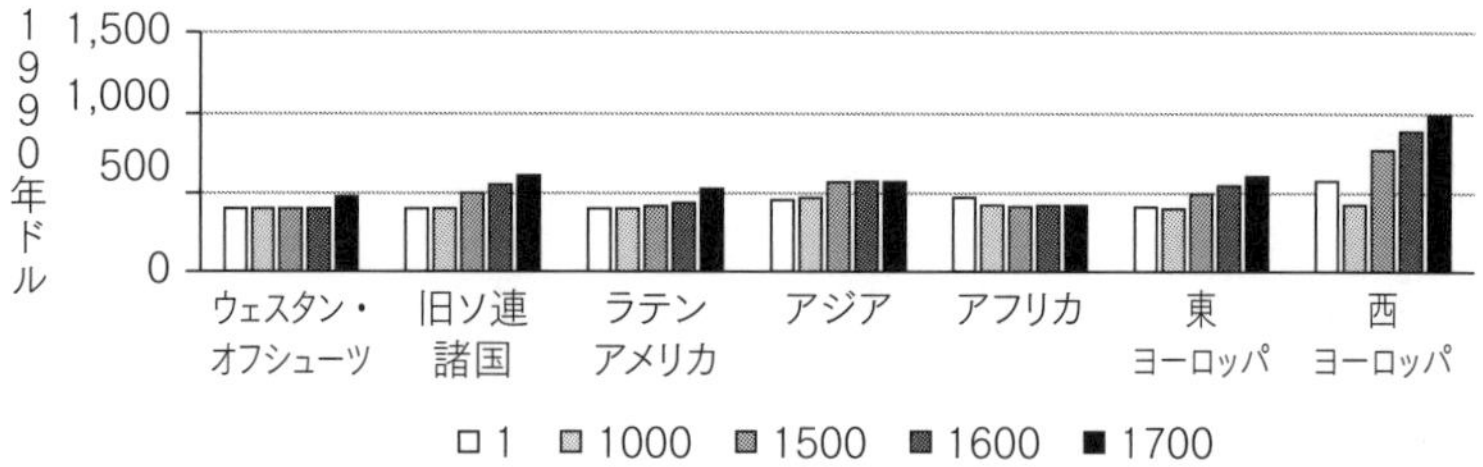

ノーベル経済学賞を受賞した経済学者、ロバート・ソローは、長期成長の原動力は人類の創意だと説いた。新しいアイデア、新しい商品、新しい仕事のやり方は、労働者一人当たりの生産と所得を直接刺激する。発明も、生産性を高める機械やスキルに投資する価値を高めることで、所得を間接的に押し上げる。

これがグローバリゼーション以前の世界では所得が伸びなかった理由である。成長を牽引するために必要なイノベーションがまれにしか生まれず、それが広まるのも遅かった。

例外は1500年以降のヨーロッパで、さまざまな要因が組み合わさって集積と貿易が拡大し、それがイノベーションを刺激した。ただしペースは非常に遅かった。

出所：マディソン・データベース（2009年版）。

国の絶頂期から西暦１０００年までマイナス成長となった。２千年紀前半に成長が始まったが、ヨーロッパに限られた。それにこの成長は、今日でいう成長とはほど遠い。ヨーロッパの所得は１７００年間に０・03％しか増えていない。1世紀当たり3％増えた計算になる。アジアの成長はそれ以上に鈍かった。図35に示した１７００年間を通じて、アジアの所得は25％しか伸びていない。

グローバリゼーション以前の貿易のメンタル・モデル

こうした困難がありながら、貿易は行われた。たとえば、最初期の文明地であるシュメール（バビロニア）では、穀物、泥、藁《わら》は豊富にあったが、それ以外のものはほとんどなかった。木材、石、金属はすべて、上流域や下流域から調達した。プロト・グローバリゼーション時代（およそ1450～1776年、第1章参照）まで、これが典型的な貿易のパターンだった。モーゼス・フィンリーは著書『オデュッセウスの世界』でこう述べている。「モノが交換されたのは、それぞれが相手の持っていたものを必要としたからであり……貿易の動機となったのは輸入だけであって、輸出では決してなかった。輸出をする必要そのものはまったくなく、何かを輸入しなければならないときに、その返礼として贈るのに適切な品を持っている必要があっただけである」。BOX6にその例を示している。

BOX6

紀元前1000年に行われていた希少な必需財の交易

紀元前1000年頃に書かれたとされるエジプトの「ウェンアメン旅行記」は、グローバリゼーション以前の貿易の動機、そして困難さを伝えている。

この物語は、大司祭の命でレバノンに送られた神官の話である。神官は「神々の王であるアメン・ラーの堂々たる大船のための木材」を調達するために船で出発した。航海の途上で積んでいた財物を盗まれたが、そのまま船を走らせてビュビロスに到着し、木材を求めた。ビュビロスの王から木材の見返りとなる品を持って来るように言われた神官は、エジプトに船を返し、もう一度交易品を送ってよこさせて、取引を完了させた。交易品が王の手に渡ったのは、1年近くたってからのことだった。旅行記には、黄金の壺、銀の壺、亜麻布でできた王の衣服、面紗、牛の皮500枚、綱500本などが贈られたと書かれている。

貿易の対象は地元で手に入らないものに限られた。そのため、今日の感覚では奇妙としか言いようのない貿易の概念化がされた。ダグラス・アーウィンが名著『自由貿易理論史――潮流に抗して』で説明するように、ヨーロッパの初期のメンタル・モデルは「世界経済の教義」だった。「この教義は、神が賢くも資源と財を世界に不均等にばらまいて、地域間の通商を促した、というものである」。

この教義の信奉者のなかには、貿易と商人は不道徳だと非難する者もいた。貿易も商人も、今でいうレントシーキング行動だというのだ。商人自身はモノをつくる仕事にたずさわっていないので、モノを安く買って高く売るのは不道徳な行為だった。その一方で、人類の普遍的な兄弟愛のなかで経済取引を起こそうとする神のはからいの一部だとして、貿易を礼賛する者もいた。

中世が進むと、ヨーロッパの貿易の概念化は、神聖主義から現実主義へとシフトする。このシフトをもたらしたメンタル・モデルは、「重商主義」と呼ばれた。

重商主義は、16世紀、17世紀、18世紀にヨーロッパを席巻した。この考え方では、輸出は善で、輸入は悪だとされた。当時、国庫には実際に金銀がしまわれていた。貿易黒字は国庫に金や銀を積み上げる数少ない手段の一つだった（輸出が輸入を上回れば、金と銀の流入が流出を上回ることになる）。これは国にとってよいことだと、当時は考えられていた。

この時代は、土地が国の富の重要な源泉だった。国の富を増やすには、国王が剣をとって、馬を駆り、軍を率いて、隣国を征服するのが普通だった。国庫に金が豊富にあると、侵略軍をカネで集める、他国を同盟に引き入れるなどの策略を使いやすくなった。重商主義者の思考では、貿易は個人の経済的幸福とはほとんど関係がなかった。

重商主義の二つ目の戒律はこうだ。「国内でつくれる製品は輸入してはならない」。それは製造業そのものを振興するためではない。いずれにしても、産業革命前のことである。同時代の論者は、それが雇用にプラスに働くと強く訴えた。イギリスでは、エンクロージャー運動によって農民が農地から追放されており、これが非常に大きな問題になっていた。

強い制約が二つの状況：第一のアンバンドリング

蒸気革命が起きると、1世紀にわたって世界を一変させる一連の出来事が始まった。このテーマを扱った書籍を集めたら、大英図書館の読書室が床から天井まで一杯になるだろうが、グローバリゼーションに関する限り、それが距離の束縛に対する反逆だったということが重要なポイントになる。

蒸気船が生まれ、それに続いてディーゼル船が登場すると、航海のコストを押し下げ、輸送が進化した。やがて進化段階は革命段階へと進んだが、結局のところ、船が港に着くということでは、青銅時代と何も変わらなかった。世界を一変させたという意味では、鉄道のほうがインパクトは大きかった。一握りの例外を除いて、世界の大陸の広大な内陸部は、陸路が危険であったため、経済的に隔絶されていた。そこに鉄道が出現し、ビジネスの機会が開けた。

モノを輸送するコストが下がると同時に、今までよりも速く安全に運べるようになったことで、ヒトとアイデアを移動させるコストが下がった。こうして大規模な移住が可能になり、大勢の人がそうした。しかし、移動には信じられないほど時間がかかった。危険は多く、費用も嵩んだ。ヨーロッパ人とアジア人が新世界に渡っているが、そのほとんどが二度と故郷の地を踏むことはなかった。

大半のアイデアは古いやり方で移動し、本や専門家を通じて伝えられたが、この時期に電報が発明されて、状況は大きく変わる。１８００年代後半には、ほとんどの国が電信線でつながった。モノやヒトはまだ小型船や鉄道、道路で移動しなければならなかったが、アイデアは電線で移動できるようになった。

電信は社会に大きな影響を与えたものの、大半のノウハウは特定の地域に固定されたままだった。長距離通信はまだ非常に高価で、国際通信は特にそうだった。電報の文字数を少なくするために必要最小限まで説明を省く「電文体」という言葉まで生まれている。電話のほうが電報よりも使いやすくて割安だったが、それでも料金が恐ろしく高いことに変わりはなかった。

複雑なノウハウを伝えるのは難しかったため、電信が発明され、それに続いて電話が出現しても、グローバリゼーションはもっぱら貿易コストによって制約されているという通念は、ほとんどと言っていいほど揺らがなかった。電気通信は、カール・ポパーの言葉になぞらえれば、無視することが都合よく働くものであることに変わりはなかった。

インパクト：貿易ブームと大いなる分岐

モノを移動させるコストが下がり、生産と消費を強く結びつけていた重要な制約が小さくなった。

図36　貿易コストが下がり、生産と消費を切り離せるようになった

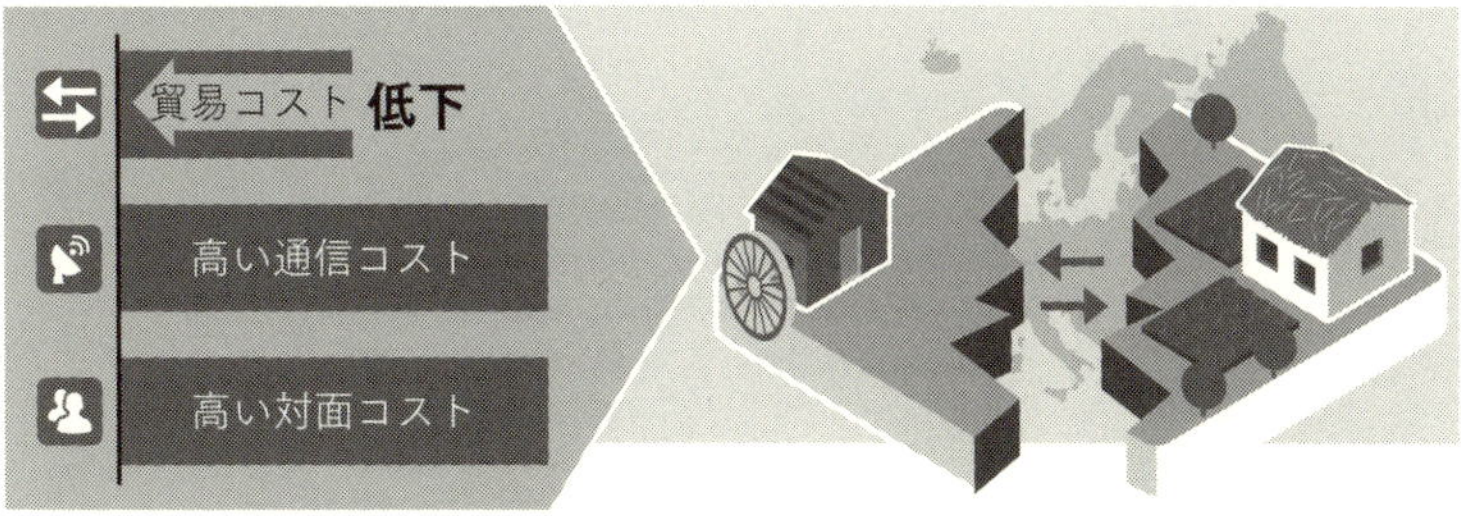

19世紀に輸送技術が革命的に進歩し、パックス・ブリタニカのもとで相対的に平和が保たれたため、モノを長距離にわたって移動させるコストが急激に下がった。これによって、人々が遠く離れた場所でつくられたモノを買うことが経済的に見合うようになった。

この生産と消費のアンバンドリングが実行可能になると、大きな国際価格差を利用して利益を引き出せるようになり、長距離貿易が離陸した。

貿易ブームは新しい機会を生み出し、各国はいちばん競争力のあるセクターを拡大させるようになった。新しい競争も始まり、各国は競争力に劣るセクターからの撤退を余儀なくされた。その結果、世界経済はどんどん「フラット」ではなくなっていった。各国は相対的に得意なものをつくることに特化するようになった。

資源や財が世界に不均等に存在していたため（これが世界経済の教義の出発点である）、生産と消費を切り離せるようになると、貿易が利益を生むようになった。人々が遠く離れたところでつくられたモノを買いはじめると、国はいちばん競争力のあるセクターに特化するようになっていき、長距離貿易が離陸した。これがグローバリゼーションの第一のアンバンドリングであり、生産と消費が物理的に切り離された（図36）。

長距離輸送が実用的になり、安価になると、奇妙なことが起きた。世界の経済地理はなだらかになるどころか、凸凹が大きくなったのである。製造業は、村や家から工場や工業地域にシフトした。距離の重要性が変わりはじめたように見えた。この一見矛盾する結

図37　市場がグローバルに拡大するにつれて、生産は特定の地域に集積化した

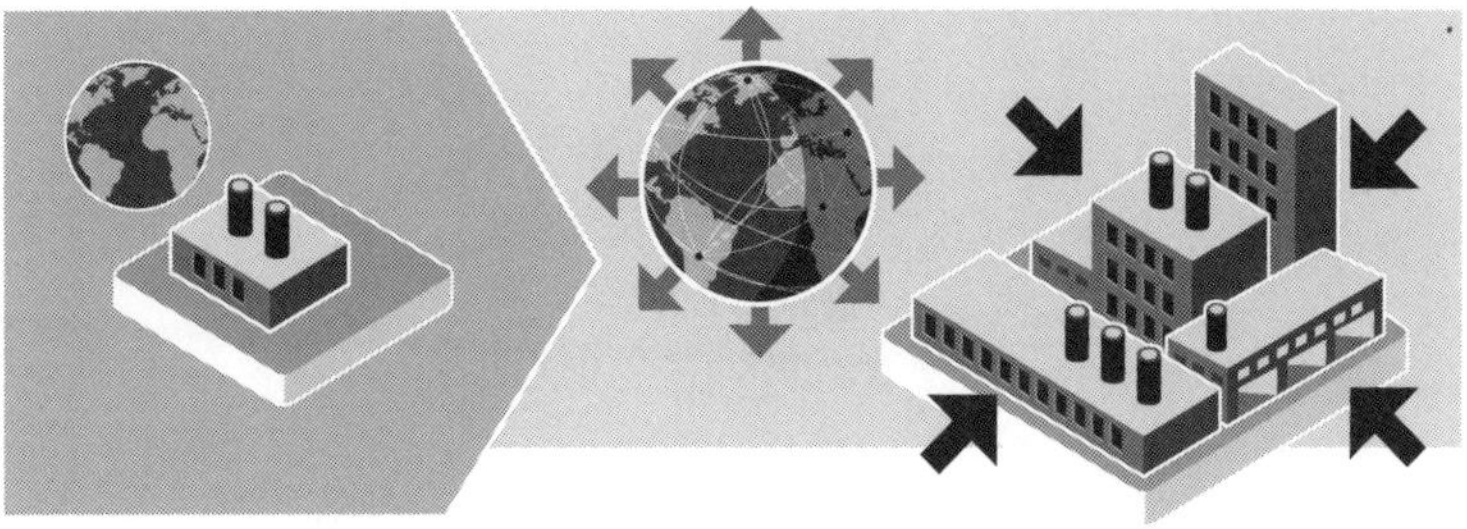

貿易コストが下がって売り上げが急増すると、複雑な大規模製造技術が選好されるようになった。通信は困難で高コストだったため、企業は製造活動の調整を容易にすると同時に、コストを下げ、信頼性を高めようと、複雑に入り組んだ生産工程を工場に「ミクロ集積化」した。

言葉を変えれば、貿易コストが下がって産業は国際分散したが、通信コストが下がらなかったため、特定の地域に集積したのである。

果は、もっと詳しく見ていくべきだろう。

世界市場にモノを売れるようになると、それまでとは比べものにならないような大きな規模で生産をしている企業が優位に立つようになった。大規模な製造をする技術は非常に複雑だった（今もそうである）。製造技術の複雑さ、長距離の通信コストの高さは、生産の空間的な組織化に大きな意味を持っていた。生産のすべての工程が一ヵ所に集まると、複雑になった製造活動を管理するのが容易になると同時に、コストが下がり、確実性も上がったのである。言い換えると、工場がつくられたのは、アイデアとヒトを移動させるコストを節約するためであって、モノを移動させるコストを節約するためではなかったということだ（ただし、

図38　産業集積はG7のイノベーション創造を促進した：アイデアは特定の地域にとどまり、所得格差が広がった

大規模製造業が特定の地域に集中したことで、累積的イノベーションの「かがり火」に火がつき、それが現代的な経済成長の導火線に火をつけた。しかし、アイデアとヒトを移動させるコストはまだ高かったので、世界経済におけるノウハウの蓄積に大きな偏りが生まれた。産業イノベーションは特定の地域にとどまる傾向があり、北に積み上がった新しい知識の山は、南の知識の山をはるかに越えるものになった。このインバランスが原因で、競争環境はますます北に有利に傾いた。そのため、北の所得は急増し、南の所得を上回るようになった。

端的に言えば、モノを移動させるコストは下がったが、アイデアを移動させるコストは高いままだったことが、「大いなる分岐」の根源だった。

エネルギー源に近い必要があるなどの要因もあった）。

このように、貿易コストが下がっても、世界はフラットにならなかった。逆に、輸送の制約が小さくなって、世界は第二の制約を突きつけられることになった。それが通信の制約である（図37）。

歴史が示しているように、主要7ヵ国（G7）は製造業に特化し、好循環を生み出した。産業集積が進んで、イノベーションが育まれ、それが競争力を高めて、G7諸国への産業集積がさらに進んだのである。図38が示すように、イノベーションは所得の伸びももたらした。所得が増えて市場規模が大きくなると、市場規模の拡大がさらに集積化を進め、それがイノベーションを刺激し、それがまた競争力を高めるという好循環が回りはじめた。

知識の制約が小さくなると、通信の制約が非常に大きな意味を持ちはじめた。ノウハウを国際的に移動させるのはとても難しかったので、G7の生産性が向上しても、その効果は国内にとどまった。このように新しく生まれたノウハウが特定の地域に固定されたのはほんの何十年かのことだったのだが、それが北（主に西ヨーロッパ、北アメリカ、日本）と南（発展途上国）の甚大な格差を生み出すことになった。

グローバリゼーションの第一の加速期のメンタル・モデル

19世紀後半、ヴィクトリア時代のイギリスは、歴史上屈指の強大な帝国を築き上げていた。しかしこのときは、これまでと違うことがあった。何千年ものあいだ、土地が国富の主な源泉だった。国は土地を収奪し、余剰を本国に送ることで強くなった。

イギリスは土地を奪ったが、イギリスの権力はそれだけで高まったわけではない。国富と軍事力が増大したのは、イギリスが農業から工業にシフトしたからだった。そのシフトを可能にしたのが貿易だ。アレクサンダー大王、チンギス・カンはもちろん、ヘンリー8世でさえ、成し得なかったことである。世界は変わり、新しい複雑性を理解するのに、新しい抽象化と単純化された思考のパターンが必要になった。そこに新しいメンタル・モデルを提供したのが、裕福な株式仲買人、デヴィッド・リカードである。

1817年の著書『経済学および課税の原理』で、リカードは合理的な世界観を提示した。リカードの世界観はとても有用で、読む者を強く惹きつけるものがあり、今でもグローバリゼーションに関する伝統的な考え方の核となっている。リカードの理論では、重要な単純化が三つある。国を分析の単位とすること、そして、国際商取引をモノの貿易だけで概念化すること、さらに、貿易の方向はリカードの言う「比較優位」で決まるものとすることだ（「比較優位」は一般向けには「競争優位」とされることが多い）。[1]

「比較優位」をわかりやすく言うと、ある国はある物を他の国よりもうまくつくっている、ということだ。貿易が禁じられていれば、密輸商人はある品物を、それをつくるのが特に得意な国で買って、それをつくるのが特に不得意な国で売るだろう。その品を売り終わったら、国の競争力が逆転している財を大量に買い込んで戻っていく。

自由貿易は、密輸を合法化したものにすぎない。そのため、比較優位の原理は「密輸商人の原理」と呼ぶこともできる。なぜ国は貿易をするのか、なぜすべての国が貿易から恩恵を受けるのかは、この原理で説明がつく。

また、「いちばん上手にできることをして、残りは輸入する」というリカードの思考のパラダイムで、国の生産パターンに与えるインパクトも説明がつく。輸入品が入ってきて新たな競争が生まれると、その国がそれほど強くないセクターの生産は減る傾向がある。と同時に、新しい輸出機会が開かれると、その国がいちばん強いセクターの生産は上向く。こうして「密輸」は、生産資源を競争力が高いセクターにシフトさせるように作用する。その結果、生産性が上がり、所得が増える。これは貿易に参加するすべての国に当てはまる。

この考え方に照らすと、グローバリゼーションのナラティブは次のようになる。貿易コストが下がると、貿易が増えた。そして、貿易量が増えると、各国は特に得意な商品の生産に特化できるようになり、生産効率がグローバルに高まった。

リカードの時代でさえ、モノよりもはるかに多くのものが国境を渡っていた。旧世界から新世界へ相当な移住が行われたし、東インド会社のような多国籍企業はグローバルに事業を展開していた。国際融資も当たり前だった。リカードはこうしたことは無視するのが利点になるとして、すべて存在しないものとした。

多くのグローバリゼーション論者がリカードの枠組みを使う

グローバリゼーションの議論のほとんどでは、資本、労働力、サービス、企業、テクノロジー、アイデア、文化、モノの国際的なフローが目を見張るほど拡大しているという事実が最初に示される。そして、話が状況説明から分析に移ると、ナラティブの焦点は、判で押したようにモノの貿易に切り替わる。あらゆる種類の貿易障壁の低下がグローバリゼーションを牽引しているというのである。

なぜこんな「おとり商法」のようなやり方がとられるのか。数えきれないほど多くの経済学の教授が語っているこんなジョークが、その理由を何よりも説明してくれる。

ある晩のこと、身なりのよいビジネスマンが、よれよれの服を着た経済学者を見かける。経済学者は街灯の下で何かを探している。「何か落とされたのですか。探すのをお手伝いしましょうか」。ビジネスマンは声をかける。「鍵をなくしてしまいまして」。どう見ても、いささか酒をすごしてしまったようだ。「どこでなくしたのですか」とビジネスマンが尋ねると、経済学者はこう答える。「駐車場のあの辺りでなくしたのですが、あそこには街灯がないので、ここを探すことにしたんです」。

しかし、間違いを避けるには、明かりはたくさん必要だ。

グローバリゼーションには原動力がある。その原動力は、あること（価格）に影響を与え、それが他のこと（モノの需要と生産）に影響を与え、それがもっと多くのこと（生産要素への需要）に影響を与え、それが非常に重要なこと（賃金、雇用、所得）に影響を与える。しかし、こうしたループは一周して元に戻り、最初の二つのことと原動力そのものに影響を与える。

大衆受けするグローバリゼーション論者の多くは、上辺の相関だけを並べたてて、深く考えようとしないが、分析的な枠組みを使っている研究者は、リカードの概念化をより精緻なものにすることに行き着いている。エリ・ヘクシャー、ベルティル・オリーン、ポール・クルーグマン、エルハナン・ヘルプマン、ジーン・グロスマン、マーク・メリッツの研究がその例だ。

リカードの構図に集積化を加える

リカードの概念化では、世界経済の教養と同様に、なぜ国の強みに違いがあるのかは説明されず、違いがあることが前提となっている。

グローバリゼーションの第一のアンバンドリングを特徴づける大きな事実を説明するには、リカードの構図にいくつかの要素を付け加える必要がある。それを公式に書き加えたのが、ノーベル経済学賞を受賞したポール・クルーグマンと、その共著者であるオックスフォード大学のアンソニー・

ヴェナブルズ教授、京都大学の藤田昌久教授だ。三人の共著書のなかで示された「新経済地理学」の核となるアイデアについては第6章で説明するが、ロジックの大筋は、第2章の歴史に関する説明から引き出せる。

リカードの基本的なロジックでは、「誰が何を輸出するか」が焦点になる。その答えは、前提として与えられる国の強みで決まってしまう。そこで最初に加えるのが、国の強みは貿易の結果でもあり、原因でもあるというメンタル・モデルを提示することだ。まず、産業の優位性と産業集積のあいだの双方向のリンクについて説明しよう（図39）。

強みから集積に進む方向では、比較優位が牽引車になる。通常のリカード的ロジックに従うと、相対的な効率性がいちばん高い国は、モノを輸出する。貿易が自由化されると、資源をこのセクターにシフトさせ、生産が増える。貿易の自由化は、他の国の同じセクターには反対に作用する。輸入が増えて、生産が減少するのだ。その結果として、世界の生産はセクター・レベルで集積化する。

集積から強みに進む理論上の「復路」では、「牽引車」がたくさんある。産業の大部分が小さな地理的地域に集積すると、効率性が高まり、したがってその国の産業の強みが増大する傾向がある。その理由はさまざまだ。規模の経済が作用して、操業時間が長くなり、サプライヤー・ネットワークが密になって、単位コストが下がるケースもあれば、たくさんの人が問題を解決しようと知恵を出し合って、イノベーションが加速するケースもある。このように集積は産業力に影響を与える。

集積とイノベーションと低コスト輸送は、無敵の組み合わせである。その実例が、オーストラリア・アデレードにあるアルバート橋だ（図40）。1859年に建てられたこの橋は、構造物がすべてイギリスで製造され、2万2000キロを輸送された。そのほうが現地で製造するよりも安上が

図39　動学的比較優位：
貿易、比較優位、イノベーション、成長はすべて密接に関連している

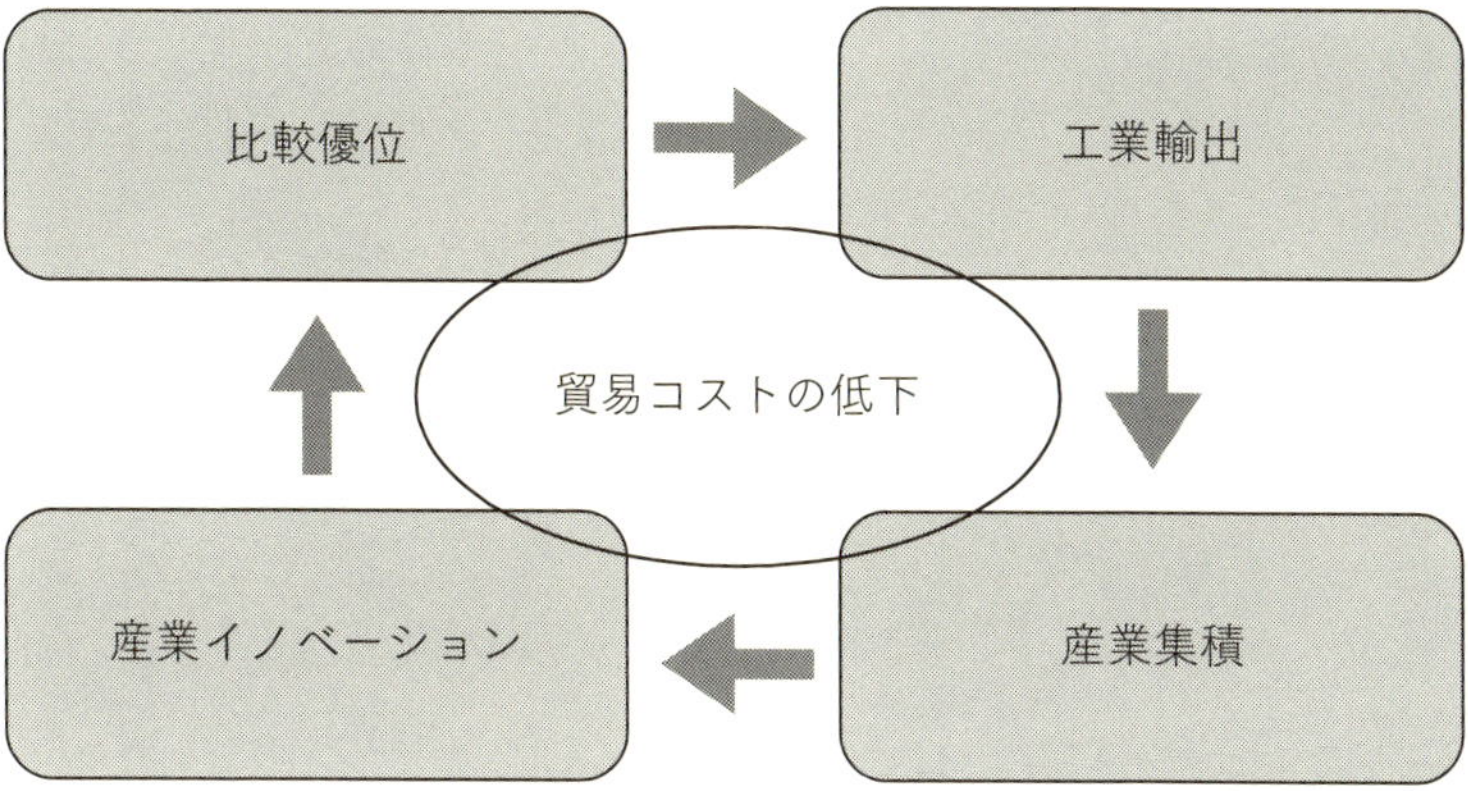

グローバリゼーションの第一の加速期（つまり第一のアンバンドリング）に、世界のリーグテーブルがひっくり返った。ユーラシア大陸のヨーロッパ半島に位置する、それまでは貧しく、発展の遅れた国々がグローバル経済を支配するようになった。

リカードの静学的な概念化では、このストーリーを説明できない。だが、リカードの枠組みは拡張されて、それを説明できる集積と成長の効果が取り入れられている。詳細は次の章で論じるが、基本のアイデアはダイアグラムを使って説明するとわかりやすい。ダイアグラムの右下のボックス（「産業集積」）がスタート地点となる。

国内の産業集積（特定の地域への集中）が進むと、新しい考え方や新しい発明が促進される（左下のボックス「産業イノベーション」）。イノベーションが生まれると、その分野での国の競争力が高まる（左上のボックス「比較優位」）。比較優位の原理に従えば、競争優位が高まると、輸出が増え、生産が増える。生産が増えて産業集積がさらに進むと、一周してスタート地点に戻る。

**図40　オーストラリア・アデレードにあるアルバート橋、
1850年代にイギリスから輸送された**

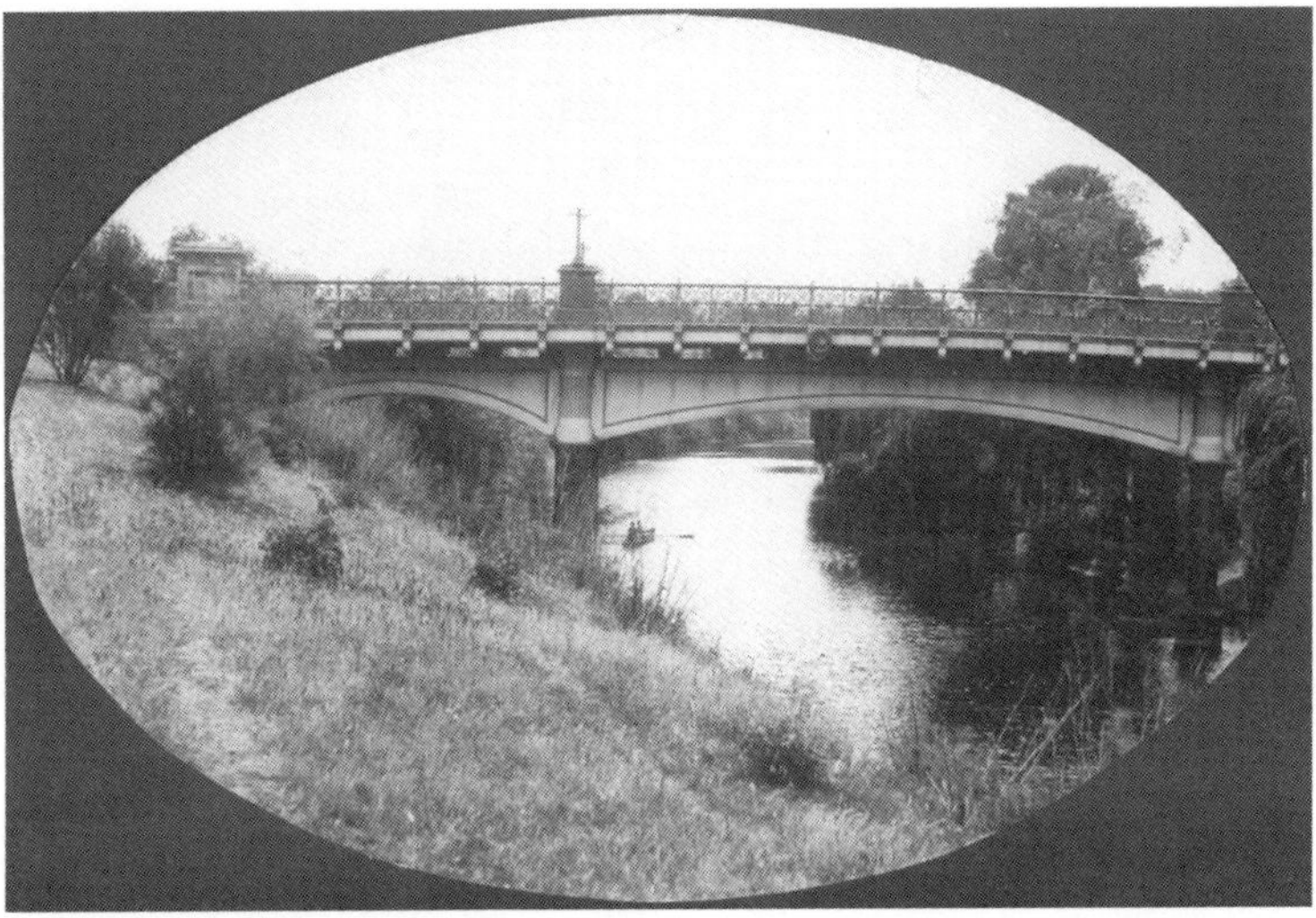

規模の経済、産業競争力の向上、輸送技術の進歩を原動力に、生産の究極の集約化が進んだ。たとえば、アルバート橋は、今でいえば「プレハブ」のようなもので、イギリスでつくられて、オーストラリアに送られ、現地で組み立てられた。私はこの本を書きはじめたときにアデレード大学で客員教授として教えており、アルバート橋を毎日渡っていた。

出所：南オーストラリア州立図書館の厚意により提供された写真（アデレードの景色・アルバート橋コレクションB4729）。この画像は1928年のもの。

りだった。

ところが、産業活動が先進国に過度に集約されたことで、弊害も生まれた。生産のほとんどの工程をG7の高コストの労働力でこなさなければならなかったのだ。1980年代にはG7諸国にグローバル製造業の3分の2が集中しており、少なくともこの部分についてはそうだった。

賃金格差がとても大きかったことを考えれば、工場をアンバンドルして、労働集約的な生産工程を発展途上国に移せば、コストは下がっていただろう。しかし、通信コストが高かったため、採算が合わなかった（衣料やマイクロエレクトロニクスといった、モジュール化が進んでいる生産工程は例外だった）。複雑な活動を遠く離れた場所から調整することは、まだできなかった。その現実はやがて、情報通信技術（ICT）の革命が突き崩すことになる。

強い制約が一つの状況：第二のアンバンドリング

1980年代後半、情報の伝達、保存、処理が革命的に進化して、大きな変化のうねりが生まれ、通信コストが劇的に下がった。第3章で詳しく述べたが、通話料金が大幅に下がり、ファクシミリが広く普及し、携帯電話が爆発的に浸透した。電気通信ネットワークは密度が高くなり、信頼性が増して、コストも下がる。1990年代になるとインターネットが出現し、アイデアを移動させるコストがさらに下がった。

これ以外にも、通信コストの低下と相互作用した流れが二つある。計算コストのめざましい低下、そして光ファイバーの伝達速度と帯域幅のめざましい増加（ギルダーの法則）である。今では文字、画像、データの双方向の継続的なフローをほぼノーコストで維持できる。デジタル化されたアイデアについては、距離は文字どおり死んだ。もっと厳密に言えば、ICT革命が距離を暗殺したのである。

それに比べると、モノやヒトを移動させるコストを下げる効果はずっと小さかった。なるほど、モノの貿易はスピードが上がり、組織化された。フェデックスやDHLのような会社は、今日のような地球規模での電気通信や、それを活用するコンピューターの能力がなかったら、今やっていることはできないだろう。貿易コストをさらに押し下げた要因はほかにもある。技術が向上して航空貨物コストが下がったことがそうだし、発展途上国が貿易を大幅に自由化したこともそうだ。それでも、19世紀、20世紀初めに見られた地殻変動に比べれば、変化は緩やかだった。

同様に、ヒトを移動させるコストを下げる効果も薄かった。これはヒトの時間コストが上がりつづけたためだが、電気通信が向上して、出張することが増えたのではないだろうか。何百ものメッセージを送るようになって、顔を合わせてミーティングをする回数が減るどころか、逆に増えているようなのだ。メッセージとミーティングは、そもそも完全な代替関係にはない。これらは補完し合う関係にある。メッセージの送り手と受け手が1回でも顔を合わせていたら、電子メールで問題に対処するのがぐっとやりやすくなる。メッセージをやりとりする相手は、エアメールや電話でメッセージを伝えていたときとは比べものにならないほど増えており、より多くの人と会うインセンティブが働く。

ここでのキーポイントは、ICT革命が始まって第二の制約が小さくなったが、第三の制約はそのまま残ったことだ。最近のグローバリゼーションの作用は不均等であり、この側面が世界経済を

図41　ICT革命を引き金に、第二のアンバンドリングが始まり、G7の工場の地理的な分離が進んだ

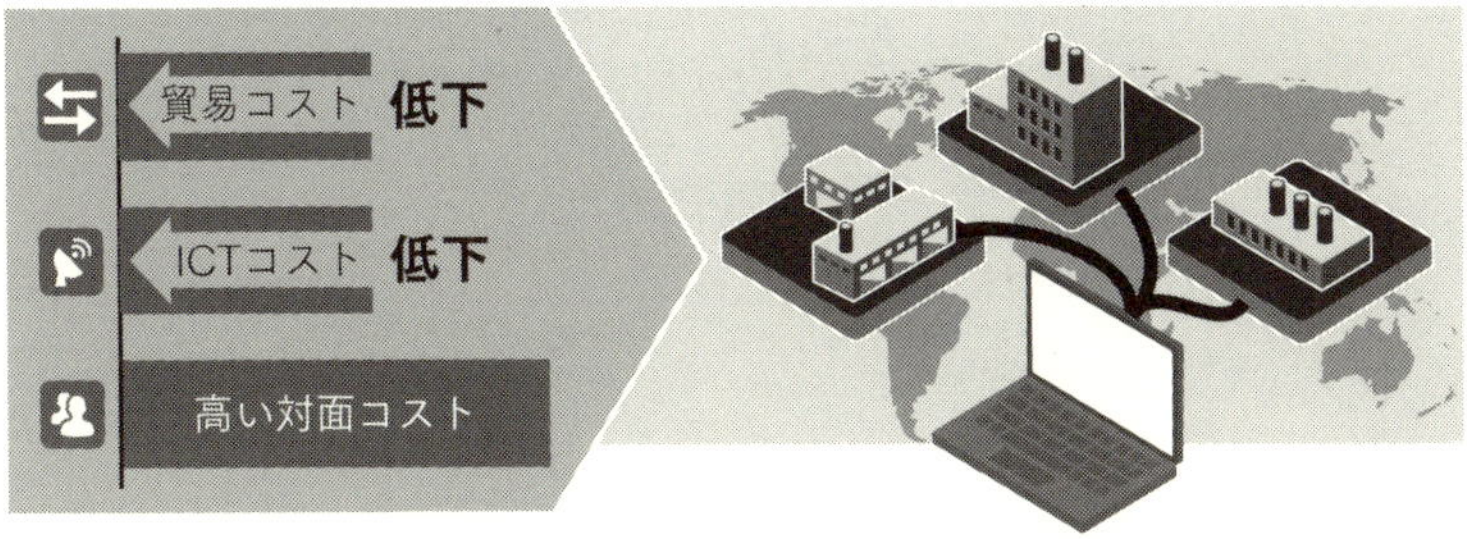

何十年ものあいだ、製造工程のフラグメンテーションは、G7企業がコストを削減する目的で行われていた。アメリカとメキシコ、あるいは日本と中国のあいだなどの賃金格差はとても大きかったからだ。問題は、生産活動の調整を電話やファクシミリ、翌日必着の速達郵便を使ってしなければならなかった時代には、生産工程を海外に移すのは合理的ではなかったことだ。ICT（情報通信技術）が革命的に前進すると、さまざまな生産工程を遠く離れたところで調整することが格段に容易になり、費用便益分析が変わった。G7企業にとって、生産工程の一部をオフショアリングして低賃金国に移すことが採算に合うようになったのである。

現在では、上の図に示すように、電気通信、電子メール、ウェブベースの管理システムといった情報構造を束ねた国際生産ネットワークが構築され、さまざまなモノがそのネットワークを通じて生産されている。

革命的に変えることになった。

インパクト：生産のアンバンドリングと新興市場の成長

通信の制約があったために、高密度のミクロ集積化が進んだが、ICT革命が起きて、その制約が小さくなると、グローバリゼーションは新たな加速段階に入った。第一のアンバンドリングと同様に、新しいテクノロジーが生まれて、企業が国際的な価格差を利用したアービトラージをすることが可能になったのが大きかった。

新しい通信の可能性が開かれると、それまでは歩ける距離の範囲でしなければならなかった製造工程を国際分散しても、効率性も迅速さも損なわれないようになった。

大いなる分岐の時代に大きな賃金格差が生じており、ICT革命がオフショアリングの扉を開くと、流れは一気に加速した。これがグローバリゼーションの第二のアンバンドリングとなった（図41）。一部のサービス・セクターでも、これと同じような流れが起きている。つまり、工場だけでなく、オフィスもアンバンドルされているということだ。

ニュー・グローバリゼーションの空間的パラドックス

第一のアンバンドリングに続き、第二のアンバンドリングでも、直感に反する流れが起きた。生産が国際分散したにもかかわらず、人々は都市に集積した。この急速な都市化は世界中で観察されており、距離の重要性が下がるどころか、むしろ高まっていることを示唆している。さらに、製造業のオフショアリングの大部分は、グローバル・クラスターではなく、地域クラスターで進んでいる。

一見すると矛盾しているが、このパラドックスは簡単に解くことができる。通信の制約が小さくなっても、世界はフラットにならなかったのである。逆に、アイデアを移動させるコストが下がったので、グローバリゼーションは第三の制約に直面することになった。それが対面でのやりとりを阻む制約である。この制約が生まれるのは、ヒトを移動させるコストが高いためだ。電子メールとウェブベースの調整でうまくいくときもあるが、複雑な生産工程を適切に管理するには、顔を合わせて話をする必要があることに変わりはない。その結果として、多くのセクターでは都市に人が集まることになり、製造業セクターでは、マネジャーや技術者が日帰りで行ける国に生産工程を移転させることになる。ドイツは低賃金国へのオフショアリングの大半を中央・東ヨーロッパでしているし、アメリカはメキシコで、日本は東南アジアで行っている。こうして生産の国際分散が進み、ファクトリー・アジア、ファクトリー・ヨーロッパ、ファクトリー・ノースアメリカが生まれた。ファクトリー・ワールドが形成されることはなかった。

一言で言うと、モノやアイデアの移動とヒトの移動では、距離がまったく別のものを意味するようになり、距離が新しい意味で重要になりはじめたのである。

北から南へのオフショアリングと知識のフロー

製造のオフショアリングはノウハウのグローバルな分布に影響を与えた。そのインパクトは興味深い。すべての工程が一つのまとまりとして機能するようにさせるために、G7は自国の企業に固有の知識の一部もオフショアに移した（図42の電球はそうした知識を表している）。イギリス企業のダイソンが好例である。

ダイソンは高級掃除機などの商品をつくっている。というより、かつてつくっていた、と言うべきだろう。ダイソンは以前、サウサンプトン近郊の町、マルムズベリーで家電の設計、開発、製造を手がけていた。第二のアンバンドリングの典型例として、同社は2003年に組立製造をマレーシアに移した。

いまやダイソンは、ダートマス大学の経済学者、アンドリュー・バーナードの言葉を借りると、「工場を持たない製造企業」である。[2] 同社の労働者は一人も組立製造にはかかわらない。商品を生産するために必要なサービスはすべてそろっているが、モノをつくっているわけではない。ダイソンは今、技術、マーケティング、経営管理に関するノウハウを、低賃金のマレーシアの労働者と組み合

**図42　グローバル・バリューチェーンが、
北から南へとノウハウが流れる水路を開いた**

通信コストが低下して、生産の国際分散が可能になった。ところが、その結果としてオフショアリングが進んでも、さまざまな生産工程を調整する必要はなくならなかった。逆に調整が国際分散することになった。そのため、オペレーションを一つに束ねようと、オフショアリング企業は生産工程を移転すると同時に、管理、マーケティング、技術に関するノウハウも移した。

つまり、低賃金の労働者は高度な技術を使って働いていた。のちに明らかになるように、高度なノウハウと低賃金というこの組み合わせは鉄壁で、グローバル製造業を一変させた。G7諸国から近隣の一握りの発展途上国、とりわけ中国に製造業が突然、大規模にシフトしたのも、それで説明がつく。

この視点に立つと、たとえばアップルのコンピューター工場がテキサスから中国にオフショア化されたことは、中国に固有の競争力を原動力として「モノが国境を越えて移動している」と考えるべきではない。むしろ、アメリカのノウハウが中国の低賃金労働者に移転した結果だと考えるべきだ。このようにグローバル・バリューチェーンは新しいテクノロジーの境界線を定め、その外にいる発展途上国は、低技術と低賃金の組み合わせでは立ち行かなくなった。このような現象は「早すぎる脱工業化」と呼ばれている。

図43　国際生産ネットワークのなかでノウハウが国境を越えて移動し、大いなる収斂の原動力となった

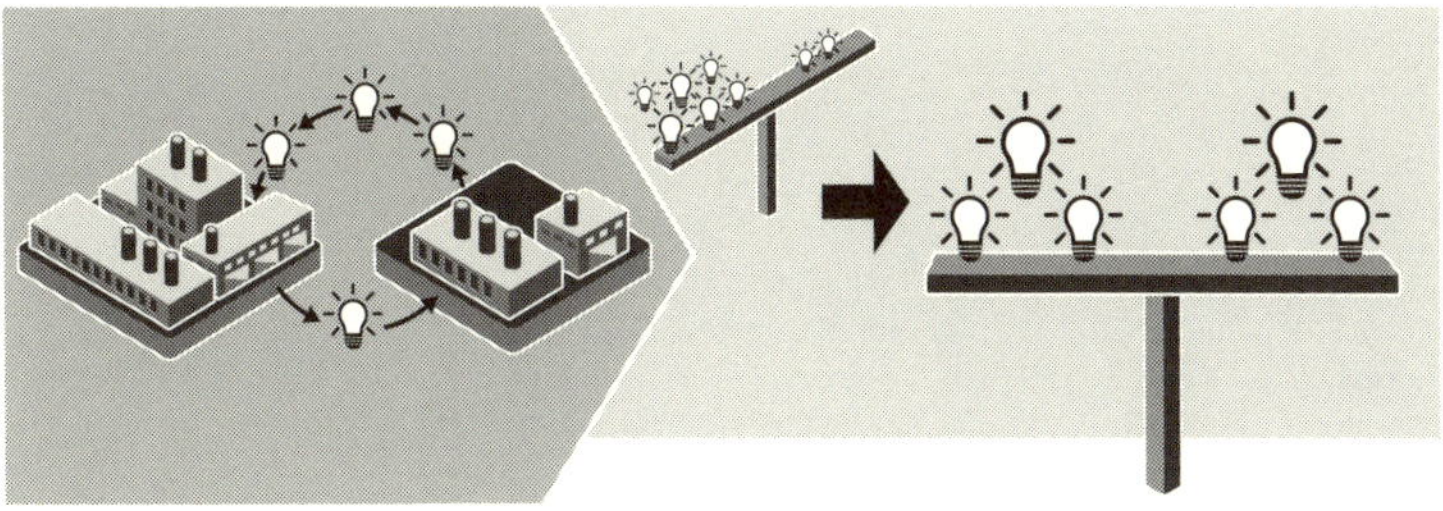

第二のアンバンドリングは、テクノロジーの境界線を書き換えた。テクノロジーの境界は国境よりも、国際生産ネットワークの輪郭で決まるようになった。その結果としてノウハウが北から南に大量に流れるようになり、大いなる分岐の時代に生まれていた知識のインバランスが再均衡しはじめている。本文で述べたように、それが一握りの発展途上国の急速な工業化と成長の離陸へとつながった。

ところが、製造業の競争力が高まったのは、生産工程のオフショアリング先となったこれらの発展途上国だけではなかった。急速に工業化が進む発展途上国、特に中国がコモディティ・スーパーサイクルを生み出し、それを通じて他の発展途上国も間接的に恩恵を受けた。

一言で言えば、第一のアンバンドリングが大いなる分岐を生み出し、第二のアンバンドリングが大いなる収斂を生み出した理由がこれである。まず、モノを移動させるコストが下がって、北でイノベーションが生まれはじめた。アイデアを移動させるコストが高かったため、イノベーションは北にとどまりつづけた。労働者一人当たりのノウハウに大きなインバランスが生じたが、アイデアを国際的に移動させるコストが下がると、そのインバランスがオフショアリングにつながる。これは、知識労働者比率の北の高さと南の低さを利用したアービトラージの一形態と考えることができる。大いなる収斂は、このアービトラージの産物である。

わせて、同業他社の商品に対する競争力を維持している。

ダイソンのようなケースは無数にあり、ＩＣＴ革命前とは比べものにならないほど大量のノウハウが、南北の境界を越えて流れるようになりはじめた。知識は成長の鍵であり、この新しいノウハウのフローが生まれたことで、いわゆる新興経済国が飛躍的な成長を遂げ、世界の成長地図は一変した（図43）。

グローバリゼーションの第二の加速期のメンタル・モデル

2世紀のあいだ、貿易とは主に、国内でモノをつくって他の国に売ることだった。グローバリゼーションとは、モノが国境を越えて移動する障壁が少なくなることだったのだ。貿易障壁が減って、集積―イノベーション―競争力向上というサイクルが回りはじめると、工業国は豊かになり、大いなる分岐が起こった。

このすべてが１９９０年前後にひっくり返る。第一のアンバンドリング期にＧ７へのシェア・シフトをもたらした幸せの螺旋が、「空洞化の螺旋」へと転じた。第3章で論じた新興工業経済6地域（Ｉ６）はめざましく工業化する一方、Ｇ７諸国の世界製造業に占めるシェアが急落した。２０００年をまたぐ数十年間に、世界製造業のほぼ5分の1がＧ７からＩ６にシフトした。この急速な工業化を引き金に、歴史上類を見ない所得の成長が始まった。人類のほぼ半分がＩ６諸国に住んでいるので、Ｉ６の成長の離陸はコモディティ・スーパーサイクルの口火を切り、世界中の商品輸出国が「上げ潮」に乗った。

一見すると、こうした国際生産の再編成は、19世紀のそれととても似ているように思えるかもしれない。どちらも、各国は自分たちがいちばん得意なことに集中していたのだから。しかし、急速な工業化が進む国々は、G7諸国がかつて通った工業化の道は通っていない。国内にノウハウを蓄積し、国内のサプライチェーンを構築して、競争力を高めたのではない。I6は地域生産ネットワークに加わることで、海外での競争力を身につけたのである[3]。

アメリカやドイツ、日本はそのような工業化のプロセスをたどっていない。世界は変わり、グローバリゼーションの新しい複雑性を理解するには、新しい抽象化、新しい単純化された思考パターンが求められるようになった。

フラグメンテーション問題、タスクの貿易、オフショアリング、そして次なる産業革命

1990年代、多くの識者の目には、グローバリゼーションがこれまでとどこか違っているように映っていた。アジアでは変化が早く訪れ、学者や政府がいわゆる「フラグメンテーション」を研究した。戦後を代表する貿易理論家、ロナルド・ジョーンズは1997年オーリン記念レクチャーで、フラグメンテーションを合理的だとする分析の枠組みの概要を示した。ジョーンズの著書『グローバリゼーションと投入財貿易理論』は、比較優位の原理に直接挑んでおり、マサチューセッツ工科大学出版局から出版されたが、ほとんど無視された（今も無視されている）。

2000年代になってもグローバリゼーションはパズルを投げかけつづけ、新しいメンタル・モデルがいっそう強く求められるようになった。そのなかで2006年にブレークスルーが訪れる。プリンストン大学の傑出した三人の経済学者が、グローバリゼーションは新しい局面に入っていると論じたのだ。2006年3月、プリンストン大学の経済学者、アラン・ブラインダーがフォーリ

ン・アフェアーズ誌に「オフショアリング――次なる産業革命か？」というタイトルの論文を寄稿した。この論文は政財界の不安を強くかき立てたが、それがグローバリゼーションの従来の概念化にどのような意味を持っているかという考察が欠けていた。その穴を埋めたのが、ジーン・グロスマンとエステバン・ロッシーハンズバーグである。二人は２００６年８月に「新しいパラダイム」の枠組みを提示した。それが「タスクの貿易」と呼ばれるもので、オフショアリングと部品・コンポーネント貿易の高まりに焦点が置かれた。グロスマン＝ロッシーハンズバーグのアイデアは、カンザスシティ連邦準備銀行が主催する有名なジャクソンホール会議で提示され、瞬く間に広まった。私は二人の研究に触発されて、グローバリゼーションがどう変化していたか、それは政策にどのような意味を持ったのか、じっくり考えた。その考察をまとめて、２００６年９月にフィンランド総理府に向けた報告書（「グローバリゼーション――大いなるアンバンドリング」）を書き上げた。私は10年間にわたってこの問題について考え、論文を書き、さまざまな場で語ってきた。そうした初期の考察がやがて、三段階制約のナラティブへと発展していった。[4]

21世紀型ノウハウと19世紀型移住

三段階制約のアプローチの要点を説明する前に、歴史のアナロジーを使って、第一のアンバンドリングと第二のアンバンドリングが根本的にどう違うものであるかを明らかにしておきたい。そのアナロジーは19世紀のものである。大きく異なる2種類のグローバリゼーションが起きた世紀だ。その一つはリカード的なモノの貿易に関するものであり、もう一つはリカード的比較優位の源泉の移動に関するものである。

第一のアンバンドリング期には、ヨーロッパでは労働力が豊富にあり、土地は希少だった。アメリカは逆だったため、リカードが説いたように、新世界は旧世界に穀物を輸送した。ところが、新世界の土地のほとんどは農業には役に立たなかった。産地と市場との距離があまりに離れているために農産物を市場に持っていくことができなかった。鉄道が出現すると、この「距離の束縛」が破られ、莫大な荒れ地は、莫大な農地になった。ところが、新しい農場ができると、農民が必要になった。ここで移民が登場する。

その当時、ヨーロッパ人の移住に対するアメリカの政策はとてもリベラルだった。水門が大きく開かれ、土地が手招きするなか、土地労働比率の大きなインバランスに乗じて、ヨーロッパ人が大挙してアメリカに押し寄せた（第2章の表3を参照）。こうして新しい生産要素が投入され、アメリカ経済はめざましい成長を遂げた。大西洋間の貿易も急増した。

ただし、この種のグローバリゼーションでは、リカードの比較優位の原理に出番はない。もっと厳密に言えば、この原理を改変して、再解釈する必要がある。ある国の比較優位の源泉（労働力）が、別の国の比較優位の源泉（土地）に移動した。それがここで起きたことだ。

これを十分に拡張すれば、リカードの枠組みでこの結果に説明がつくと考えられる（リカードの枠組みは通常、国レベルで固定された比較優位が出発点になる）。いずれにしても、アメリカは土地資源が豊かで小麦栽培に比較優位を持っていたが、移住が起きてもその優位は覆されず、逆に押し上げられることになった。ところが、そこからもたらされるアメリカの成長と輸出の増加は、リカードの枠組みから期待されるであろうものとは性質が大きく違っていた。第一に、小麦の輸出が急増したという意味で、移住はアメリカの比較優位に変化をもたらした（比較優位を強化した）。

第二に、貿易コストの低下と異なり、そのインパクトはグローバルなものではなかった。大量の移住があった国（アメリカ、カナダ、アルゼンチンなど）に地理的に限定された。

これは、第二のアンバンドリングを理解するのに示唆的だといえる。ＩＣＴ革命はアメリカの開かれた移住政策に似ている。Ｇ７の比較優位の源泉（ノウハウ）が、Ｉ６の比較優位の源泉（労働力）へと移動できるようになるからだ。しかし、19世紀の例と違って、新しい知識のフローは、知識を受け入れる国の比較優位を押し上げただけではなかった。中国などの国が、自国の技術では、輸出どころか、生産さえできなかったであろう多種多様なモノを輸出できるようにもなった。

第二のアンバンドリングと19世紀の例との類似点はもう一つある。きわめて地理的に集中していることだ。知識は国際移動するようになったが、知識を所有する企業が新しい流れを非常に慎重にコントロールしており、知識がグローバル・バリューチェーンの輪郭のなかにとどまるように手を尽くしている。だから、ニュー・グローバリゼーションのもとではノウハウを受け取る側の発展途上国だけが変貌しているのである。

ニュー・グローバリゼーションのいったい何が〝新しい〟のかについては、次章でさらに深く探っていく。

BOX 7

「三段階制約」論の要約

農業革命が起きて、人類が特定の土地に縛られるようになったため、距離の束縛のもとで、生産と消費は空間的に集積することを余儀なくされた。モノ、アイデア、ヒトを移動させるのは、あまりにも危険で、あまりにもコストが高くついた。貿易は行われたが、珍品、希少品、贅沢品に集中した。

テクノロジーが進化すると、モノ、アイデア、ヒトの移動コストが下がった。しかし、すべて同時に下がったわけではない。グローバリゼーションの第一の飛躍期では、モノを移動させるコストが大幅に下がった。これは世界を一変させる変化だった。輸送コストが急速に下がり、消費地の近くでモノをつくる必要がなくなった。これを引き金にグローバリゼーションの第一のアンバンドリングが始まり、モノの生産と消費が空間的に切り離された。

その結果として、産業は今日の豊かな国に集積し、この工業化からイノベーション主導型の成長が始まった。だが、第一のアンバンドリングでは通信コストは高いままだったので、産業に関連するイノベーションはほとんどが特定の地域にとどまり、したがって成長もほとんどが特定の地域にとどまった。この成長の不均衡は、わずか数十年で大いなる分岐を引き起こした。つまり、過去1世紀半にわたって世界を覆いつづけてきた、歴史に類を見ない所得の不均衡が生み出されたのである。

だが、1990年以降、通信コストと調整コストが急速に下がり、製造工程の大部分を同じ工場や工業地域のなかで実行する必要がなくなってきた。こうして第二のアンバンドリングが始まり、生産工程の国際分散が進んだ。

国際生産を調整するには、企業に固有の知識を移転先に移す必要がある。そのため、北から南へのオフショアリングでは、膨大な量のノウハウが北から南に流れた。言い換えると、知識の水門が大きく開かれ、ノウハウが一握りの発展途上国にどっと流れ込んでいるのである。G7企業の高度なテクノロジーが発展途上国の低い賃金と結びついた結果、世界の製造業付加価値のほぼ5分の1が、北から南にシフトしている。

モノとアイデアに関する制約が小さくなったにもかかわらず、リチャード・フロリダが2005年にアトランティック誌に寄稿して、大きな反響を呼んだ論文で論じたように、「世界は凸凹になっている」。国際的な生産ネットワークとバリューチェーンのほとんどは特定の地域のものであって、グローバルなものではない。ファクトリー・アジアや、ファクトリー・ヨーロッパ、ファクトリー・ノースアメリカの内部にある。さらに、人の集積化については、都市化が進んでいることから、距離の重要性は下がらず、逆に高まっている。どちらの流れも、対面でやりとりする重要性が関係していると思われる。

言い換えれば、世界は今、第三の制約を突きつけられている。つまり、対面でやりとりするコストである。この最後の制約が小さくなると何が起こるのかについては第10章で考察する。

第5章
何が本当に新しいのか

グローバリゼーションはまったく新しい世界を生み出していると、ジャーナリストのトーマス・フリードマンは言う。2005年のベストセラー『フラット化する世界』は、フリードマンが「コロンブスの探検めいた旅」を振り返るところから始まる。本の冒頭、フリードマンはなぜか不思議なことに、インドでゴルフをしている。ティーグラウンドから目に入るアメリカ企業のブランドのあまりの多さに驚き、こう気づく。「世界は平《フラット》らなんだ」。世の中をよく知る読者なら、この世に新しいことなんてあるはずがない、フリードマンはもっと世界を知ったほうがいいと思うだろう。

しかし、ニュー・グローバリゼーションには本当に新しいことがある。それをこの章で説明していく。特にグローバリゼーションの第一のアンバンドリングと第二のアンバンドリングの重要な相違点を明らかにしていきたい。

ニュー・グローバリゼーションの新しい点は、第二のアンバンドリングの二つの側面からきている。製造業とサービスのフラグメンテーションとオフショアリング、そして、海外に移転された仕事に付随するテクノロジーのフローである。最初に、生産における国境が根本から変化している現状を見ていこう。

生産組織の変化

国際的な生産体制は、1980年代半ばから90年代半ばのどこかで変化した。ここでは便宜的に1990年を目安にしよう。変化そのものは単純だが、その変化が持つ意味は複雑で、ものすごく大きい。私はこの根本的な変化を、ニュー・グローバリゼーション、第二のアンバンドリング、グローバル・バリューチェーン革命など、さまざまな名前で呼んできたが、こうした概念を図式化したものを図44に示している。

主要7ヵ国（G7）の製造企業はこれまで、投入財を国内で調達して、「国内生産・海外販売型」財とでも呼べるものを生産していた。アメリカの商品はまぎれもなくアメリカでつくられたと考えることができた。これが図44の左のパネルの状況である。

もちろん、遠く離れた国から調達していた品物もあったはずである。自動車用タイヤに使うゴムなどがそうだ。それに、こうしたG7製造業の栄光の時代でさえ、G7諸国同士で部品・コンポーネントの往復貿易が盛んに行われていた。これは超分業のメリットを活かすためだった。たとえばヨーロッパでは、フランスの自動車部品メーカー、ヴァレオは乗用車用エアコンに特化し、ドイツの有限会社、ベバスト・バスはバス用エアコンに特化している。だが、新しい情報通信技術（ICT）が生産ネットワークに革命を起こす前は、北−北の交換を含めても、海外から調達した

図44　ニュー・グローバリゼーションと生産の国際分散：工場が北と南の境界を越えて移動する

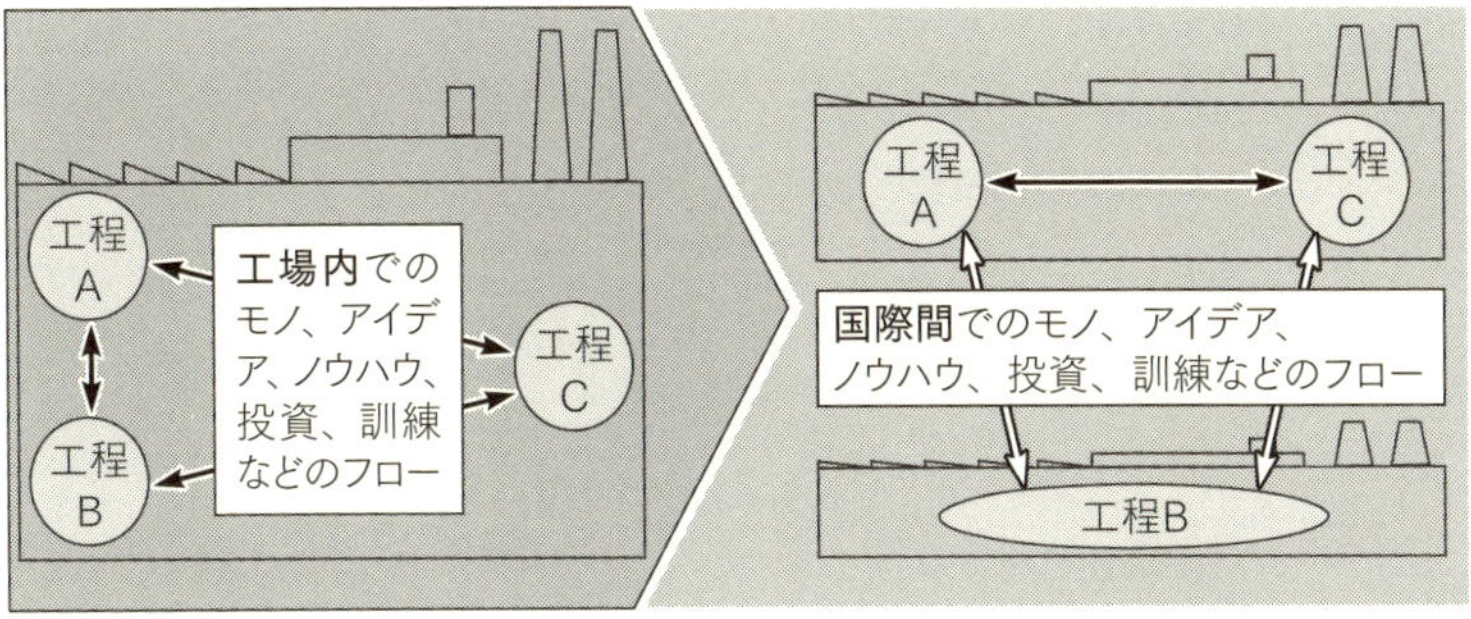

従来型の生産では、各生産工程はG7の工場や工業地域のなかで組織されていた（左のパネル）。第二のアンバンドリングが起こる前は、中間財、資本、サービスの国際交換が行われていたが、アメリカとカナダ、あるいは西ヨーロッパ内など、主にG7諸国のあいだでのものだった。

ICT革命が起こると、G7企業は生産工程を切り離せるようになり、一部の工程を発展途上国に移転させることでコストを下げられるようになった。その結果として、工場が北と南の境界を越えて大規模に移動しはじめた。その流れは革命的な効果を生んだが、理由は単純だった。生産を低賃金国に移しても、生産工程を調整する必要はなくならなかったので、G7の工場のなかで生産工程を調整するために使われていたヒト、アイデア、投資、教育、ノウハウのフローが、北と南の境界を飛び越えはじめた（右のパネル）。この新しいフローのなかでいちばん重要だったのが、知識である。新しい知識の波が豊かな国から貧しい国へと押し寄せはじめると、グローバリゼーションとそれが与えるインパクトが変容した。

投入財の総シェアは微々たるものだった。[1] そのため、ドイツの輸出品は、ドイツの労働力、資本、技術、管理がひとかたまりになったものと考えることができた。アメリカ、イギリス、日本、フランス、イタリアでつくられたモノもそうだった。[2]

製造プロセスの大半は特定の地域に集積したにもかかわらず、製造プロセスは複雑なままだった。図44に示すように、複数の生産工程があるのが普通だった。第4章で論じたとおり、ミクロの集積が築かれたのは、複雑なプロセスを調整する必要があったからだ。ICT革命が起きて、工場内でのミクロ集積を余儀なくしていた「調整という接着剤」が溶けると、G7企業は次第に生産工程を国際分散して、近隣にある発展途上国の低コスト労働力を利用するようになった。その状況が図44の右のパネルである。ここでのキーポイントは、この新しい国際生産組織のもとで、工場が北と南の境界を越えて移動したことである。ここからさまざまな変化が生まれたが、いちばん重要だったのは、工場内のフローが国際的なフローになったことだ。グローバリゼーションが世界経済に与える効果が1990年以降、一変しているのは、こうしたフローが国際分散したからにほかならない。それが本書の核となる主張である。

この生産組織の変化は単純だが、驚くほど複雑な意味を持っている。この章の残りの部分では、そこを見ていく。要点は次の四つである。⑴比較優位が無国籍化する。⑵価値がサービスへとシフトする。⑶新しい勝者と敗者が国の内部で生まれる。⑷グローバリゼーションが荒々しくなる。

比較優位が無国籍化する：国同士の競争の新たなスタイル

国はどのように経済競争をするのか。この競争が激しくなると何が起こるのか。こうした問題はこれまで、比較優位の原理にもとづいて理解されてきた。各国の強みは産業ごとにそれぞれ異なるというのが、この原理の出発点である。モノの貿易が自由になると、市場の力が働いて、それぞれの国は自分たちが相対的に得意なものの生産と輸出を増やす一方、相対的に不得意なものの生産を減らし、輸入を増やすようになる（詳細な議論は第6章を参照）。

図44に示すように、第二のアンバンドリングが起きて、生産の国境が書き換えられると、比較優位は国単位のものではなくなった。つまり、オールド・グローバリゼーションのもとでは、競争の前線は国境線と考えるのがいちばんよかったということである。たとえば、ドイツ製の自動車は、日本製の自動車と競争していた。しかし、ニュー・グローバリゼーションのもとでは、競争の前線は、複数の国にまたがる生産ネットワークのあいだにあると考えるほうがいい。こうしたネットワークを「グローバル・バリューチェーン」と呼ぼう。これを国家という観点からとらえると、ニュー・グローバリゼーションとは、国が特定の強みを活かせるようになることではなく、自分たちの強みを変えていくということになる。オートバイ部品を日本に輸出しているベトナム企業の例を見ると、それがよくわかる。

匿名のベトナム企業「サプライヤーA社」を対象とするケーススタディによると、この国有企業は1998年までは農業機械・部品を生産しており、「労働力の質は良かったが、経営管理に問題があった」[3]。だが、1990年代にホンダと下請け契約を結ぶと、A社の状況は大きく改善する。下請け契約の一環として、ホンダは日本からエンジニアを派遣し、生産管理のノウハウを伝え、技術を移転した。そうした協力体制のもとで、A社は日本式の生産モデルを構築していった。

A社の生産能力と品質は向上し、オートバイ部品を中心に、海外の顧客からの注文も受けはじめた。売り上げの80％はホンダ向けだが、他の日本のオートバイ・メーカーとも下請け契約をしている。

この例では何が起きたのか、考えてみよう。ホンダのグローバル・バリューチェーンがベトナムに到達する前は、ベトナムの機械・部品の相対的な競争力は、自国の労働力、経営管理、技術といった特性で決まっていた。それが、国という枠を超えた特性の組み合わせで決まるようになった。この例では、日本の経営管理のノウハウとベトナムの労働力である。

一言で言うと、第二のアンバンドリングでは、ベトナムは自国の比較優位を活かすのではなく、比較優位が変化したのである。ベトナムはオートバイ部品の輸入国から輸出国へとシフトした。この逆転が起きたのは、日本の比較優位の源泉の一つである「ノウハウ」が、国境を越えて移動し、ベトナムの比較優位の源泉の一つである「低廉な労働力」と結びついたからだった。

その結果、ホンダの競争力も高まった。インドで部品調達を開始したドイツのライバル社、BMWに対する競争力も上がっている。こうして、ベトナム企業やインド企業を信頼できる部品メーカーにするために必要なノウハウがオフショアに移されたことで、競争の実質的な地理的境界はシフトした。今では日本対ドイツではなく、ホンダ主導のグローバル・バリューチェーン対BMW主導のグローバル・バリューチェーンという構図になっている。

比較優位は19世紀初め以降、グローバリゼーションに関する十分な情報にもとづいた推論のすべてで、論拠の要になっている。そのため、比較優位の原理が変化しているというのは、非常に重要な意味を持ってくる。とりわけこの原理は、きわめて重要な三つの疑問に対する考察の軸になっていた。どの国が何を輸出するか、誰がこの貿易で得をするか、そして、ある国の競争力の変化は、他の国にどんな意味を持つか——だ。最初に「誰が得をするか」という問題を考えてみたい。

グローバリゼーションが国にもたらす利益を考える

比較優位が国単位のものであれば、すべての国が貿易の自由化から恩恵を受ける。それぞれの国のなかでは、勝ち組になる市民もいれば、負け組になる市民もいるが、勝ち組が得るものは、負け組が失うものよりも大きい(詳しい議論については第6章を参照)。その国の政府が、グローバリゼーションの利益と痛みをうまくつり合わせれば、全員が恩恵を受けられる。それがグローバリゼーションの第一のアンバンドリングが描く標準的なシナリオだった。

すべての国が利益を得るというこの結果は、単純明快な鉄壁のロジックで裏付けられる。貿易をすることで、各国は自国の限られた資源をより有効に使えるようになっているというのである。なるほど、貿易とは、たとえばスイスが銀行サービス(スイスがとても得意とする分野)を輸出して、バナナ(スイスがとても不得意とする分野)を輸入できるようにする魔法のようなものだと考えるのは、100%正しい。貿易があるから、スイスはバナナをつくる代わりに銀行サービスをつくって、資源をより有効に活用できるのだから。

「序章」で取り上げたサッカークラブのアナロジーが示しているように、競争優位の国境線が引き直されれば、「すべての国が利益を得る」という鉄壁のロジックが変化する。確かに、競争優位の源泉が国境を越えてしまうのであれば、すべての国が勝つかどうかはわからない。基本のポイントは単純明快だ。たとえばオーストリアの企業が海外に技術を移転するとして、それがオーストリアの輸出が直面する他国の競争力を高めることになれば、オーストリアで働くオーストリア人はたぶん負けるだろう。

この点は、これまでにたくさんの人が何度も指摘している。いちばん有名なのが、ノーベル経済学賞受賞者であるポール・サミュエルソンが2004年に発表した論文「リカードとミルがグローバリゼーションを支持する主流派経済学者の議論に反論および追認する部分」で提示した主張である。サミュエルソンは彼らしい格調高い文体で、こう論じている。「この海外の発明はアメリカに帰属していた比較優位の一部を中国に与えるものであり、アメリカの一人当たり実質所得が恒久的に『喪失』される結果を誘発する可能性がある」。ただし、サミュエルソンは「海外の発明」を第二のアンバンドリングと結びつけてはいない。それは私の主張である。サミュエルソンはただ、自分が本当に得意とするものを他国が得意になれば、新しい競争が生まれてダメージを受けるおそれがあると言っているだけだ。[4]

それと密接に関連するロジックに照らせば、ニュー・グローバリゼーションは、国同士の競争に重要な効果を与えることになる。

国レベルの競争力が変わる

北と南の境界を越えて生産が国際分散されると、それを進める北の企業の競争力は高まる。結局のところ、この動きはコストを削りたいという欲求から始まっている。コスト削減分は値下げに使われるかもしれないし、品質の改善に使われるかもしれないし、その両方かもしれないが、オフショアリング企業の競争力は、オフショアリングをする前と比べて、明らかに高くなる。だとすると、それが他の高技術国の企業の競争力にどんな意味を持つのかを考えてみたい。

たとえば、トヨタ自動車は労働集約型の作業を海外に移転できるが、フィアットはできないとしよう。オフショアリングによってトヨタの競争力が高まるのであれば、きわめて直接的な結果として、フィアットの競争力は下がる。トヨタがオフショアリングを進めれば、当然ながら、日本の工場での雇用がその分失われることになるが、トヨターフィアットの競争でトヨタが優位に立つのなら、オフショアリング効果で、ある種の製造業の仕事が日本国内にとどまるようになる可能性が高くなるといえる。

この例を国レベルに拡大させると、次のことが明らかになる。生産が無国籍化すると、第三国の競争優位がシフトする。これについても、ある国がかつて非常に得意だったものを別の国がうまくつくれるようになると、何が起きるかというサミュエルソンの論理を応用したものと考えるのが100%正しい。

政策に対する意味合いについては第8章で肉付けするが、一点の曇りもなく明らかなことが一つある。他の先進国が第二のアンバンドリングを受け入れているなかでそれに抵抗しても無駄だろうし、場合によっては逆効果になりかねない、ということだ。どこかの先進国が国際生産体制の再編を禁止しようとすれば、空洞化を食い止めるどころか、逆に早めることになるだろう。

それに関連して起こる競争力の「スピルオーバー」は、発展途上国に影響を与える。たとえば、中国はグローバル・バリューチェーン革命を全面的に受け入れている。一例をあげると、中国は日本のノウハウと中国の労働力を組み合わせて電気モーターをつくっている。これに対し、ブラジルはこの新しい生産の国際化にまったく加わっていないので、ブラジルのノウハウとブラジルの労働力で電気モーターをつくる。その結果、ブラジルの電気モーター・メーカーは中国の輸出品との競争で苦戦する。高技術・低賃金の組み合わせが低技術・低賃金に負けるわけがない。このように、発展途上国がグローバル・バリューチェーンの構築という流れに抵抗する政策をとろうとすれば、自国の工業化を促すどころか、それを妨げる結果になりかねないことは、誰の目にも明らかだ。この点は、第9章で詳しく考察する。

21世紀型貿易の性質が変わる

図44に生産組織の再編成を図で示したが、生産組織の再編がもたらす影響のうち、特に大きいのが貿易に与えるインパクトである。財だけでなく、はるかに幅広い取引がかかわるようになるので、貿易ではなく「国際商取引」と呼ぶべきだろう。このように、生産工程が国境をまたぐようになると、国際商取引の性質は根本から変わる。この新しい越境商取引を構成する個々の要素には、より厳密な用語があるのだが、これまでの貿易の形と直接比較できるようにするために、ここでは「21世紀型貿易」という名前をつけることにする。

20世紀型貿易とはもっぱら、ある国の顧客に別の国でつくられたモノを売ることだった。第二のアンバンドリングが起こる前は、生産は図44の左のパネルのような形で行われており、輸出とは、輸出国の生産要素、テクノロジー、社会資本、統治能力などをひとまとまりにした「パッケージ」

だと、わかりやすく概念化できた。こうした要素は工場が産出するモノに埋め込まれていたので、すべて目に見えない形で国境を越えていたのだが、国境の通関では、モノだけが職員の前を通り過ぎていった。

この種の20世紀型貿易は今もある。原材料や各種農産物の輸出はまだ、「国内生産・海外販売」型だ。機械のように、アンバンドリングが非常に進んでいるセクターでさえ、アメリカやドイツといった大国の輸出付加価値のうち、およそ90％が国内に由来する。

ところが、今日の貿易のフローのなかで特に活力のある部分は、生産組織が変化しているためにはるかに複雑になり、さまざまな要素が絡み合うようになっている。具体的に言うと、21世紀型貿易は、次の要素が結びついて動いている。

- 部品・コンポーネントの貿易
- 生産施設、人員、ノウハウの国際移動
- 分散化された生産を調整するために必要なサービス（特に電気通信、インターネット、特急宅配便、航空貨物、貿易関連の金融、通関、貿易金融などのインフラ・サービス）

ここでのキーポイントは二つある。一つは、国際商取引は多面化し、モノ、サービス、知的財産、資本、ヒトのフローがかかわっていること。そしてもう一つは、こうしたフローは同じ原因（生産のアンバンドリング）で発生しているので、深く絡み合うようになっていることだ。その影響で、国際貿易政策に大きな変化が起きている（この点については、第8章、第9章で詳しく論じる）。

南－北の貿易が変わった

定性的な意味では、21世紀型貿易に新しいことは何もない。「工場が国境を越える」ことは、北アメリカや西ヨーロッパでは昔からある。たとえば、1957年ローマ条約、1965年米加自動車協定はまさに、「国内生産・海外販売」型の財の貿易を超えて、経済統合を推進しようとするものであり、今でいうグローバル・バリューチェーンの発展を後押しすることが目的だった。

ニュー・グローバリゼーションで本当に新しいのは、工場が今では、北と北の境界だけでなく、北と南の境界も越えるようになっていることだ。モノ、サービス、ヒト、ノウハウ、投資の複雑に入り組んだフローは、何十年もG7諸国のあいだで生じていたが、それが今では、北と南の貿易関係の一部でも同じことが起きている。しかし、そこにはわずかな差異があり、それが重要な意味を持つ。

こうした新しいフローは、発展途上国の輸出企業にとっては革命だが、先進国の輸出企業にとっては進化だ。第二のアンバンドリングを推し進めた調整コストの低下は、対称的に作用した。電気通信の環境が良くなれば、アイデアは両方向に流れるようになる。ところが、それがもたらした結果は、対称的と言うにはほど遠いものだった。大きな理由は二つある。

まず、第二のアンバンドリングが始まった時点では、北の知識－労働比率は南よりも圧倒的に高かった。かつて新興工業経済地域と呼ばれた地域（シンガポール、台湾、韓国、香港）が台頭して、1970年代以降に格差はいくらか縮小しているが、G7など、技術水準の高い国との差はまだ非常に大きい。これが重要な意味を持つのは、アイデアが国境を越えて移動しやすくなると、ノウハウのフローがこれほど非対称になる理由を説明しているからだ。知識は北から南にどっと流れ込んでいる。南から北への流れはほとんどない。

そして、生産を国際的に調整できるようになって、輸入される部品やサービスにさらに依存しやすくなったが、変化は非対称だった。発展途上国が部品を輸出する能力は革命的に高まったが、G7の輸出企業を刺激する効果はほんの少ししかなかった。部品・コンポーネントの貿易も、昔からある。しかし、第二のアンバンドリングが始まるまでは、この貿易は一方向だった。G7企業が部品・コンポーネントを、他のG7諸国の製造企業と、発展途上国の製造企業に売った。第二のアンバンドリングが起きて変わったのは、発展途上国が初めて、部品をG7の製造企業に（相互に）再輸出できるようになったことだ。

発展途上国の製造企業はそれまで、自社の部品を買う外国企業をほとんど見つけられなかった。G7の企業が部品の品質と信頼性を確かめるにはコスト負担が重すぎるか、場合によっては不可能だった。しかし、G7企業自身が発展途上国で工場を運営したり、密に監視したりするようになると、状況が一変した。先のケーススタディで、ホンダがベトナム製のオートバイ用部品を信頼できたのは、ホンダがベトナムでの生産に直接関与していたからだ。

このように、第二のアンバンドリングがもたらした貿易開放効果は非対称だった。発展途上国の部品輸出企業にとっては可能性が大きく開けたが、先進国の部品輸出企業の機会はほんのわずかしか広がらなかった。

それを表す例を図45に示している。図からも明らかなように、「南」と「北」の輸出実績は対照的だ。このチャートでは、南とは、「序章」で触れた新興工業経済6地域（I6）と呼ばれる六つ

図45　第二のアンバンドリングは、発展途上国の部品輸出を特に強く刺激した

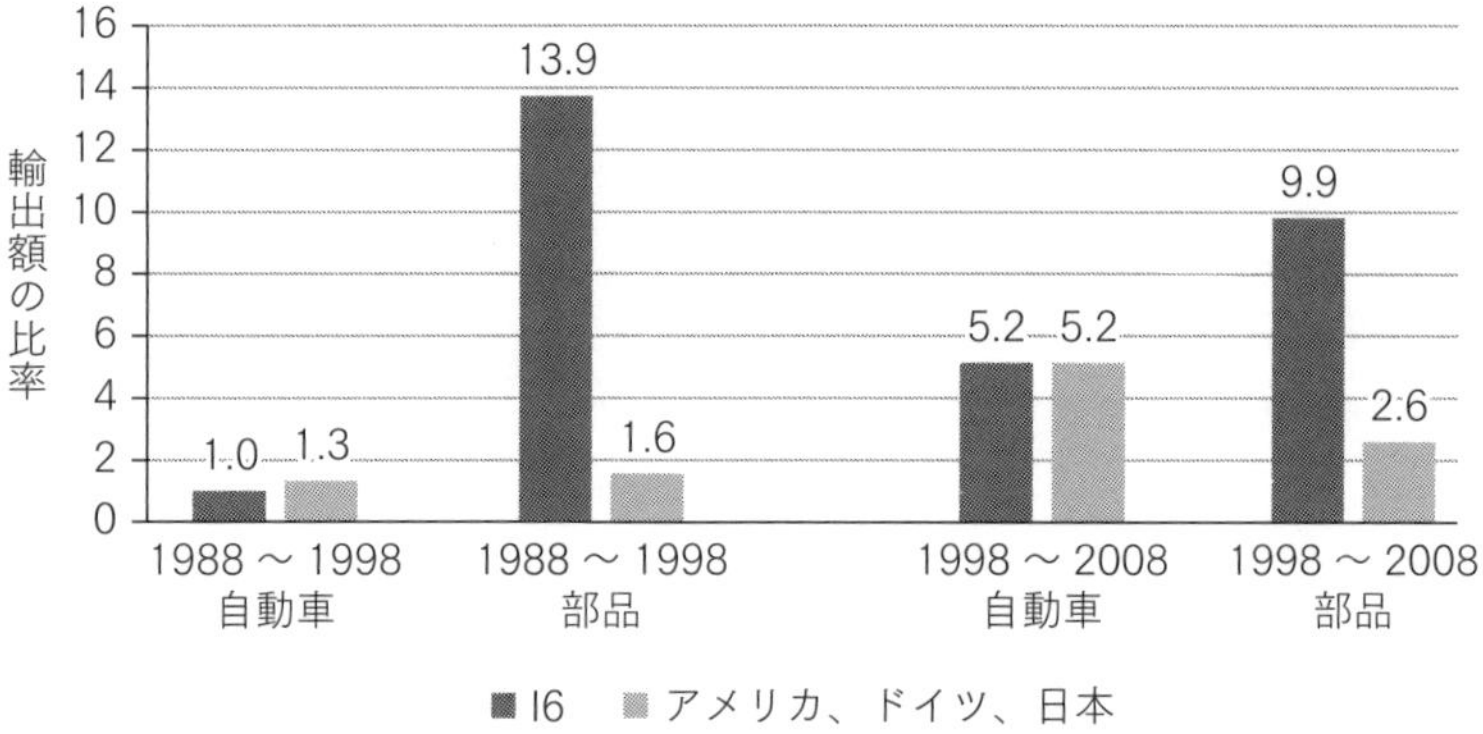

グローバリゼーションが進展して、自動車と自動車部品の貿易が大幅に拡大したが、拡大は非対称だった。上のチャートが示すとおり、グローバリゼーションから特に影響を受ける発展途上国からの自動車部品の輸出はまるで壁のように見える。

それを明らかにするために、まず発展途上国（ここでは新興工業経済6地域=I6、つまり中国、インド、韓国、ポーランド、インドネシア、タイのデータで代表している）の輸出実績に焦点を絞ろう。一つ目の期間（1988～98年）では、I6の部品輸出は急増したが、自動車輸出は横ばいとなった。二つ目の期間（1998～2008年）は、自動車も部品も輸出が伸びたが、部品輸出は9.9倍となったのに対し、自動車輸出は“わずか”5.2倍だった。先進国（アメリカ、ドイツ、日本）のパターンは自動車と部品で目立った違いはない。自動車輸出と部品輸出は、一つ目の期間がそれぞれ1.3倍、1.6倍、二つ目の期間がそれぞれ5.2倍、2.6倍となった。

このチャートから読み取れるいちばん重要なポイントは、ICT革命と、それに関連する政策の変化が貿易に与えたインパクとは、二つの次元で非対称だったということだ。最終財の輸出よりも部品の輸出が促進されたこと、そして、北の部品輸出よりも南の部品輸出が大きく促進されたことである。

出所：World Integrated Trade Solution（WITS）のデータベース。
注：データは自動車と自動車部品のもの。チャートの棒は、対象グループの二つの年の輸出額の比率を示している（たとえば、いちばん左の棒はI6の1998年の自動車輸出額の1988年の輸出額に対する比率を示している）。

の発展途上国を表す。そして北とは、G7の三大製造業国であるアメリカ、ドイツ、日本を表す。このセクターでは部品と完成車の定義が非常にはっきりしているので、ここでは自動車の完成品と自動車部品に焦点を絞っている。個々の棒は、記載されている二つの年の輸出額の比率を示している。たとえば、いちばん左の棒の1・0は、I6による1998年の自動車輸出が1988年と同じだったことを意味する。

このチャートで何よりも目につくのは、二つの期間とも、I6の自動車部品輸出が文字どおり爆発的に増加したことだ。自動車輸出の伸びをはるかに上回っている。第二のアンバンドリングの初期にあたる1988〜1998年には、I6の自動車部品輸出は13・9倍になったが、自動車輸出は横ばいだった。北の輸出企業の実績とはきわめて対照的である。北の自動車輸出は1・3倍、自動車部品輸出は1・6倍だった。二つ目の期間（1998〜2008年）もパターンは同じだが、このときにはI6は自動車部品だけでなく、自動車の輸出も大きく伸びた。

価値はサービスにシフトする：スマイルカーブとサービス化

国際生産組織の再編成が進むと（図44を参照）、世界の製造業は製品レベルでも変容した。そうした大きな変化をうまく説明できる枠組みがある。「スマイルカーブ」と呼ばれる、便利な構成概念モデルがそうだ。

スマイルカーブ理論は、1990年代初めにエイサーの創業者であるスタン・シーCEO（最高経営責任者）が唱えたもので、製造業では製品の付加価値の分布がシフトしていることを示す。製造に関連するサービスによる付加価値はどんどん高くなり、その一方で、製造そのものによる付加価値はどんどん低くなっている。言い方を換えると、第二のアンバンドリング以前には組立製造工程で発生していた付加価値のかなりの部分が、サービスの投入が中心となる組立製造前と組立製造後の工程に移っているのである。

この理論は、アジアの政策当局者や実業家のあいだで広く受け入れられている。スマイルカーブ現象は、「笑っている口」のように見える曲線（スマイルカーブ）の「底が深くなる」ことで表される（図46）。このスマイルカーブが深くなっていることで、急速な工業化が進む発展途上国のあいだに不安が広まっている。自分たちは労働者一人当たりの付加価値が低い「悪い」仕事だけを引き受けていて、「良い」仕事は北にとどまっているのかもしれないからだ。

この「良い仕事」と「悪い仕事」という概念を完璧に表している例がアップル社だ。アップルは1980年、同社のアイコンとも言うべき「ＡｐｐｌｅⅡ」コンピューターの生産をテキサスとアイルランドで開始したが、すぐに回路基板の生産をシンガポールの工場に移した。1990年代半ばまでは、アメリカに新しい組立製造施設を建設し、工場労働者の雇用を増やしつづけた。ところが1996年以降、製造をアメリカ国外にシフトしはじめた。最後まで残っていたアメリカの製造施設は2004年に閉鎖されている。やがて、アップルは自社製品の組立製造工程から完全に撤退した。

今ではアップル製品のほとんどがカリフォルニアで設計されており、アップルはマーケティング、販売、アフターサービスに加え、Ａｐｐ Ｓｔｏｒｅ、ｉＴｕｎｅｓなどを通じてさまざまなアドオンサービスを手がける。これに対し、組立製造工程は主に中国で行われ、フォックスコンのよう

**図46　スマイルカーブ：第二のアンバンドリングによって
バリューチェーンの価値はどうシフトしたか**

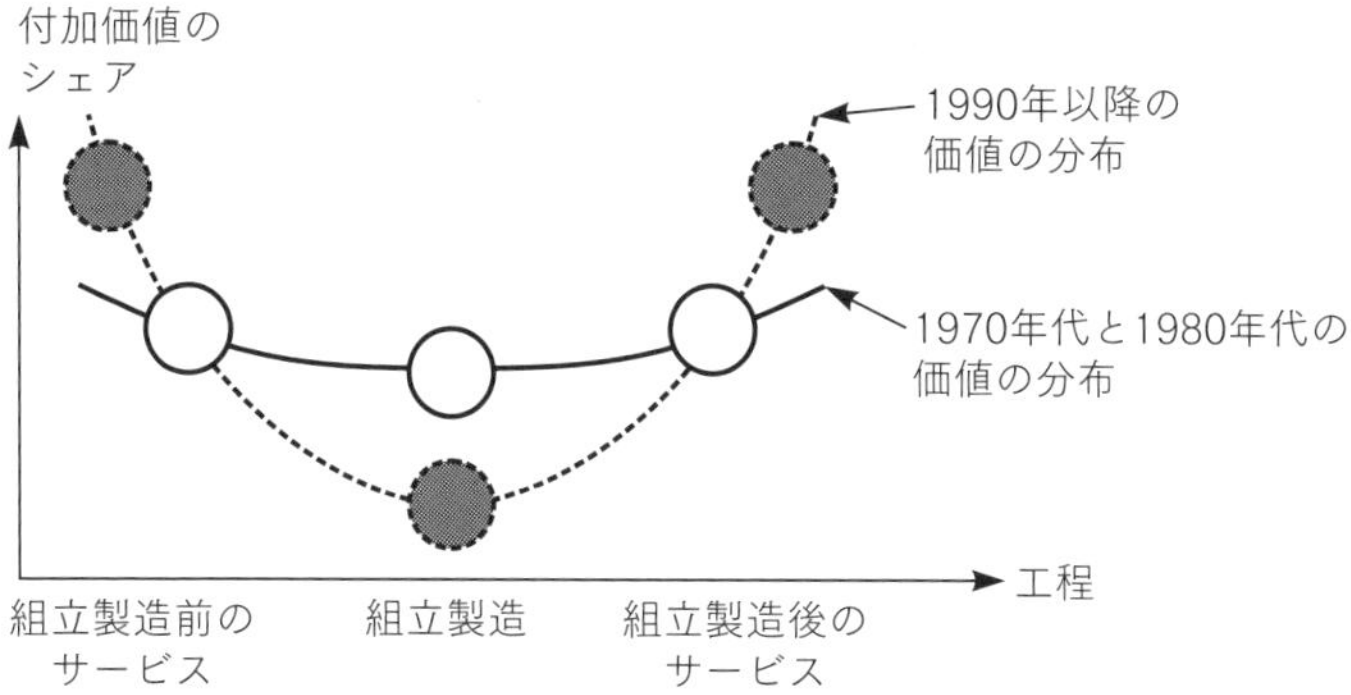

スマイルカーブを使うと、ニュー・グローバリゼーションが個々の製品レベルで生み出した大きな変化のいくつかをわかりやすく説明できる。上のダイアグラムでは、典型的なバリューチェーンは三つの工程だけで構成されている。組立製造前の活動（設計、資金調達、組織サービス）、組立製造活動（工場で行われるもの）、組立製造後の活動（マーケティング、アフターサービスなど）だ。

ここで示されている変化は、組立製造工程がコモディティ化し、発展途上国の低コストの立地に移っているため、組立製造工程が価値を失っていることを表している。シェアは足し合わせると100％にならなければいけないので、組立製造工程の価値が下がれば、組立製造前の工程と組立製造後の工程の価値が上がる。特に組立製造前・組立製造後サービスの仕事はG7諸国に行く（あるいはとどまる）傾向がある。

このスマイルカーブは、製造業の「サービス化」と呼ばれる流れとも一致する。製造業セクターのように見えるもののなかで付加されている総価値が減る一方、サービス・セクターのように見えるもののなかで付加されている価値が増えているからだ。

出所：Baldwin, "Global Supply Chains : Why They Emerged, Why They Matter, and Where They Are Going," Centre for Economic Policy Research, Discussion Paper No. 9103, August 2012. Figure 18.

な資本関係のない会社が取り仕切る。アジアの政策当局者にしてみれば、付加価値の高い良い仕事はアメリカにとどまり、付加価値の低い悪い仕事がアジアに移っているようにも映る。

第二のアンバンドリングとスマイルカーブ

図46に示すとおり、付加価値が生まれるフェーズは大きく三つに分けることができる。第二のアンバンドリングが始まる前は、三つのフェーズはＧ７諸国に置かれていた。したがって、三つのフェーズはすべて、すぐれたＧ７のノウハウと、高給取りの有能なＧ７の労働者の組み合わせで行われていた。その後、生産がアンバンドルされると、アップルなどのＧ７企業は組立製造工程をオフショアに移せるようになった。さらに、オフショアの工場が製造活動をするために必要なアップルのノウハウがすべて供給されたほか、モノを移動させるコストが低かったので、工場がどこにあるかは、大きな問題ではなくなった。グローバル・バリューチェーン革命が起きて、組立製造がコモディティ化したのである。そうして、オフショアリングが組立製造コストを直接的に引き下げ、それが組立製造によって付加される価値を直接的に引き下げることになった。

この議論は価値とコストを混同している——そう感じる読者は多いのではないか。「経済学者とは、ものの値段は何でも知っていて、ものの価値はまったくわかっていない者のことである」という古いジョークを思い出す人もいるだろう。幸か不幸か、このジョークは１００％正しい。価格は、そのものの価値が市場経済でどう評価されているかを表す。モノの値段はそのものの価値であり、それ以上でも以下でもない。だから、組立製造の価格／コストが下がると、付加価値のシェアも下がったのだ。

スマイルカーブが深くなった理由を説明するものは、この「ニュー・グローバリゼーション原因」説だけではない。科学的根拠にもとづいて議論が決着するまでには、もっと多くの研究が必要になる。これに対し、こうした変化が経済全体にインパクトを与えたことを示す証拠はすぐに手に入るが、スタン・シーの頭のなかにあった製品レベルのスマイルカーブを、経済全体のスマイルカーブにシフトさせなければいけない。

サービス化と経済全体のスマイルカーブ

スマイルカーブはもっぱら逸話にもとづいている。バリューチェーンの製品レベルの概念と入手可能な経済全体のデータにミスマッチがあるので、体系的な科学的根拠を手に入れるのは難しい。経済統計は基本的に企業レベル、セクター・レベルで収集される。製品レベルで集められることはほとんどない。そのため、大いに参考になるいくつかのケーススタディ以上には、価値がどこで付加されているかを製品レベルで分析するのは不可能だ。

しかし、これは単にデータの問題ではない。本当の意味での難題は、経済全体のレベルでは、バリューチェーンという概念が曖昧になることだ。企業のバリューチェーンは互いに交差して重なっているので、ある企業の上流工程は、別の企業の下流工程になる。

こうした企業レベルと経済レベルとのギャップを埋めるために、スマイルカーブの概念は改変され、図46のような工程別ではなく、国の輸出におけるセクター別の付加価値に焦点が移されるようになっている。考え方はシンプルだ。日本が輸出する扇風機を例に説明するとわかりやすい。扇風機には、第一次産業からの投入物が使われる（電線用の銅、プラスチックケース用の石油、スチール製フレーム用の鉄鋼など）。また、サービス・セクターからの投入物も使われる（設計、輸送、小売サービスなど）。しかし、製造業セクターからの投入物がいちばん多く、扇風機の価値の大半がここで付加される。

経済全体のスマイルカーブを描くというのは、輸出財に埋め込まれている付加価値のセクター別の源泉を突き止めるということだ。その際には、第3章で取り上げた経済協力開発機構（ＯＥＣＤ）の付加価値輸出統計に似た手法が使われる。国別、セクター別の結果は、三つの数値に要約できる。第一次産業、製造業セクター、そしてサービス・セクターに由来する付加価値のそれぞれの変化率である。

１９９５～２００５年の日本を例に説明しよう（この期間は第二のアンバンドリングが急速に進んでいたときにあたる）。結論から言うと、日本の輸出に埋め込まれた第一次産業の付加価値の変化率は、ほぼゼロである。また、製造業セクターの付加価値の変化率はマイナス12％である。１９９５～２００５年に付加価値に占める製造業セクターの割合が12％ポイント下がったということだ。理屈のうえでは、三つのセクターの変化率を足し合わせると、差し引きでゼロにならなければいけない。そこで、第一次産業に変化がほとんど起きていないのであれば、製造業セクターからの付加価値が大きく下がると、サービス・セクターからの付加価値が大きく増えることになる。

日本のデータはスマイルカーブ理論と一致する。チャートの横軸に第一次産業、製造業セクター、サービス・セクターをとり、縦軸に変化率をとって、変化率を結ぶと、日本のデータは何やらスマイルカーブのように見えてきさえする（図47）。ただし、口の片方の端だけが上がっているので、「スマイル（ほほえみ）カーブ」というより、「スマーク（苦笑い）カーブ」と呼んだほうがいいかも

図47　国・地域別のスマイルカーブ、1995～2005年と1985～1995年

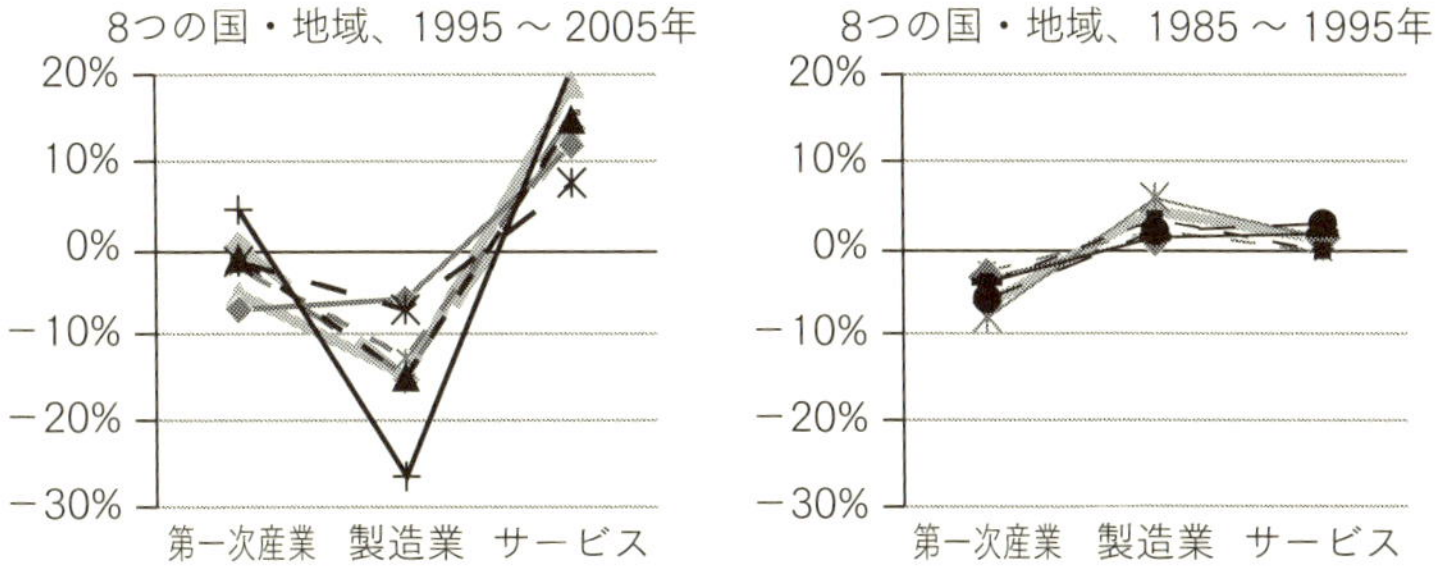

チャートの左のパネルは、1995年以降の10年間に、数多くのアジア諸国で製造業に由来する付加価値が大幅に落ち込んだことを示している。第一次産業からの投入物のコストに大きな変化はなく、製造業セクターによる付加価値シェアの「喪失」分は、サービス・セクターに移った。

こうした付加価値の源泉のシフトが起きた理由はいろいろあるが、国際生産ネットワークの急速な台頭と一致しているのは間違いない。国際生産ネットワークは「グローバル・バリューチェーン」（GVC）とも呼ばれる。第二のアンバンドリングと関連するオフショアリング（グローバル・バリューチェーン革命と呼ばれるときもある）では、生産の組立製造工程のコストが下がる傾向がある。理由は単純で、この種の工程がオフショアに移されることが多いからだ。付加価値の測定方法を考えると（付加価値とは投入された生産要素のコストである）、製造業セクターへの投入物のコストを下げるものは、そのまま製造業セクターで発生する付加価値を押し下げることになる。これが少なくとも、八つの国・地域で製造業の付加価値が減少している理由の一つである。オフショアリングがサービス投入物（設計、エンジニアリング・サービス、輸送・通信サービスから、卸売・小売サービスまで、あらゆるものを含む）のコストを押し下げる効果ははるかに小さかった。その結果、輸出に埋め込まれている価値のうち、サービス・セクターで付加される割合が大きくなっている。

興味深いことに、1985～95年の変化はまったく違う（右のパネル）。この期間は、第一次産業のシェアが下がり、製造業セクター、サービス・セクターのシェアがともに上がったが、製造業セクターのほうが上昇幅は大きかった。この変化から、スマイルカーブ現象は比較的最近のものであると考えられる。

出所：Richard Baldwin, Tadashi Ito, and Hitoshi Sato, “Portrait of Factory Asia：Production Network in Asia and Its Implication for Growth—The‘Smile Curve,’” Joint Research Program Series 159, Institute of Developing Economies, Japan External Trade Organization, February 2014, http://www.ide.go.jp/English/Publish/Download/Jrp/pdf/159.pdfより改変。

しれない。興味深いことに、この種の計算ができる他の七つの東アジア諸国・地域もそうなのである。図47の左のパネルは、日本、タイ、中国、韓国、フィリピン、台湾、インドネシア、マレーシアのデータを示している。すべての国・地域で、製造業セクターから発生する付加価値のシェアが大きく下がり、サービス・セクターのシェアが大きく上がっており、基本的にスマーク型のパターンを示している。

図47の右のパネルが示すように、1985〜1995年に起きたシフトはそれと大きく異なっている。この期間には、製造業セクターから発生した価値のシェアが上昇した。その分第一次産業のシェアが下がっている。1995〜2005年と1985〜1995年で変化のパターンが切り替わっており、価値の分布が大きく変化したのは、ニュー・グローバリゼーションに関連したものといえるだろう。

図47が示す事実のとらえ方の一つとして、製造業の「サービス化（サービシフィケーション）」が進んでいると言うことができる。この潮流はスウェーデン商務庁の2011年の刊行物「スウェーデン製造業のサービス化」で初めて言及された。[5] 製造業のサービス化は、少なくともニュー・グローバリゼーションが一因であり、政策のあり方を大きく変える意味合いを持っている。少なくともそうであるはずだ。

世界中の政府、とりわけアジアの政府が、工業化を通じて発展を促進しようと力を注いでいる。製造業の仕事は自然と工場の仕事と結びつけて考えられる傾向がある。そうした経済発展の取り組みとの関係でサービス化が重要になってくるのは、サービス化が進むと、製造業セクターとサービス・セクターの線引きが曖昧になるからだ。たとえば、サービス化が拡大すれば、第二のアンバンドリングが始まる前と比べて、一国の製品輸出の競争力が現地のサービスや輸入されるサービスに依存する度合いが格段に大きくなる。サービスの輸入を自由化せずに、製品輸出を振興しようとするのは、自分で自分の首を絞めることになるだろう。この問題については、第8章、第9章でさらに詳しく探っていく。

新しい勝者と新しい敗者が生まれる

ニュー・グローバリゼーションの核となる要素は二つある。北－南の生産のアンバンドリング、そして、それに伴う知識の非対称のフローだ。この二つの要素は、グローバリゼーションが国の経済に与える影響を変えた。この節では重要な変化を見ていく。まず、「誰が得をして、誰が損をしているか」という問題を考えてみよう。

「序章」で二つのサッカーチームのストーリーを読んだみなさんはもうわかっているはずだが、ニュー・グローバリゼーションのもとでは、国内のグローバリゼーションの恩恵と痛みの分布が変わる可能性がある。

第二のアンバンドリングが始まる前は、国は生産要素が集まってできたチームであり、それぞれが製品市場で競争し合っていると考えることができた。貿易が自由化されると、それぞれの国は相対的に得意なことに集中し、それ以外のことはあまりやらないようになった。するとそれが、拡大するセクターと縮むセクターの生産要素の報酬に連鎖的な波及効果をもたらした。

このロジックを理解するには、発展途上国と貿易している先進国の例を考えるといい。具体的には、豊かな国には高技能労働力と高度な技術が豊富にあり、貧しい国には低技能労働力が豊富にあるとする。この世界でオールド・グローバリゼーションが進むと、豊かな国では、大量の高技能労働力と高度な技術を使う財の生産が増え、貧しい国ではそうした財の生産が減る。すると、先進国の技術と高技能労働力に対する報酬はおのずと押し上げられる。同様に、自由貿易が広がると、発展途上国は低技能労働力を大量に使う財の生産を増やす。これは発展途上国の低スキル労働者にとっては良いことだ。ところが、こうして低技能労働集約型の輸出が強化されると、豊かな国の低技能労働者には逆風になりやすい。

1980年代のグローバリゼーションでは、これが基本のストーリーだった。豊かな国の高技能労働者が勝ち、豊かな国の低技能労働者が負けたのだ。どちらのケースも、「作用機序」は貿易だった。輸出が増加するか、輸入が増加するかのどちらかである。第二のアンバンドリング（ニュー・グローバリゼーションとも呼ばれる）は、このストーリーに新たなひねりを加えた。

豊かな国のノウハウの一部が貧しい国に流れると何が起きるのか。このことを考える前に、ある事実を理解しておく必要がある。知識は労働力とも、それ以外の大半の生産要素とも違うということだ。サッカーチームのアナロジーにあるトレーナーの知識とまったく同じように、一つの国の知識は両方の国で同時に使うことができる。それは経済学者の言う「非競合性を持つ」要素であり、少なくとも部分的にはそうである。

このように、テクノロジーには非競合性の側面があることから、第二のアンバンドリングでは、豊かな国のノウハウを持っている者が得をする。豊かな国のノウハウを持つ者は、豊かな国と貧しい国の両方の労働力にノウハウを適用して、知識の価値を高めようとする。グローバルな価値のほとんどが、とても大きなG７企業を中心に生み出されていることを思い出してほしい。そうだとすると、このロジックに照らせば、ニュー・グローバリゼーション時代には、新しく生まれたオフショアリングの機会をとらえられるG７企業のリターンは特に大きくなるはずである。実際には、豊かな国を拠点とするテクノロジー主導型の大企業、特にオフショアリングを進めている企業の報酬が過去に例のないほど大きくなるだろう。この流れはすでに起きている。スタンフォード大学の経済学者、ロバート・ホールの研究によれば、アメリカに投下した資本に対する報酬は、資本コストとの比較で見て、１９９０年以降、大きく増えている。[6] いまや過去最高の水準だ。しかし、新しい効果はこれだけではない。

新しいノウハウが流入すると、発展途上国の未熟練労働者の生産性はぐんと高まる。すると、そうした労働者に対する需要が直接的に刺激される。そして、非市場型の農業から工業へ雇用がシフトすることで、未熟練労働者の所得が押し上げられる。こうした動きは現実に起きている。第３章で示したように、１９９０年代初めから、発展途上国のおよそ6億５０００万人の市民が絶望的な貧困を抜け出している。その多くはグローバル・バリューチェーンに本格的に加わっている国の市民だ。ここで注目してほしいのは、ニュー・グローバリゼーションのインパクトのこの部分は、貿易のフローによるだけでなく、それを生み出した国際的な知識のフローによるところが大きいことだ。これはニュー・グローバリゼーションの本当に新しいことの一つとなる。

先進国に現れるインパクトについては、これまでどおり、輸入競争の高まりが伝送ベクトルになる。つまり、グローバル・バリューチェーンを原動力に、低技能労働集約型の財の生産が増えると、先進国による輸入が増える傾向がある。これが豊かな国の低技能労働者に打撃となるのは、誰の目にも明らかだ。この流れも大半の先進国で起きている。しかし、この種のシフトからは、もっと深い意味を持つ結果が生まれている。

ブランコ・ミラノヴィッチは、2016年の著書『大不平等――エレファントカーブが予測する未来』で、この「新しい勝者と新しい敗者」が意味するところを、グローバルな観点から見事に解き明かしている。ミラノヴィッチのデータは、世界中のすべての人を対象とし、個人の国籍は無視している。言ってみれば、すべての人類を、最も貧しい人から最も豊かな人へと、順番に並べているのだ。分析を進めやすくするために、世界のすべての人が20のグループに振り分けられている。このグループは、国籍を無視して、所得クラスごとにまとめたものだ。たとえば、図48のいちばん左の点は、1988年の世界で最も貧しい層(最下位5%)を表し、右にいくにつれて所得層が上がっていく(5%ポイント刻みに区切っている)。

ここから、1988年から2008年のあいだに、全員の所得に何が起きたのかが明らかになる(便宜的に、第二のアンバンドリングが始まる前の時点を起点としている)。図48の最大のポイントは、ニュー・グローバリゼーションがグローバルな所得分布に与えた効果が大きく偏っていることだ。真ん中に大きな山があり、グローバルな所得分布の中間層全体が大きな恩恵を受けたことを示している。最富裕層もそうだ(チャートのいちばん右の点)。打撃を受けたグループは、1998年時点の最貧困層と、豊かな国の所得下位(世界全体では上位20%に位置する)層だった。

さらなる調査が必要だが、この結果は、G7企業が発展途上国の労働者を「トレーニング」しているため、G7諸国の低・中技能労働者が競争にさらされたという考えと、明らかに一致している。分布の中間層の所得が増えた理由は、二つに一つである。「序章」で取り上げた新興工業経済6地

図48　「エレファントカーブ」：第二のアンバンドリングは世界の中間層と北のエリートに恩恵をもたらした

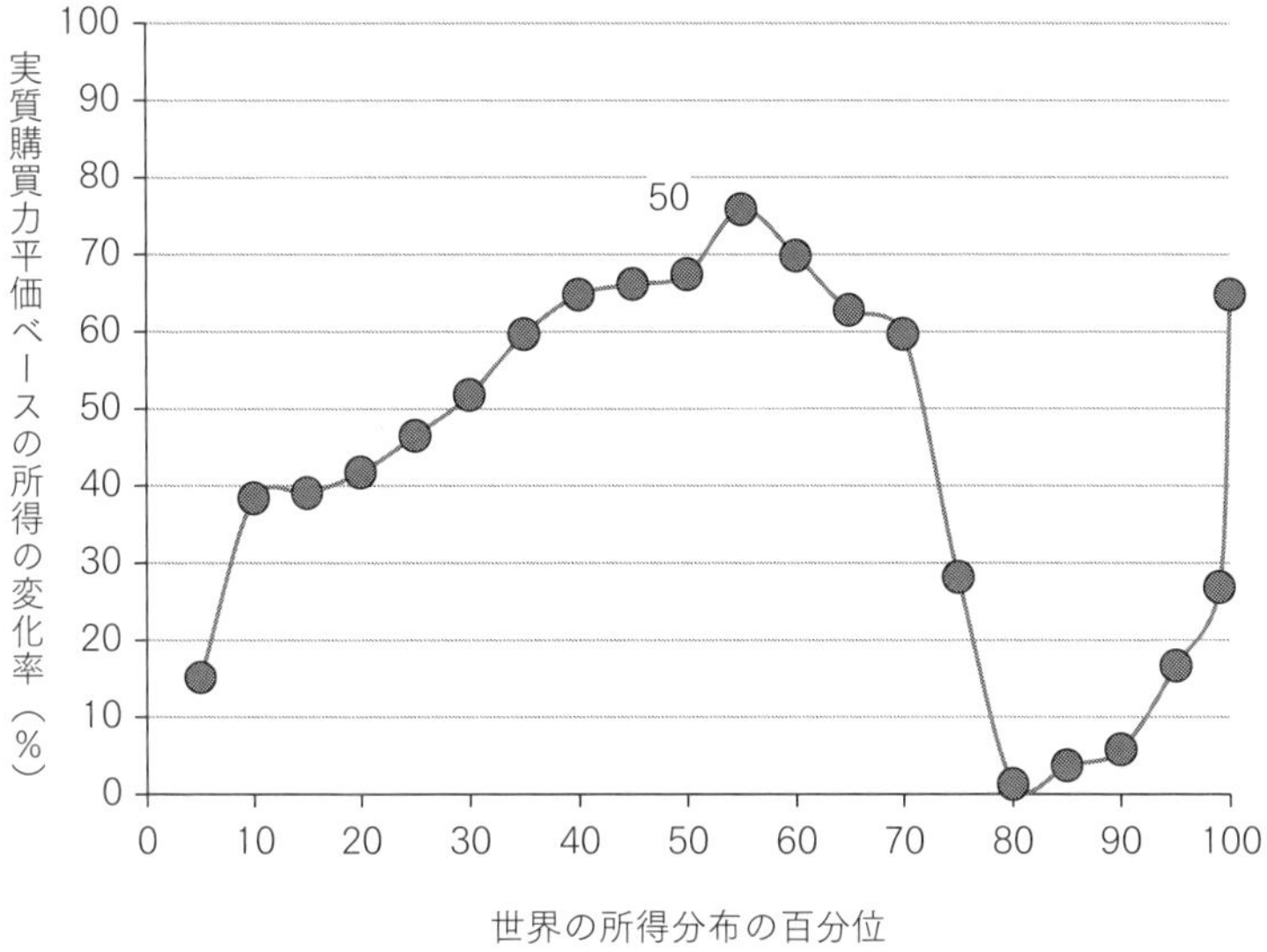

上のチャートは、世界の人々が第二のアンバンドリング以前（具体的には1988年）と比べてどれだけ豊かになったかを、所得の増加率をもとに示している。横軸は世界の所得分布におけるランク付けを示している。たとえば、1998年に所得分布の中間に位置した層は、「50」（第50百分位の略）と書かれた点に入る。この層にあたる人はかなり大きな恩恵を受けた。この点の高さは約70であり、この層の所得が1988年から2008年のあいだに約70%増えたことを示している。

出所：Branko Milanovic, *Global Inequality: A New Approach for the Age of Globalization* (Cambridge: Harvard University Press, 2016)（邦訳, 立木勝訳『大不平等——エレファントカーブが予測する未来』みすず書房, 2017年）. Figure 1.1. 出版社および著者より許諾を得て転載。

域（Ｉ６）のどこかの国民だったか、国際商品主導で成長が離陸した新興市場国の国民だったかだ。グローバル・エリートが勝ち組になったのは、グローバル・バリューチェーン革命、もっと広く見ればＩＣＴ革命が起きて、自分たちのノウハウをより広い人たちに売れるようになったからである。ずっと貧しいままだった人々（チャートのいちばん左の点）を「サッカーチーム」になぞらえるなら、競争相手になるはずのチーム（Ｉ６）はいちばん強いチームのコーチの「トレーニング」を受けているのに、自分たちは受けていない状況だと言うことができるだろう。

二極化する労働力

情報技術が向上して、生産タスクと職種の関係が変わった。具体的に言うと、多数の低技能タスクが、高い技能が求められることの多かった職種に組み替えられたのだ。オートメーションが進むと、ある種の仕事がなくなる傾向があるが、残った労働者は概して生産性が高くなり、求められる技能も増えることが多い。そのため、この側面は高い技能を持つＧ７の工場労働者にはプラスに働き、仕事が機械に取って代わられている低技能の労働者にはマイナスに働きやすい。

その一方で、通信技術が向上して、オフショアに移せる工程が増えた。移転された工程は単純な加工・組立手順に関連していることが多く、大量の工場労働者が投入された。そうした労働者は、アメリカ、ヨーロッパ、日本の「１％」の最富裕層であることはめったになく、ブルーカラー労働者の中間所得層だった。そして最後に、賃金・技能の尺度の最下層にいる労働者、たとえば清掃作業職やハンバーガーを焼いてひっくり返す職などは、現地でなければ提供できないサービスであるため、オフショアリングの脅威に直接さらされることはなかった。

高技能労働者、中技能労働者、低技能労働者という三つのグループに及ぶインパクトを足し合わせると、労働力の「空洞化」あるいは「二極化」と呼ばれるパターンが浮かび上がる。技能階層の最上位にいる労働者には順風で、最下位にいる労働者は何とか持ちこたえている。しかし、中位にいる人々にとっては、オフショアリングは死活問題になっている。

ここまでは、ニュー・グローバリゼーションと、北から南へのノウハウのフローが持つ技術移転の側面について論じてきた。次は、グローバリゼーションがもたらすインパクトが持つ基本的な性質について考えていく。

荒々しくなるグローバリゼーション

ニュー・グローバリゼーションが一国の経済に与える作用は（セクター・レベルでも工程レベルでも）解像度が上がって、より細かい部分に及んでいる。そうして、この後で見ていくように、グローバリゼーションそのものの性質が変わり、まったく新しいものになっている。それがどのような意味を持っているかについて話をする前に、「高解像度化」の基本のポイントをおさえておこう。では、図49を見てほしい。

上のパネルの図は、第二のアンバンドリングが起こる前には、国際競争が典型的な経済にどのように影響したかを定型化して表したものである。このダイアグラムでは、「国際競争」は太い矢印として描かれている。グローバリゼーションとはモノが国境を越えて行き交うことだったため、矢印の先は商品レベルを示している。したがって、国際競争が経済に入り込めるとしたら、モノの市第二のアンバンドリングが始まる前は、企業は「ブラックボックス」と見なすことができた。上のパネルに図式化して示しているように、グローバル競争はある国の製品と別の国の製品とのものだったからだ。貿易が自由化すると、恩恵を受ける企業と打撃を受ける企業に明暗が分かれたが、分析をするときには企業が最小の分解単位だった。一つのセクターの大半の企業は運命をともにしたので、グローバリゼーションの分析では、セクター別のインパクトに焦点が絞られる傾向があった。たとえば、グローバリゼーションはG7諸国の低技術・労働集約型のセクターに打撃を与えるが、高技術・高技能セクターには追い風になるといった具合である。個々のセクターの富は、最も集約的に使用される生産要素とシェアされる傾向があるので、労働スキルグループ別の分析も有用だった（ダイアグラムには示されていない）。

第二のアンバンドリングが始まると、国際競争の解像度が上がり、その圧力がより細かいレベルで作用するようになった（下のパネル）。今では工場レベルにまで到達して、ある特定の生産工程が恩恵を受けるか打撃を受けるかする可能性がある。場合によってはある特定のジョブにまで影響が及ぶかもしれない。新たな国際競争の打撃を受けるジョブの種類は、幅広いセクターに存在するジョブになるだろう。たとえば、データ入力作業は、ある国の競争力のあるセクターでも、競争力のないセクターでも、オフショアに移転される可能性がある。このように、労働者が働いているセクターや、属しているスキルグループで勝者と敗者を分類する意味は薄れている。

出所：Richard Baldwin, "Globalization：the Great Unbundling(s)"（フィンランド総理府に向けた報告書, 2006年9月20日）より改変。

図49　グローバル競争が一国の経済に与える作用の解像度が上がりはじめた

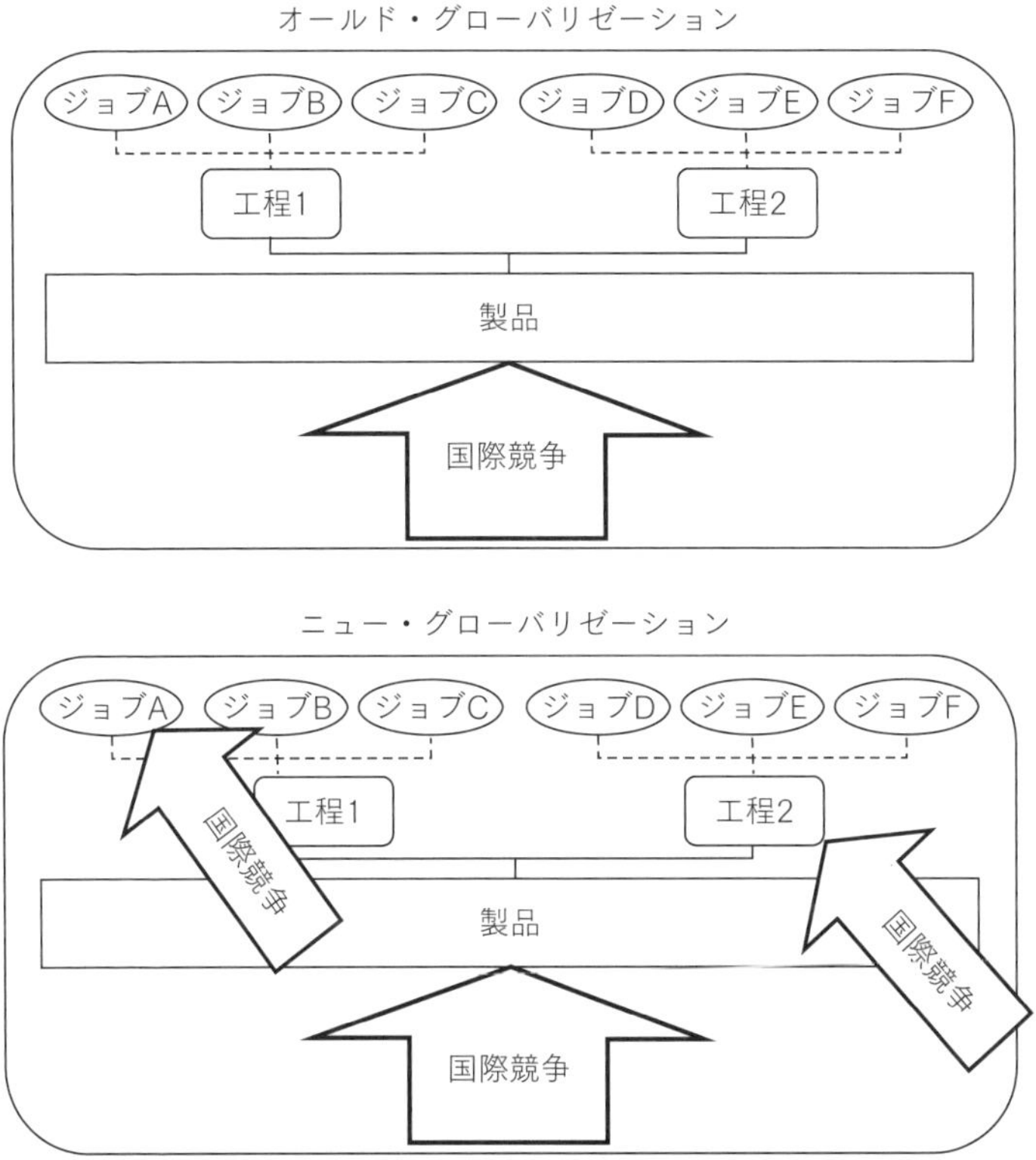

場での競争だけだった。もちろん、資本や知的財産権、サービスの国際移動はあったが、モノの貿易ほど重要ではなかった。国際競争の最大のベクトルはモノの貿易だったので、貿易の自由化は、経済にセクター・レベルで影響した。たとえば、1980年代にアメリカの自動車産業は日本車との競争に完敗したが、アメリカの小麦セクターは繁栄した。

ところが、第二のアンバンドリングが始まると、グローバリゼーションは国の経済のはるかに深いところまで到達するようになった。下のパネルに示すように、競争の矢は今では個々の生産工程やジョブを指している。「高解像度化」とはこういうことである。

図49を見ると、国際競争はつねに脅威であるかのように映る。しかし、国際競争は脅威にも機会にもなる。海外との競争で打撃を受ける工程や仕事もあるが、その国で最も競争力の高い工程や仕事は、国際競争が自由化されれば、海外勢を打ち破る機会が増えることになる。このように、競争力の高い工程や職種で働いている人は、グローバリゼーションの進展から恩恵を受ける。

図49に示した変化は、「ニュー・グローバリゼーションの何が新しいか」という問いについて、重要な意味をたくさん含んでいる。一つ目は、「グローバリゼーションのインパクトの個別化」とでも呼ぶべきものである。

グローバリゼーションが個別化する

オールド・グローバリゼーションが個々のセクターに与えたインパクトは、労働者に直接的に影響した。すでに論じたように、特定のセクターで生産と輸出が拡大すると、そのセクターで最も集中的に使われる生産要素の富を押し上げる傾向があった。たとえば、大半のG7諸国では、グローバリゼーションは未熟練労働集約型産業に打撃を与え、グローバリゼーションの第一の波は、未熟練労働者には強くマイナスに作用した。貿易の自由化は技能集約型セクターには追い風となり、グローバリゼーションの進展は、熟練労働者に有利に働くことが多かった。

1980年代後半以降、北から南へのオフショアリングが進んでおり、グローバリゼーションが先進国の経済に影響を与えるレベルが変わった。ニュー・グローバリゼーションのもとで生産工程が細分化され、競争はセクター・レベルから工程レベルへとシフトした。見方を変えれば、発展途上国の低賃金労働者が、北の工場やオフィスと直接競争するようになったと言うこともできる。

その結果、グローバリゼーションのインパクトは、その効果が特定の個所に表れるようになった。それが「個別化」である。あるセクターのある特定の種類の労働者が働く工程の競争力がオフショアリングによって高まるのであれば、その労働者が恩恵を受ける可能性があるということだ。しかし、同じ会社で、同じスキルセットを持つ、同じ種類の労働者がたまたま働いていた工程がオフショアに移転されたら、その人は打撃を受けることになる。

この点を強調するために、フランスの病院の例を考えてみよう。ICTが進化して、かつては現地で行われていたある種の医療作業を遠隔で行えるようになっている。たとえば、関節鏡(「キーホール」)手術は、医師がコンピューターの画面を見ながら、手術器具を操作して行う。ICTが十分に進化すると、患者と外科医は別々の国、ということも可能になった。最初の手術例は2001年に報告され、ニューヨークの外科医が、ストラスブールにいる患者を手術した。このような手術はまだ定着していないが、電気通信技術が向上して、信頼性が高まり、今では遠隔のコールセンターがごく当たり前のものになっているように、遠隔手術がごく当たり前のものになる可能性がある。

もしそうなれば、フランスの優秀な外科医は多忙をきわめるだろう。半月板を損傷した人なら誰でも、世界屈指のエキスパートに治してもらいたいと思うのではないか。そのうちの何人かはフランスにいる。二流の膝の外科医は、他の仕事を見つけなければいけなくなるはずだ。ところが、ニュー・グローバリゼーションのインパクトが個別化しているのは、高技能労働者だけではない。産業界のトレンドに乗って、その病院が支払い請求や記録の保管をオフショアに移転させれば、一部の低技能労働者が打撃を受けるかもしれない。しかし同時に、病院の効率性が上がるだけでなく、医療サービスをインターネット経由で輸出することもできるようになるので、他の未熟練労働者、たとえば清掃員や警備員などに対する需要が増える可能性は十分にある。

この例のように、外科医に勝ち組と負け組がいて、未熟練労働者にも勝ち組と負け組がいるのだとすれば、第二のアンバンドリングが進むと、第一のアンバンドリングで見られた勝者と技能レベルの相関が必ずしも当てはまらなくなってくる。第二のアンバンドリングでは、国際競争は個別化するので、グローバリゼーションの解像度が上がる。

個別化がもたらす結果のなかで、特に注目されるものが二つある。一つは、グローバリゼーションのインパクトが個別化すると、労働組合の力が衰える傾向があることだ。大半の国では、労働組合はセクターごと、スキルグループごとに組織されるので、混乱が生じる。グローバリゼーションから恩恵を受ける組合員もいれば、打撃を受ける組合員もいるとしたら、組合はグローバリゼーションにどう対応すればいいのだろう。そしてもう一つは、「ナショナルチームの解体」とでも呼べる現象である。

1950年代、ゼネラル・モーターズ（GM）のチャールズ・アーウィン・ウィルソン社長はこう言い切った。「アメリカにとって良いことは、GMにとって良いことであり、GMにとって良いことは、アメリカにとって良いことだった」。労働者と企業はつねに対立してきたが、生産工程が結合されていたため、両者は深い部分では同じチームにいた。生産は国全体にかかわるものだった。ところが、第二のアンバンドリングが始まって、G7の労働力・知識チームがばらばらに切り離された。この結果は、国の利益と企業の利益が一致しにくくなっていることを暗に示すものだ。企業が自社のノウハウを他のところに移せるようになったのであれば、GMにとって良いことが、アメリカにとって良いことだとは限らない。考えようによっては、第二のアンバンドリングでは、アメリカの労働者がアメリカ企業のノウハウを半独占的に使う環境が崩れて、チーム・アメリカが瓦解したと言うこともできる。

ニュー・グローバリゼーションの新しい側面の二つ目は、変化のペースに関するものである。

グローバリゼーションの変化が急激になる

第一のアンバンドリングは、国の経済に非常に大きな影響を与えた。グローバリゼーションは1945年に始まったにもかかわらず、G7はほとんど原形をとどめないほど変容した。しかし、オールド・グローバリゼーションの時計は、月単位でも、週単位でもなく、年単位で進んだ。だが、第二のアンバンドリングが起きてからは、グローバリゼーションのインパクトは変化がはるかに急であることが多い。

理由はたくさんあるが、ICT革命前に製造業のシフトを遅らせていたボトルネックを克服できるようになったことがその一つである。これを具体例で説明しよう。

サンディエゴにあるボーダー・アセンブリー社は、企業が製造活動をメキシコのティファナ（サンディエゴと国境を挟んで隣接する町）に移す手助けをしている。同社のウェブサイトに、カリフォルニアの家具・錬鉄メーカーのケーススタディが、社名を伏せて掲載されている。従業員数約30人のこの会社は、商品はよく売れていたにもかかわらず、アメリカの労働法や賃金のことで頭を悩ませていた。

この家具メーカーはボーダー・アセンブリーに連絡して話し合いの場を持ち、1週間で生産をメキシコに移すことを決めた。ボーダー・アセンブリーは家具メーカーと会合したその日に、三つの候補物件に同社の経営陣を案内し、家具メーカー側は1万平方フィートの工場を選んだ。そして、法務、税務、会計に関する必要書類を提出し、従業員の給与体系と福利厚生制度を取りまとめた。10日足らずで、国境を越えて生産活動を開始する準備が整った。

大きく遅れたのが、メキシコの建物の配線替えだった。家具を生産する設備を入れるために必要な工事だったのだが、これは当面、発電機を持ち込んで対応することになった。ボーダー・アセンブリーのウェブサイトはこう伝える。「10日間で体制を整えて、生産を開始し、30日間でフル稼働に入った。この家具メーカーは、それまでの労務費を半分以下に削減し、収益力を回復し、そして、世界屈指の精度を誇る精密金属加工技術者を擁する。……現在では従業員を100人規模に増やすことを計画中だ」[7]。

第一のアンバンドリング期であれば、貿易コストと関税が下がると、メキシコの家具メーカーからの競争圧力が高まり、アメリカの家具メーカーは閉鎖に追い込まれていただろう。しかし、そうなるまでには時間がかかっていた。メキシコの家具メーカーは、アメリカ向けの商品を開発し、流通ネットワークを整え、アメリカ人の好みに合うように生産工程を改良するなどしなければならなかった。この仮定の例では、アメリカの家具メーカーは撤退するまでに何年もかかっていただろう。だが実際には、アメリカでの製造活動から1ヵ月で撤退した。もっと厳密に言うと、マーケティング、管理、技術のノウハウの一部をメキシコに移した。生産が移転したのも、知識の移転によって、この特定の種類の家具におけるメキシコの比較優位が変わったからこそ、だ。この世界では、グローバリゼーションのインパクトが急激に現れることがある。

次の「新しい」点は、個別化の延長線上にあるともいえる。

グローバリゼーションの予測が難しくなる

オールド・グローバリゼーションの最大の原動力は、モノを移動させるコストの低下だった。モノの貿易コストの低下はその性質上、貿易財に与える影響が時間がたってもほとんど変わらない傾向がある。もちろん、砂利を輸出するのは、切り花を輸出するのとは違う。しかし、どちらのセクターも、1985年に貿易コストが1%下がったときのインパクトは、1980年に1%下がったときと定性的に同じだった。そのため、グローバリゼーションが国の経済に与えるインパクトはかなり予測しやすかった。

1980年に輸送コストが下がって、国の切り花セクターにプラスに働いたのであれば、1985年に輸送コストがさらに下がれば、それもプラスに働くと考えられた。一言で言うと、競争はセクター・レベルで起こり、グローバリゼーションとは貿易コストが下がることだったので、将来のグローバリゼーションの負け組と勝ち組の候補は、最近の負け組や勝ち組のセクターと似ていた。政府は、「過去は将来の指針になる」というこのロジックに沿って、「新興」セクターや「斜陽」セクターについて語るようになった。リカード流に言えば、グローバリゼーションが深化すると、国は比較劣位にあるセクターから比較優位にあるセクターにシフトさせる資源を増やすのである。

国際競争がセクター・レベルから工程レベルに移ると、過去は将来の指針として役に立たなくなった。もっと厳密に言うと、将来を予測するのに用いられた伝統的なメンタル・モデルは、重大な変化を見落としていたのである。グローバリゼーションは工場とオフィスをアンバンドルしていた。新興セクターでも、斜陽セクターでも、移転される生産工程もあれば、移されないものもあった。そのため、グローバリゼーションの勝ち組と負け組を予測するのははるかに難しくなっている。

最大の問題は、どの工程が次に移転されるかがわからないことだ。経済学者はそもそも、ミクロ集積を引き起こした「接着剤」をまったく理解していない。電気通信の直接コストを明らかにするだけでは足りない。そうしたコストは、生産工程の性質や、他の工程との相互連関性と複雑な形で相互作用するが、それがどのように作用するかはほとんど理解されていない。

問題があまりにも複雑なため、企業にオフショアリングについて助言する企業が次々に立ち上げられている。そうした企業の一つ、QSアドバイザリーのウェブサイトをちょっと覗くだけで、オフショアリングを決断するのがどれだけ難しいか、すぐにわかる。それによると、数々の企業がオフショアリングを実行しているが、「潜在能力を引き出して、長期にわたって成果を上げつづけている」例はほとんどないという。同社はオフショアリングの難しさをこう説く。「ソーシングの選択肢を洗い出し、ビジネスにとって最適な選択をするには、ソーシングの経験と、多様なビジネス環境における専門知識が必要になります。多彩な視点を取り入れ、新たに生まれつつあるトレンドを理解し、それがビジネスに与えうるインパクトを見きわめる深い洞察力が不可欠です」[8]。

　アパレル企業のユニクロが好例だ。比較優位をうまく組み合わせ、マッチさせる世界では、衰退しているセクターで良い仕事を創造できることを、ユニクロのストーリーは示している。

　従来の考え方では、低価格衣料品は、日本のような国にとっては古典的な斜陽セクターである。産業各セクターが国内生産・海外販売型の財を扱っており、生産は国単位で行われるものだととらえると、アパレルのようなセクター（生産は未熟練労働集約型）は、日本のような高賃金国では生き残るのが難しいはずである。日本の比較優位は高技術セクターにあるのだから。市場の開放が進めば、日本企業はアパレルからハイテク産業へとシフトするはずだ。

　ユニクロはいまやアジア最大の衣料品企業であり、伝統的なメンタル・モデルは予測ツールとして通用しにくくなっていることを物語っている。もっと厳密に言うと、男性用のアンダーシャツをつくるのは労働集約型の仕事だという事実は、第二のアンバンドリングが進む世界では関係ない。ユニクロは、工場で「製造」することが製造業を意味するとすれば、日本の製造業セクターの成功例ではない。日本のサービス・セクターの成功例なのである。

　何と言っても、ユニクロの成功はマーケットリサーチ・サービスの勝利である。ユニクロは東京とニューヨークに研究開発拠点を置いて、トレンドやライフスタイルに関する情報を、街や店舗、取引先から集めている。たとえば、同社の大ヒット商品「ヒートテック」インナーは、ユニクロのマーケットの知識と、日本を代表する繊維メーカー、東レの技術スキルを組み合わせて生まれた。

顧客が何を望んでいるのかを読みとるユニクロの洞察力と、技術的に何ができるかを見きわめる東レの知識が結合し、独自の繊維がつくり出された。ヒートテックは爆発的なヒットとなっており、顧客が高く評価していることがわかる。

ユニクロは、調整サービス、品質管理、そしてロジスティックでも成功している。同社が直接生産しているものは何もない。中国などの製造業者と直接交渉して大量に買い付けることで、高品質の商品を低コストで調達する。ユニクロには熟練技術者たちが組織する「匠チーム」があり、中国の提携工場で技術を指導し、経験を伝え、品質と生産の進捗を管理している。

ニュー・グローバリゼーションの最後の新しい側面は、ICTの性質と関係がある。

グローバリゼーションをコントロールするのが難しくなる

グローバリゼーションの原動力は、高度な情報技術と電気通信の向上である。この二つの要因の性質から、グローバリゼーションのペースをコントロールすることははるかに難しくなっている。原因は単純な事実にある。モノを移動させるコストとアイデアを移動させるコストでは、下がり方が違うのだ。

関税が引き下げられ、輸送技術が向上すると、貿易コストは下がる。関税引き下げはすべて、そして輸送インフラに関する決定のほとんどは、政府がくだした。政府は国内の企業と労働者に適応する時間を与えるようにすることができるし、たいていそうした。たとえば、関税および貿易に関する一般協定（GATT）の各ラウンドで関税引き下げが合意されると、5～10年間の猶予期間が設けられた。

同じように、輸送技術も、少数の例外を除いて、ゆっくりと前進した。大規模な固定投資が求められ、何年もかけて投資を進めるケースも多かった。今日では、コンテナ船が超大型化して、輸送が大きく変わりつつあるが、新しい船は段階的に導入される。それに比べると、21世紀のＩＣＴ革命はスピードが速く、混沌としている。

ここでの重要なポイントは、この技術の展開を政府がコントロールできる部分はほとんどないということだ。関税引き下げのペースはジュネーブの外交団が決めた。ところが、技術進歩の大部分は、利益を追求する民間の研究開発から生まれた。そして、政府はインターネットと電気通信の拡大を抑え込むことができていたかもしれないが、そうした政府はないに等しかった。オールド・グローバリゼーションの水門は政府がコントロールしていた。これに対し、ニュー・グローバリゼーションの水門は、特定の誰かがコントロールしているわけではない。

BOX 8　「ニュー・グローバリゼーションの何が新しいか」の要約

Ｇ7諸国の企業は生産工程を細分化して、生産の一部の工程を近隣の低賃金国に移している。こうした国際生産ネットワークをスムーズに運営しつづけるために、企業は仕事とともにノウハウを送り込む。生産の国際的なフラグメンテーション、ノウハウの海外移転という二つの変化は、世界経済に非常に大きな影響を与えている。影響は二つの種類に大別できる。一つは、ニュー・グローバリゼーションが国際競争の性質を変えたことだ。

第二のアンバンドリングが始まって、競争力の国境が引き直され、比較優位が無国籍化した。言い換えると、G7の競争力の源泉（すぐれた管理やマーケティングのノウハウなど）が、発展途上国の比較優位の源泉（低コストの労働力など）と、うまく組み合わされているのだ。この組み替えはグローバル・バリューチェーンの輪郭のなかで起きているので、国際競争について考えるときには、国境だけを競争の境界とすることができなくなっている。

テクノロジーの国境が変われば、「誰がグローバリゼーションから得をするか」という疑問に対する答えも、おのずと変わる。とりわけ「すべての国が貿易から恩恵を受ける」という鉄壁のロジックが鉄壁ではなくなる。また、グローバル・バリューチェーンに加わっていない国にとっての意味合いも変わる。一言で言うと、自国の能力だけで競争しようとする国は、各国の強みをうまく組み合わせている国と競争するのが次第に難しくなる。

ニュー・グローバリゼーションのもとでは、G7諸国の労働−テクノロジーが一体となったチームも解体している。たとえば、ドイツの企業はテクノロジーを問題なく海外で活用できるので、ドイツの労働者はもう、ドイツのテクノロジーを独占に近い形で使えなくなっている。

そしてもう一つの影響は、「工場が国境を越えて移動する」という、ニュー・グローバリゼーションの新しい側面からきている。モノ、サービス、投資、テクノロジーの複雑なフローは、かつてはG7の工場のなかだけで動いていたが、それが今では国際商取引の一部になっている。この新しい貿易の形を、21世紀型貿易と呼ぼう。この貿易は多面化しており、それぞれの側面同士の結びつきが強まっている。

この効果は、ニュー・グローバリゼーションの作用はオールド・グローバリゼーションよりも解像度が上がっていることと関連している。

新しい国際生産組織が生まれて、生産のフラグメンテーションが進んでいる。国際競争が国の経済に与える影響は、オールド・グローバリゼーション時代はセクター・レベルだったが、それが工程レベル、場合によっては職務レベルにまで及ぶ可能性がある。グローバリゼーションがより高い解像度で国の経済に作用しているということだ。その結果、グローバリゼーションが国の経済に与えるインパクトは予測が難しくなり、個別化している。また、情報通信技術が原動力になっているため、変化が急であり、コントロールするのも難しい。

第Ⅲ部　グローバリゼーションの変化を読み解く

ルイス・キャロルの作品には、背理法の達人たちが登場する。その一人であるマイン・ヘルは、地図づくりの奥義をきわめたと得意げに語る。「われわれは国の地図を、1マイルが1マイルの縮尺でつくったのだ！」。

それはどれくらい使われているのかと尋ねられると、「まだ一度も広げられてはいない」と認め、こう言い立てる。「農民が反対したのだよ。地図を広げると国土をすっかり覆ってしまうので、日が当たらなくなると言うのだ！　なので、われわれは今は国土そのものを国の地図として使っている。心配はいらない。それであらかたうまくいっておる」。

いうまでもなく、あらゆることを考慮に入れたら、何も理解できない。だから人は「メンタル・モデル」を使う。経済学も例外ではない。経済理論は現実を乱暴にねじ曲げるが、それには正当な理由がある。目的は手段を合理化する。すべては、重要な要素を結びつける経済の大きなロジックを慎重かつ完璧に検証するためなのだ。

第一のアンバンドリングと第二のアンバンドリングでは、世界経済の振る舞いは衝撃を受けるくらい違う。物事を理解するには、まさに途方もない抽象化が求められる例の一つだ。第Ⅲ部では、経済学にさらに深く潜り込み、第一のアンバンドリングと第二のアンバンドリングが経済にどのようなインパクトを与えたか、なぜそれがこれほどまでに違うのかを解き明かしていく。

第6章では、グローバリゼーションの「ブートキャンプ」経済学を解説し、1820年以降、世界を形づくってきたグローバリゼーションのインパクトを理解するために必要な最低限の知識を伝授する。第7章では、その経済学を使って、第1章、第2章、第3章の歴史のパートで明らかになった事実を読み解いていく。

第6章
グローバリゼーション経済学の基礎

グローバリゼーション経済学は対象とする範囲が広いが、グローバリゼーションの非常に重要な特徴とは何か、なぜ歴史を変えるような結果をもたらしたのかは、わずか四つの経済のロジックで読み解くことができる。

一つ目は、デヴィッド・リカードの比較優位の概念である。これが残る三つのロジックすべての土台になる。二つ目と三つ目は、1990年代に見られた理論の前進から生まれたツールキットだ。一つは、ポール・クルーグマンがアンソニー・ヴェナブルズ、藤田昌久らとともに開拓したもので、「新経済地理学」と呼ばれる。ただし、本当に新しいのか、本当に地理学なのかという点をめぐっては論争がある。もう一つはいわゆる「内生的成長理論」である。こちらは正真正銘新しいものであり、文字どおり成長に関する理論だ。先駆者は、なんといってもニューヨーク大学の経済学者、ポール・ローマーである。四つ目の分析枠組みは、情報通信技術（ICT）がオフショアリングに与えるインパクトについて考察するときの軸になる。では、比較優位のロジックから見ていこう。

リカードと貿易の功罪

リカードのロジックに照らすと、競争力が非常に低い国でも、何かで競争力を身につけられることがよくわかる。だが、いちばん大切なことは、リカードのロジックと本当に重要なもの（賃金、国レベルの生活水準、国内の所得分配など）がどう結びつくかにある。ここから数ページかけて、貿易理論のこの部分について説明していきたい。

比較優位とは、簡単に言えば、ある国はあるモノを他の国より安くつくれるということだ。国が貿易を行う基本的な理由がこれである。なぜ国が自国のものを輸出するのかは、これで説明される。また、競争力の全体的な水準に関係なく、すべての国にとって貿易がウィン・ウィンの関係になる根本的な理由でもある。端的に言うと、すべての国が貿易から利益を得られるのは、貿易が「安く買って高く売る双方向の取引」とでも呼べるものであるからだ。1950年代に行われていたスイスとイタリアの密輸がその例である。

第二次大戦直後には、ヨーロッパの通貨で「交換可能」なものはほとんどなかった。自国の外では基本的に価値がなかったので、たとえばフランスやアメリカの銀行がイタリア・リラをドルやフランス・フランと交換するようなことはなかった。そのため密輸による取引は、ある種のモノを別の種のモノと交換する形で行われた（「バーター」貿易とも呼ばれる）。一例が、スイスとイタリアのあいだで起きた密輸による貿易だ。その大部分をイタリアのコメとスイスのタバコの交換が占めた。イタリアのコメについてはそうだろうと思える。イタリア北部はコメの栽培には理想的な場所

表6　スイス－イタリアの密輸：説明用の架空の価格

	国内市場価格	
	イタリア	スイス
タバコ（1キログラム当たり）	100,000リラ	20CHF
コメ（1キログラム当たり）	100,000リラ	40CHF

この表の数値は説明をわかりやすくするために選んだものであり、歴史的に正確なものではない。スイスとイタリアの密輸の長い歴史については、Adrian Knöpfel, "The Swiss-Italian Border-space"（thesis, École Polytechnique Fédérale de Lausanne, 2014）, http://archivesma.epfl.ch/2014/045/knoepfel_enonce/knoepfel_adrian_enonce.pdfで論じられており、出所もそこに記載されている。http://www.swissinfo.ch/ita/la-tratta-delle-bionde-degli-spalloni-d-un-tempo/7405286も参照。

注：CHFはスイス・フランの国際略号。

だ。しかし、タバコのような熱帯産の商品がなぜ、山岳地帯のスイスから密輸されるのか。

スイス・フランは、ヨーロッパでは数少ない交換可能な通貨だった。そのため、スイスの貿易商は、米ドルを簡単に手に入れて、ラテンアメリカからタバコを買い付け、ライン川をのぼってバーゼルまで輸送し、そこから陸路でイタリアの国境まで運ぶことができた。実際、スイスの多くのタバコ工場は、貿易をしやすくするために、イタリアの国境近くにあった。これに対し、イタリア政府はタバコの輸入を厳しく制限していた。国がタバコの製造を独占していたうえ、医薬品や燃料などの必需品を買うために希少なドルをとっておこうとしていたからだ。

当然ながら、タバコの価格はイタリアではコメと比べて高かったが、スイスでは低かった。説明用の（つまり架空の）相対価格を表6に示している。価格は現地通貨建てで表示されているが、リラはイタリア国外では価値がなかったため、タバコとコメの相対価格が重要になる。結局のところ、これはバーター貿易だった。表6が示すように、タバコ1キログラムの価値は、スイスではコメ0・5キログラムに相当するが、イタリアではコメ1キログラムになる。この相対価格の差から、密輸の機会が生まれた。

スイスにいる密輸人は、地元でタバコ100キロを2000スイス・フランで買い付け、屈強な若者を何人か雇って、アルプルパスを越えてタバコをイタリアに運ばせて、そこでコメと交換させることができた。密輸人はその見返りに何を手に入れるのか。イタリア側の密輸人が100キロの密輸タバコの代金を100キロのコメで支払うことを拒否するのは間違いない。その価格なら合法的に買うことができる。逆に、スイスの密輸人は50キロ以下では交換を拒否するだろう。ここでは仮に、タバコ100キロをコメ75キロと交換することで取引が成立するとしよう。

このサイクルを完了させるには、スイスの密輸人はラバにコメを載せてスイスに戻り、コメ75キロを1キロ当たり40フランで売る。スイス人が地元の店ではなく密輸人からコメを買うようにする誘因が必要になるので、値段はもう少し安くなるかもしれない。そこで、スイスの密輸人はコメ1キロにつき30フランを手に入れると仮定する。

この密輸で誰が勝ったのか。勝ったのは明らかにスイス側である。2000スイス・フランの初期投資を2250スイス・フランに増やしたのだから。しかしなぜか、イタリアの密輸人も勝った。イタリア側はコメ75キロ分の代金としてタバコ100キロを手に入れた。イタリアで正規の価格で買ったら1000万リラ払わなければならないところを、わずか750万リラで済んだことになる。この意味では、密輸はスイス側とイタリア側の双方が安く買って高く売る機会だと考えることができる。

このロジックはまさに鉄壁だ。興味を持った読者は、表6の数字をいろいろ替えて自分で確かめてみるといい。二つの国でタバコとコメの相対価格が違っていれば、どんな状況でもこれと同じ結論になる。スイスがタバコを輸入することになったとしても、そうなのだ。

貿易は合法化された密輸にすぎないのだから、密輸から双方が利益を得るという基本原理は、すべての国が貿易から利益を得る基本的な理由ともなる。つまり、相対価格が国ごとに違っているときは、貿易を通じて両方の国が安く買って高く売る機会が必ず生まれる。これを一段階上げて、生産コストを使って国の価格を説明すると、このロジックに従えば、生産コストの特性がそれぞれ違っていても、すべての国が利益を得られることになる。

国の生産パターンに与えるインパクト

この密輸の例からも明らかなように、貿易とは一種のアービトラージ（裁定取引）であり、もともとある相対価格の差が小さくなることが多い。そうした価格の変化は、現地の生産にどんなインパクトを与えるのだろう。

はっきりと言えるのは、相対価格が高くなっている財を生産する価値が上がり、価格が低くなっている財を生産する価値は下がるということだ。ある財をつくるのが得意だということは、貿易前の価格は相対的に低かったはずなので、そうした財の国内価格が上がり、各国は自分たちが非常に得意とする財の生産を増やすことになる。専門用語を使って言うなら、各国は自国が比較優位を持つセクターに特化する傾向がある。

こうした生産資源の再配分は、貿易から得られる利益の第二の源泉である（第一の源泉は、両方の国が安く買って高く売る取引だった)。それぞれの国で、いちばん生産性の低いセクターからいちばん生産性の高いセクターへと生産資源が再配分されれば、各国の平均的な生産性は押し上げられる。

比較優位の実例：明治時代の日本

比較優位の実例が、ダニエル・バーンホーフェンとジョン・ブラウンによる二つのすばらしい共同研究にある。二人は、1850年から1870年までを対象に開国が日本の経済に与えたインパクトを分析している。[1]

開国を受けて貿易が開始されたとき、日本の財には、価格が国際水準と比べて低いものもあれば、高いものもあった。リカードの比較優位のロジックどおり、日本は開国前に国内での価格が相対的に低かったものを輸出するようになった。ところが、輸出をすると、日本の国内価格は国際水準へと押し上げられる。貿易収支の反対側では、ごく当然ながら、日本よりも海外のほうが価格の安いものが輸入された。そしてここでは、輸入競争が作用して、日本の国内価格が押し下げられるはずである。最終的には、日本の国内価格は輸出セクターでは上がり、輸入セクターでは下がるというパターンを描くことになる。

1851年から1869年の純輸出(純輸出がマイナスなのは輸入を意味する)と、価格の変化を見てみると、リカードの予測が、かなり単純化された形ではあるが、ほぼ当たっている(図50)。追跡研究での二人の試算によると、日本の所得は開国によって約9%増加したとされる。ここまで論じてきた利益は、「静態的」貿易利益と呼ばれる。これは各国の競争力を一定としているからだ。

図50　日本の輸出が最も拡大したのは、価格が最も上昇した財だった

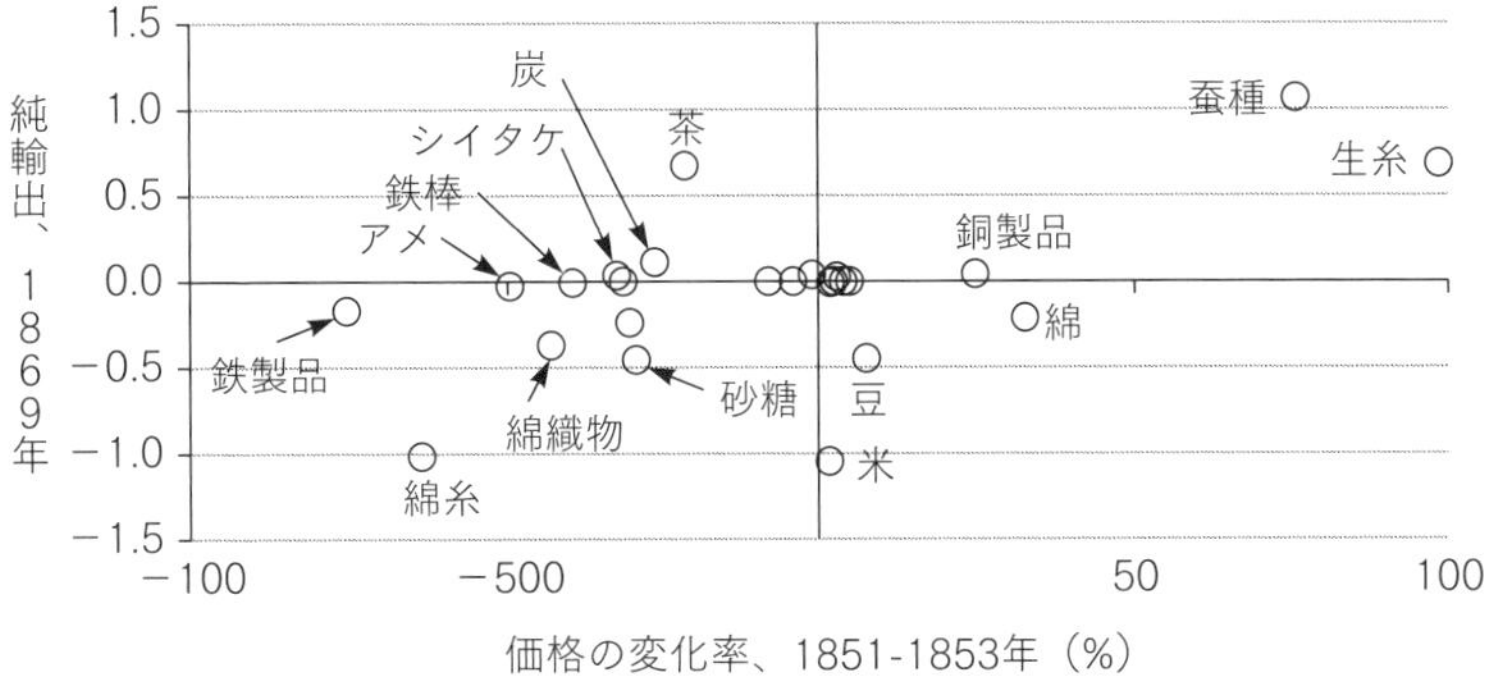

比較優位の原理に従うと、国は国内価格が相対的に安い財を輸出すると予想される。そうした財はその国が外国に比べてつくるのが非常に得意であるからだ。日本の突然の開国は、まさに理論どおりの展開になっている。生糸、蚕種などの最大の輸出セクターは、開国前の国内価格が最も上昇して国際価格へと収斂したセクターだった。最大の輸入セクター（上のチャートでは純輸出がマイナスの状態）となったのは、綿糸、綿織物など、廉価な輸入品が国内価格を押し下げて国際水準に収斂し、価格が最も下がったセクターだった。

出所：Daniel Bernhofen and John C. Brown,"A Direct Test of the Theory of Comparative Advantage : The Case of Japan,"*Journal of Political Economy* 112, no. 1 (2004) : 48-67.

国が正しい政策をとれば、こうした静態的利益は、いわゆる「動態的」利益（時間をかけて現れる追加的な利益）によって増幅されることがある。利益を増幅させる重要な源泉の一つが生産規模の拡大であり、これは平均コストを押し下げる方向に作用する。

規模の経済の拡大がもたらす利益

グローバル化が進んだ今日の世界でも、現地市場の規模は重要である。標準・規制から消費者の嗜好まで、ありとあらゆる理由から、本国市場では支配的な地位にあっても、海外市場では弱小プレーヤーという企業も多い。この状況は非常にありがちで、市場のフラグメンテーション（細分化）と呼ばれる。

市場のフラグメンテーションが進むと、競争が減り、価格が上がり、企業は過当競争状態に陥る。その結果、市場が小さい国は、規模が小さすぎて国際競争力を持たない企業であふれかえる。これは発展途上国にとって特に問題になる。

もちろん、企業がたくさんあることが問題なのではない。競争がないと、国内企業が高い価格をつけることが許されてしまう。企業の規模が小さいとコストが高くなり、それをカバーするには価格を高くする必要があるのだ。貿易が自由化されると、こうした状況が解消されやすくなる。どうしてそうなるのか、考えてみよう。

貿易が開かれると、外国企業が参入して、競争が促進される。それが引き金となって、国の産業構造が大きく変わることがある。競争が激しくなって利益が減少すると、企業は合併して、規模を拡大し、コストを低減させようとする傾向が特に強い。効率性が低い企業は淘汰されるか、規模が大きく効率性の高い企業に組み込まれる。統合後の企業は市場シェアが大きくなり、したがって規模の経済を拡大させることができる。物事がうまく運べば、企業の数は減り、規模は大きくなり、効率性が高くなって、産業構造が効率化される。さらに、貿易が開かれていると、企業は大きな海外企業とより直接的に競争することになるので、それぞれの国のなかで競争相手の数が減っても、産業内で有効競争が促がされる。

グローバリゼーションの痛み

価格が変化するたび、新しいテクノロジーが出現するたび、そして、需要がシフトするたびに、勝者と敗者が生まれる。グローバリゼーションの功罪には、二つの大きな対立軸がある。消費者対生産者、そして熟練労働者対未熟練労働者だ。グローバリゼーションが深化して価格が下がれば、そうした財の消費者は勝ち、生産者は負ける。同じように、グローバリゼーションのもとであるセクターが拡大し、別のセクターが縮小すると、拡大するセクターで集約的に使われる生産要素が勝ち、縮小するセクターで使われる生産要素が負けることが多い。

グローバリゼーションの痛みについては、次の二つの点を認識することが大切になる。第一に、グローバリゼーションに痛みなき利益はない。そして第二に、このジレンマを解決するには、すべての市民が恩恵と痛みを分かち合うようにする「社会契約」をつくりあげなければいけない。

新経済地理学

経済ロジックの二つ目のパッケージが、新経済地理学（the New Economic Geography）である。熱烈な信奉者は親しみを込めて「NEG」と呼んでいる。NEGは、空間発展が不均等になるという謎を説明するものだ。簡単に言うと、こういうことである。「貿易コストが低下すると、距離はそれほど重要ではなくなるはずなのに、いったいなぜ、経済活動の分布に都市などのあいだでこれほど劇的なアンバランスが生まれ、世界の国内総生産（GDP）に占める主要7ヵ国（G7）のシェアがこれほど大きくなってしまうのか」。

NEGは、企業による立地の決定に焦点を合わせることで、この謎を解き明かす。「NEG的推論」とでも呼べるものに従うと、こうした意思決定は、二つの相反する力のバランスで決まる。

- 経済活動をさまざまな地域に分散させようとする「分散力」
- 経済活動を一つの地域に引き寄せようとする「集積力」

たとえば、イギリス企業の大部分がグレーター・ロンドンに立地しているが、すべての企業がそうであるわけではない。その理由も、この二つの力のバランスによって説明がつく。グローバルな経済活動に占めるG7のシェアは1990年に3分の2にまで上昇し、それよりは高くなっていないが、その理由もそうだ。

分散力と集積力

分散力はたくさんあるが、大半は局所的にしか作用しない（都市部の渋滞や高い賃料などがそうだ）。そのため、グローバルな事実とは関係がない。ＮＥＧでは、モノの価格を通じて作用し、モノの貿易を介してグローバルな空間レベルで作用する二つの分散力に焦点を絞っている。それが賃金格差とローカルな競争である。

もっと具体的に言うと、製造業の立地は、高技能労働者の賃金格差と低技能労働者の賃金格差に左右される。たとえば、豊かな国では、高学歴労働力は低学歴労働力よりも相対的に豊富だが、数多くの発展途上国では逆になる。その結果、技能集約型産業は高賃金国に振り分けられ、労働集約型産業は低賃金国に振り分けられる傾向（「空間ソーティング」）を示す。

グローバル・レベルの分散力の二つ目は、ローカル競争である。ローカル市場に競争が存在すると、企業は競争相手よりも貿易コストを低くしようとする。たとえば、アメリカが19世紀にイギリスの製造企業に対して高い障壁を築いたときに、アメリカの工業化を促進したのがこの力だった。企業がアメリカで事業を立ち上げようと判断したのは、アメリカで事業を運営するコストがとても低かったからではなく、貿易障壁がイギリスの低コストの競争相手から守ってくれたからだった。

集積力は、分散力と正反対に作用する。地理的な集積を促す力だ。厳密には、経済活動の空間的な集中がさらなる空間的な集中を促進する力を生むとき、その力を集積力と呼ぶ。

分散力と同じように、集積力はいくつも見つかっているが、大半は局所的なものすぎて、たとえばイギリスの工業化が中国の空洞化を招きうる理由を説明できない。新経済地理学で用いられる集積力は主に二つあり、供給側と需要側の循環的な因果関係がそうである。経済発展の問題を追究した20世紀の思想家、アルバート・ハーシュマンはこれを「後方連関・前方連関」と、少し紛らわしい呼び方をしている。

ある国の経済ですでに、GDPなどで見て非常に活発な経済活動が行われているとしよう。すると、顧客の近くで活動したいと考えている企業にとって、そこでビジネスをすることは、他のすべての条件が同じであれば、魅力的に映る。人がいて、たくさん生産している企業がいる地域は、ほとんど例外なく、人と企業がたくさんお金を使っている地域でもある。こうした魅力がさらに企業と経済活動を引き寄せるので、因果関係は循環する。顧客がいると生産者が集まり、その生産者の労働者が新しい顧客になって、さらに企業が集まってくる。

もしも分散力がなかったら、立地は極端に偏っていただろう。G7諸国は賃金が高いにもかかわらず、産業を引き寄せつづけられるのは、これが大きな理由の一つである。

企業は島ではない。他の企業から中間投入財を買っている。サプライヤーからの距離が増すとコストが上がるので、ある立地にたくさんの企業が集まっていると、生産コストの点でその立地は魅力的になることが多い。中間財・サービスを大量に使うセクターは特にそうである。

この集積力が働くから、すでに幅広い産業基盤がある国は、生産地として魅力的な場所になり、新しい産業を引き寄せることができる。サプライヤーがいるところにサプライヤーが集まるため、この因果関係は自己強化し、原因と結果が循環する。たとえばドイツ製の自動車がタイなどの低賃金国でつくられた自動車と競争できるのは、これが主な理由である。

一般的に言えば、需要のリンクは一国の経済レベルで作用するが（フランス対ウルグアイなど）、供給リンクはセクター・ベースで作用する傾向が強い（自動車セクターやソフトウェア・セクターなど）。多くの場合、需要リンクと供給リンクは結びついている。

立地均衡：二つの力をバランスさせる

ＮＥＧの枠組みでは、産業の立地は、集積力と分散力のバランスをとりながらシフトする。それがどのように作用するかを理解するために、ちょっとした思考実験をしてみよう。今、二つの地域でできている世界があるとする。二つの地域は規模が同じで、世界の産業を半分ずつ分け合っている。実験を始めるにあたって、理論の真空室の外にある理由で、移住が起きると仮定しよう。ある地域（「北」と呼ぶ）の市場規模が、他の地域（「南」と呼ぶ）よりも大きくなるということだ。

産業の立地が変わらなければ、今の時点で大きい北の企業の収益性が際立って高くなる。貿易コストが発生することなく、より多くの顧客を確保する一方で、ローカル競争の度合いは変わらないからだ。同じ理屈で、もっと厳密に言うならその理屈の裏返しで、南に拠点を置く企業の収益は標準的な水準を下回ることになる。

そうなれば、ごく当然の結果として、一部の企業は南から北に移るだろう。そして、二つの立地の収益性は均衡へと向かう。具体的に言うと、企業が移動すると、南では競争が緩和し、北では激しくなる。同様に、北に企業が集積すると、北の賃金は押し上げられ、南から企業が流出すると、南の賃金は押し下げられることになる。

ローカル競争がもたらす効果と賃金がもたらす効果は、ハサミのように作用する。どうしてそうなるのか、考えていこう。北へ移動する企業が増えると、北の競争と賃金は高まる一方、南では低

図51　均衡立地は集積力と分散力がつり合うところで決まる

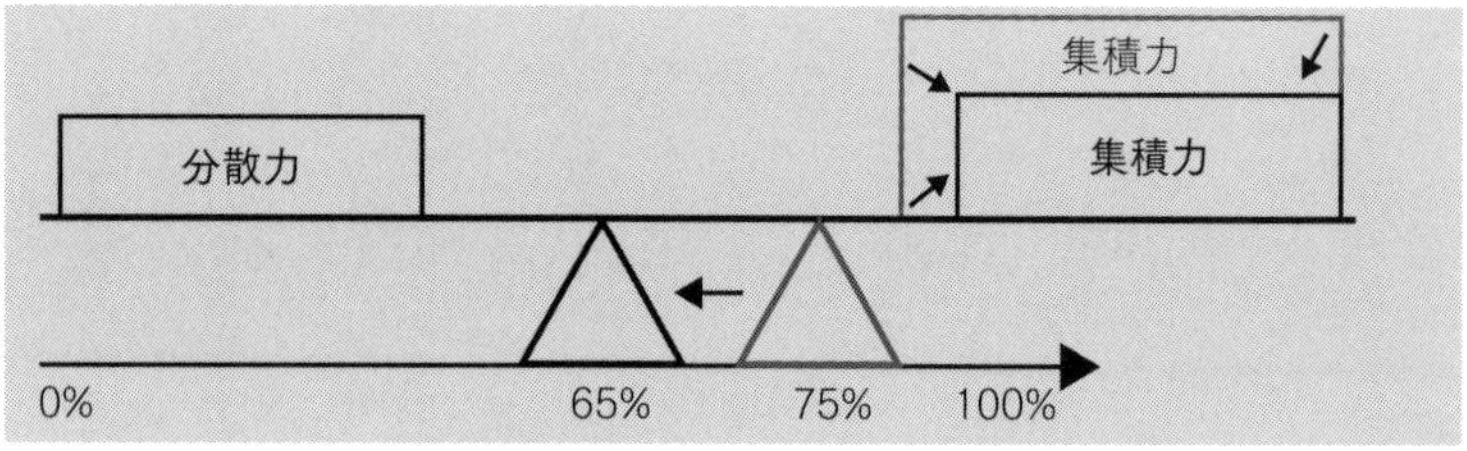

この例では、最初は産業の75%が大きい地域に立地している。何らかの理由で集積力が弱まると、一部の産業が大きな地域から小さい地域に移動する。この再立地が起こっていると、分散力のインパクトが徐々に小さくなっていく。企業が少なくなると、大きな地域のローカル競争は緩和し、小さな地域のローカル競争は激しくなりやすい。相対賃金も、すべての企業が小さな地域に移るのを阻む方向に調整される。この例では、大きな地域に産業の65%が立地する状態が、新しい均衡になる。

出所：Richard Baldwin, "Integration of the North American Economy and New-paradigm Globalization," Working Paper WP049, Policy Horizons Canada, September 2009, http://www.international.gc.ca/economist-economiste/assets/pdfs/research/TPR_2011_GVC/04_Baldwin_e_FINAL.pdfの概念を改変。

くなる。最初の移住ショックで一部の企業が北に移動するが、すべての企業が移動するわけではない理由は、このハサミ効果にある。こうしたリバランスの例を、図51に示している。

貿易が自由化されると、企業のフットワークは軽くなる：「自国市場拡大効果」

こうした推論はすべて、貿易コストは一定だという前提に立っていた。その前提のもとでは、産業は大きな市場に強く集中する傾向を見せる。しかし、ここまでの推論では、貿易コストが下がると産業の立地に何が起きるのかは説明されない。貿易コストの低下は、第一のアンバンドリング劇の「第一幕」であり、推論を拡張して、この状況をカバーすることが重要になる。ここで鍵となるのが、いわゆる「自国市場拡大効果」である。

貿易コストが下がると、立地はそれほど重要ではなくなるので、何らかのショックが起きても、再立地は減る。そう考える人もいるかもしれない。しかし、それは間違っている。逆説めいているが、貿易コストが下がると、企業のフットワークは重くなるのではなく、軽くなるのだ。簡単にまとめると、分散力と集積力を再均衡させるには、再立地が増える必要がある。それは立地の重要性が下がるからにほかならない。

先の思考実験では、収益性のシフトに対応して南から北に企業が移動した。ここで、そうした動きがもたらすインパクトについて考えてみよう。その企業は今度は、大きな北で、貿易コストが発生することなく、自社の商品を売る。しかし同時に、もう北には輸出していない。このように、一方では、この企業の再立地によって北市場のローカル競争の度合いは直接的に高まるが、他方では、北で輸入競争の度合いは下がる。北の競争度に与える最終的なインパクトは、この相反する二つの効果（ローカル競争は高まるが、輸入競争は緩和する）を差し引きした結果となる。貿易コストがプラスである限り、南から北への再立地が進めば、北の競争度は上がるが、貿易コストが高いと、ネットのインパクトは大きくなる。だとすると、貿易コストが低いと、収益性を再均衡させるには、もっと多くの企業が移転する必要がある、ということになる。

このロジックを拡張すると、貿易コストが下がるなら、市場規模が変化した後に、収益性を均衡させるために南から北に移動しなければならない企業の数は多くなることがはっきりとする。直感的には、貿易コストが高いと、競争は特定の地域にとどまるようになるので、一つの企業が南から北に再立地して競争にもたらされる効果は、貿易コストが高いほど大きくなる。ならば、貿易コストが低いときは、同じ規模の再均衡を達成するには、より多くの企業が北に移らなければいけない。これは直感に反するかもしれないが、ロジックは完璧だ。貿易コストが低いと、企業のフットワークは（重くならずに）軽くなるのである。

内生的な成長の離陸と経済地理学

ここまで論じたNEGの推論は静学的なものであり、物事が進むであろう方向を予測するのに役に立つ指針となるが、グローバリゼーションで肝心なことは成長率であって、1回限りのシフトではない。幸い、立地と成長を結びつけるのはいたって簡単だ。

ポール・ローマーは1980年代に内生的成長理論を提起した。ローマーがもたらしたものは、概念上と数学上の大きなブレークスルーだった。数学上のブレークスルーはここでは関係がない。そして、概念上のブレークスルーはあまりにも単純で、ローマー以前に誰も考えつかなかったとは、にわかには信じられない。アイザック・ニュートンの有名な言葉がこれほど当てはまる場面も、そうそうないのではないか。「私が人よりも少しだけ遠くを見ているのだとしたら、それは私が巨人たちの肩の上に立っているからだ」[2]。現代の無味乾燥な言葉を使って言うなら、知識の創造は「スピルオーバー」を生み出し、将来のイノベーションを促進するのである。

個々のイノベーションは二つの種類の知識を創造すると考えてみよう。一つは、非常に具体的で、そこから直接報酬を得ることができる。これを「特許」と呼ぼう。もう一つは、社会に広く浸透して、知識全般を前進させ、イノベーションが生まれやすい土壌をつくるが、誰もこの知識に特許をかけられない。それが公共財である。この二つ目の知識があるおかげで、イノベーションが生まれるたびに、将来のイノベーションの限界費用は小さくなる。専門用語で言うと、イノベーションには学習曲線がある。イノベーションの経験を積むにつれて、限界費用は下がっていくのだ[3]。

この後で見ていくように、イノベーション・コストが低下すると、「知識資本」のストックが増える。これは収穫逓減を回避する鍵になる。最初に言っておくと、生産性を高める知識は資本である。知識は消費財と違って、一度使われたら消えるものではない。そのまま残り、将来にわたって生産的サービスのフローを生み出しつづける。しかし、それは非常に特殊な資本の形態である。この点を理解するために、物理的な資本と知識資本の違いを説明したい。

物的資本は、労働力などの他の要素の生産性を高めるが、労働者一人当たりの資本量が増えるにつれて、追加的に得られる便益は減っていく。たとえば、労働者がほとんど道具を使っていないときに、労働者一人当たり100ユーロ相当の道具を追加すると、生産量を大きく増やすことができる。労働者がすでに道具をたくさん使っているときに、労働者一人当たり100ユーロ相当の道具を追加しても、生産量はあまり増えない。この理由から、労働者一人当たりの道具を増やすと、資本労働力比率は上昇するが、限界費用が限界便益と一致するようになると、そこで頭打ちになる。その時点で、物的資本の蓄積は止まる。すると、生産性を高められるのは、外生的な変化だけになる。労働力が拡大したり、技術が進歩したりして、資本労働力比率が高まる便益が大きくならなければいけない。

しかし、ノウハウのたどる道は異なる。収穫逓減は起こらないのだ。実際に、産業革命以降、知識は着実に蓄積されている。そのうえ、知識が新しく増えても、生産性は変わっていないように見える。このように知識は収穫逓減しないので、一定の数学的条件のもとでは、イノベーションは成長を永遠に牽引することができる。知識のストックが大きくなると、イノベーションの限界便益は下がるが、限界費用も下がるので、新しい商品やプロセスのイノベーションは価値を保ちつづける。ただし、知識のストックは収穫逓減しないが、知識の成長率は収穫逓減する。これは重要な意味を持つ。何らかの要因によってイノベーションの報酬が少し大きくなっても、成長率は少ししか上がらない。専門用語を使って表現すると、収穫逓減は知識の成長率については発生するが、知識のストックには発生しない、ということになる。

次のステップとして、距離を話の筋に組み込んで、貿易コストの低下（第一のアンバンドリング）と通信コストの低下（第二のアンバンドリング）が成長に与える影響について考えられるようにしよう。ローマーの枠組みでは、グローバリゼーションに距離というレバーはなかったが、最近の研究にはそうしたレバーがいくつか取り付けられている。

グローバル経済における成長

イノベーションと成長にとって、距離は重要である。アイザック・ニュートンのイノベーターたちも、巨人があまりにも遠い場所にいたら、その肩の上に立つことはできない。このような考察を枠組みに組み入れたのが、ジーン・グロスマンとエルハナン・ヘルプマンである。二人は1991年の共著『イノベーションと内生的経済成長――グローバル経済における理論分析』で、内生的成長理論を国際貿易に応用した。[4] ここでも、鍵となる洞察は単純明快である。成長を促進する知識のスピルオーバーは国境を越えて広がるが、不完全なのだ。

その力学を理解するために、もう一つ、ちょっとした思考実験をしてみよう。今、閉じた経済が二つあると仮定する。どちらも自己維持的な成長の経路を進んでいるが、他国の経済の成長からは完全に切り離されている。アイデアの貿易がない状態（つまり、知識のスピルオーバーが国内だけにとどまる状態）から、アイデアがノーコストで移動する状態に移行すると、両方の国の成長率は高まる。海外のイノベーションのスピルオーバーによって、国内のイノベーション・コストが下がるからだ。つまり、スピルオーバーが国境を越えて完全に自由に波及するようになると、イノベーターが受けるスピルオーバーはたちまち2倍になる。するとイノベーションの限界費用はたちまち下がり、両方の国の成長率は上昇する。このように、外国で創造された知識とリンクして新しいスピルオーバーが生まれると、国内のイノベーターへの補助金として作用する。

知識のスピルオーバー、大いなる分岐、大いなる収斂

蒸気革命がどのようにして集積を促進し、大いなる分岐を生み出しえたのか。そして、ＩＣＴ革命がどのようにして分散を促進して、大いなる収斂へとつながっていったのか。内生的成長と新経済地理学の枠組みをつなぎ合わせると、その理由に説明がつく。このロジックは、ダイアグラムで示すとわかりやすい（図52）。

図52の背景にある考え方は、クルーグマン＝ヴェナブルズの抽象化に拠っている。二つの国だけがあり、最初は完全に対称的であるので、産業を半分ずつ分け合っている。このダイアグラムでは、距離が持つ二つの経済学的な側面の関係が描かれる。モノを移動させる容易さは、横軸で示される。これは「貿易の自由度」として表され、目盛りの範囲は０（貿易がない状態）～１（貿易が完全に自由化されている状態）となる。アイデアを移動させる容易さは、縦軸で示される。これは「知識のスピルオーバーの自由度」として測定され、目盛りの範囲はゼロ（スピルオーバーが特定の地域内に完全にとどまっている状態）～１（スピルオーバーが完全に国際間のものになっている状態）となる。

結論を言うと、集積化については、貿易の自由度とスピルオーバーはトレードオフの関係にある。このトレードオフは「安定の境界」と表示されている曲線で表される。「安定の境界」とは、産業が半分に分かれることが（新経済地理学でいうところの）均衡結果になる二つの自由度の組み合わせを示している。

では、この枠組みの考え方を説明していこう。まず、１７００と記されている地点から出発する。

これは、貿易コストがとても高いため、産業が二つの地域（「北」と「南」と呼ぶ）に均等に分散している状態だ。貿易は自由化されるが、スピルオーバーの自由度は何も変わらないと、自由度の組み合わせはダイアグラムを横方向に移動する。そのままずっと移動していくと、安定の境界を越え、NEGの議論のところで説明したとおり、すべての産業が一つの地域（この場合は北）に集積する。

ところが、このダイアグラムが表しているのは、産業集積だけではない。成長の離陸も背景にある。1700年のような地点では、産業が分散しているうえ、アイデアを移動させるコストが高いので、どちらの地域も成長しない。イノベーションはほとんど起こらず、スピルオーバーは発生しにくいため、現代の成長の炉であるイノベーション、そしてイノベーションがもたらす知識のスピルオーバーには、まだ火が入れられていない。1990年の地点のように、産業が集積すると、北で炉に火がつき、成長が離陸する。

知識のスピルオーバーが国際的に広がるようになると、どうなるのだろう。貿易の自由度は変わらないが、スピルオーバーの自由度が上がると、ダイアグラムを縦方向に移動する。スピルオーバーが自由に広がるようになれば、世界経済は再び安定の境界を越えて、産業は半々に分散するようになる。ところが、前回とは大きな違いがある。今度は南が工業化して、経済が急成長するのだ。さらに、スピルオーバーは2015年の地点で国際的に広がっているので、南の成長は北の成長にもプラスに働く。

左のダイアグラムが示すように、貿易の自由度と知識のスピルオーバーの自由度で、産業が一つの地域（北か南のいずれか）に集積するか、あるいは二つの地域に均等に分散するかどうかが決まる。

貿易が自由化されると、産業は一つの地域に集積するようになる。この現象は「空間パラドックス」と呼ばれる。距離の重要性が下がると活動の集積化が進むというのは逆説的に見えるが、現実はそうなっているからだ。そのロジックは本文中で論じたが、日常生活にも現れている。たとえば、国内で輸送がしやすくなると、経済活動は都市部に集積する傾向がある。知識のスピルオーバーが自由化されずに貿易だけが自由化されるという変化が進むと、ダイアグラム上では1700年と1990年を結ぶ矢印で示されるような動きが起きる。

知識のスピルオーバーを自由化すると、反対方向に集積が進む。すべての産業が北にあると（ダイアグラム上の1990年の状態）、知識のほとんども北にある。そこで知識のスピルオーバーを自由化すると（1990年と2015年を結ぶ上向きの矢印）、産業は分散していく。そうした分散は、知識が大量にあって賃金の高い北と、知識がほとんどなくて賃金の低い南のあいだの一種の裁定と考えることができる。裁定をしやすくなると、つまり、知識のスピルオーバーの自由度が十分に上がると、すべての産業が北に集まっている状態から、北と南に均等に分布する状態に変わる。

右肩上がりの安定性曲線は、二つの自由度の相反する効果を要約している。知識のスピルオーバーが自由になると産業は分散し、貿易が自由になると産業は集中するので、この二つの自由度が適切な組み合わせで上昇していけば、産業が分散した状態が続く。その適切な組み合わせを示しているのが、安定の境界である。安定の境界の右（影のある部分）の領域に位置する組み合わせになると、すべての産業が北に集まり、その状態がずっと続くことになる。ダイアグラムの左上（影のない部分）の領域だと、産業は北と南に半々に分散する。

出所：Richard Baldwin and Rikard Forslid, “The Core-Periphery Model and Endogenous Growth: Stabilising and Destabilising Integration,” *Economica* 67, no. 267 (August 2000) : 307-324の概念を改変。

図52　安定化をもたらす集積と不安定化をもたらす集積：第一のアンバンドリングと第二のアンバンドリング

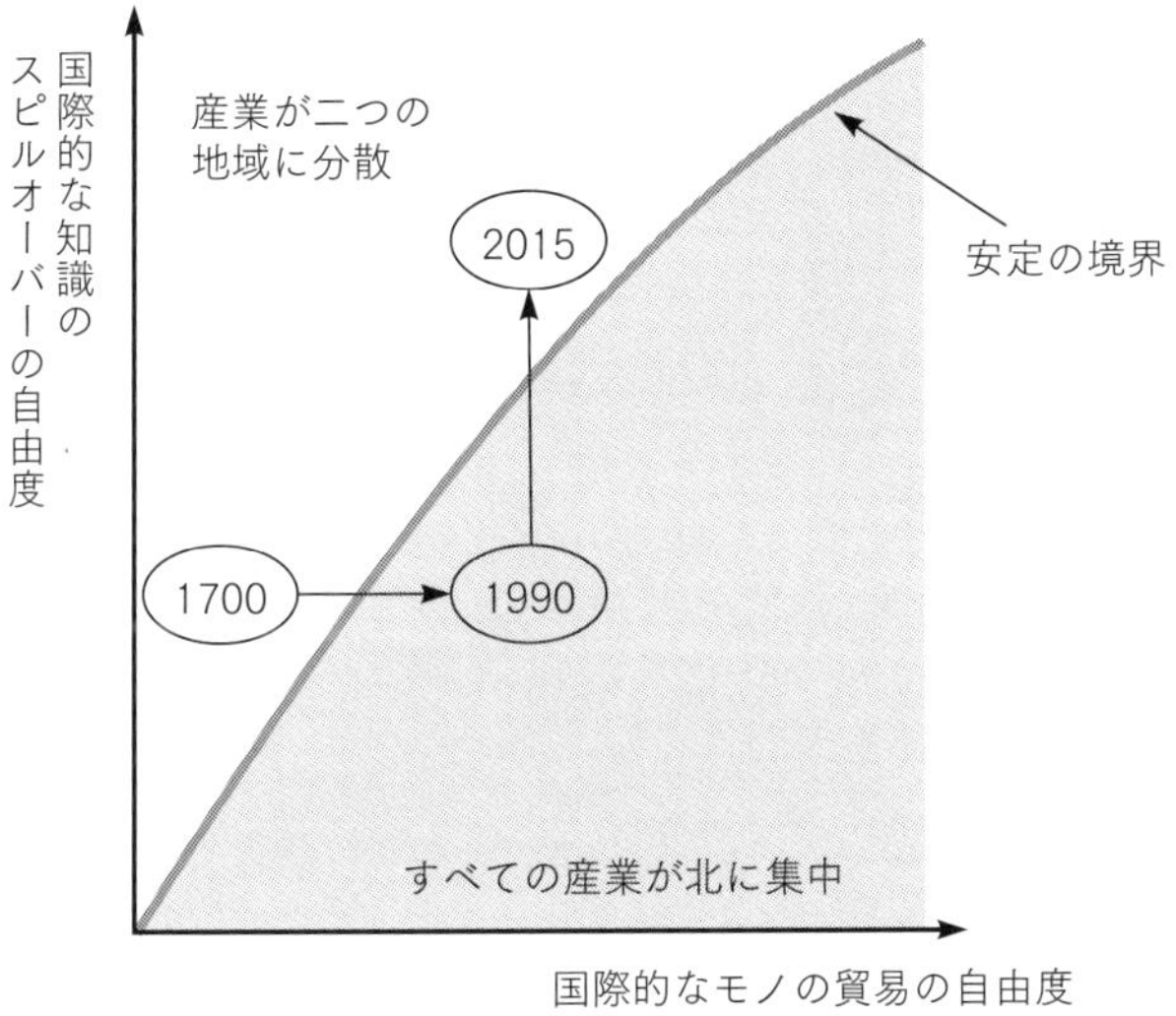

サプライチェーン・アンバンドリングの経済学的側面

前に述べたように、グローバリゼーションの第二のアンバンドリングが起きると、グローバリゼーションの中心地は、経済のセクターから生産工程にシフトした。このシフトを理解するには、新しい考え方が必要になる。グローバリゼーションの経済効果に関する従来の考え方は、リカードの知的インフラと、それを現代的に拡張したものに拠って立つ。こうした概念は生産のアンバンドリングを意図的に無視していた。理論が説明しようとする事実にとって重要ではなかったからだ。

オフショアリングの経済学的側面は、オフショアリングを「細分化」と「分散」という二つの現象に分解して考えると、いちばんよくわかる。細分化とは、生産工程をアンバンドルして、生産プロセスを細かく分けることである。そして分散とは、生産工程を地理的にアンバンドルすることだ。分散（オフショアリング）を視野に入れて生産工程を決めることができる場合には、この二つはリンクする。では、一つひとつ順番に見ていこう。

細分化の側面（バリューチェーンを切り分ける）

G7の生産工程を発展途上国に移転するオフショアリングは、1990年代、2000年代に急拡大した。何が起きたかを理解するには、それが「なぜ」「どのように」起きたかを解き明かすことが大切だが、それ以上に重要になってくるのは、ICTがさらに向上し、コストが下がり、普及が進んだら何が起こるのかを考えることだ。それには、企業レベルの生産組織について考える分析

図53　タスク、職種、工程、製品：TOSPの枠組み

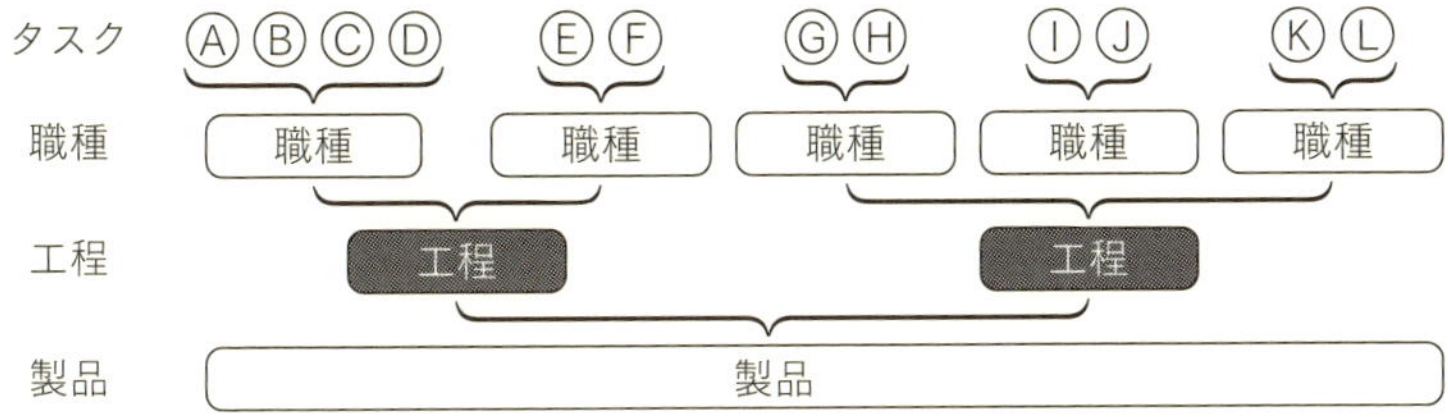

生産プロセスは、企業が生産する個々の製品のもとに三つの自然なグループがあると考えるとわかりやすい。いちばん細分化したレベルにあるのが、要求されるすべてのタスクである。それぞれのタスクを誰かが果たさなければならないので、次のレベルが職種になる。タスクを（たいてい機械を用いて）遂行する個々の労働者によって構成される。ほとんどの生産プロセスでは、労働者は別の労働者の近くに配置されるので、そこから三つ目の自然なグループである工程が決まる。大半のケースでは、第二のアンバンドリング（オフショアリング）は生産工程で起こり、職種やタスクは対象にはならない。

出所：Richard Baldwin, "Global Supply Chains：Why They Emerged, Why They Matter, and Where They Are Going," in *Global Value Chains in a Changing World*, ed. Deborah K. Elms and Patrick Low (Geneva：World Trade Organization, 2013). Figure 11.

の枠組みが必要になる。

企業の生産プロセスを四つの集積レベルに分けて考えてみよう。いちばん下にあるのが「タスク」である。タスクとは、製品をつくって、それを消費者に売るためにやるべきことを一つ残らず集めたリストだ。タスクのリストには、研究開発、製品デザイン、マーケティング調査、プロジェクト・ファイナンス、会計管理など、組立製造前のサービスがすべて含まれる。さらに、輸送、倉庫管理、小売り、アフターサービス、広告といった組立製造後のサービスも全部入る。

その上にあるのが「職種」である。これについては、説明は要らないだろう。この集積レベルは、個々の労働者が行うタスクのリストで構成される。その次が「工程」である。工程とは、近接している職種のグループから構成される。そして最後が「製品」。つまり、企業にとっての価値を生み出すものである。このフレームワークを、タスク（tasks）、職種（occupations）、工程（stages）、製品（product）の頭文字をとってＴＯＳＰと呼ぼう。ＴＯＳＰの枠組みを図式化したものを図53に示している。

ＴＯＳＰの枠組み（図53）に照らすと、どうやって「バリューチェーンを切り分ける」かを決める判断は、二つの選択に分類できる。⑴どのタスクをどの職種に割り当てるべきか、⑵どの職種をどの工程に割り当てるべきか――だ。

特化と調整のトレードオフ

生産をどう組織するかを決めるのは、現実世界ではありえないほど複雑だ。現実世界とは、１マイルが１マイルの縮尺でつくられているマイン・ヘルの地図の世界である。現実の企業では、中間管理職は膨大な時間を選択に費やしており、そんな細部まですべて考慮に入れると、大きなトレードオフが見えなくなってしまう。そこで、抽象化する必要がある。

幸いなことに、アダム・スミスがこの問題に対する有用なアプローチを提示してくれている。鍵となるのは、特化と調整のトレードオフである。スミスは１７７６年の著書『国富論』で、18世紀のピン工場を例に、特化の利益を説いている。スミスはこう述べる。「一人目が針金を伸ばし、二人目がまっすぐにし、三人目が切り、四人目が先をとがらせ、五人目が端を削って頭がつくようにする。頭をつくるにも、二つか三つの独立した作業が必要になる。頭をつけるのも一つの仕事であり、白く塗るのもまた別の仕事であり、ピンを紙で包むことすら、それ自体が一つの職種になっている」。

このように工程を細分化することで、労働者はそれぞれに割り当てられたタスクに習熟できた。スミスはこれを、18世紀流の回りくどい言い方で、次のように表現している。「私は従業員が10人しかいない小さな工場を見たことがある。……工場はとても貧しく、必要最低限の機械しかなかったが、懸命に働けば……1日に4万8000本以上をつくることができた」。労働者一人当たりにすると、4800本ということだ。

スミスはこの生産性を、一人の労働者がすべてのタスクをする状況と対比させている。「しかし、彼らがすべての作業をそれぞれ一人でこなし、誰もこの仕事に対する教育を受けていなかったら、たぶん1日に1本もつくれないだろう」。このように、「一連の作業をうまく分割して組み合わせると」、生産性は急激に高まる。イギリスの20ポンド紙幣の裏にスミスのピン工場が描かれているので、興味のある方はご覧になるといいだろう。

タスクを切り分ける場合には、工程全体を調整するのが難しくなるという欠点がある。この特化の便益と調整の費用とが、本質の部分でのトレードオフ要因になる。

これをTOSPの枠組みに当てはめると、職種当たりのタスクが少なくなり、工程当たりの職種が少なくなるほど、効率性は上がりやすくなると言うことができる。労働者が学習曲線をさらに下に移動し、職場の専門性が高まるように最適化されるからだ。しかし、特化が進むと、それぞれの目的が矛盾することのないように誰かが管理しなければならず、調整コストが嵩む。

ICTの向上：細分化という諸刃の剣

第二のアンバンドリングの歴史と未来について考えるときには、ICTの進展によって効率性と調整との本質的なトレードオフがどう変わるかが、非常に重要な要因になる。興味深いことに、ＩＣＴの向上がもたらすインパクトは、諸刃の剣である。一方では、ある種のＩＣＴは、一人の労働者が効率性を犠牲にすることなくより多くのタスクをこなしやすくなるという意味で、特化の便益を下げる。他方では、別のＩＣＴの進歩によって、調整コストが下がり、職種や工程のいっそうの専門化を進めやすくなる。この点については、ロンドン・スクール・オブ・エコノミクスとスタンフォード大学の経済学者が鍵となる洞察を提示している。ニコラス・ブルーム、ルイ・ガリカーノ、ラファエラ・サドゥン、ジョン・ヴァン・リーネンが２００９年に発表した論文「情報技術と通信技術が企業組織に与える明確な効果」がそれである。

ＩＣＴの一部の側面は、通信技術と組織技術に影響を及ぼす。この二つを調整技術（ＣＴ）と呼ぼう。アイデアや指示、情報を伝達しやすくする技術である。[5] ＣＴは調整コストを引き下げるので、特化を促す。したがって、ＣＴが向上すると細分化が進むことになるだろう。つまり、バリューチェーンがさらに切り分けされ、オフショアリングが拡大し、海外直接投資（ＦＤＩ）が増え、部品・コンポーネントの貿易が広がるということだ。

これに対し、ＩＣＴにはもう一つ、個々の労働者がより多くのタスクに習熟しやすくなるという側面がある。これを情報技術（ＩＴ）と呼ぼう。ＩＴは基本的にオートメーションを意味するので、ＩＴが進化すると、数多くのタスクをグループ化して一つの職種にまとめるコストが減り、特化を抑制する。そのルートはいくつかある。今日では、多くの工場がコンピューター・システムで、その外部装置が産業ロボット、コンピューター制御の機械ツール、無人搬送車だと考えることができる。極端な例が付加製造技術（３Ｄプリンティングとも呼ばれる）であり、ＩＴを駆使し、一人の労働者が一つのマシンを操作してすべてのタスクをこなせるようになっている。このような先進的な製造技術は、工場制手工業を意味する「マニュファクチャリング」ではなく、「コンピュファクチャリング」と呼ぶべきなのではないか。労働者がモノをつくるのを機械が助けるのではなく、機械がモノをつくるのを労働者が助けているのである。

このように、細分化に対してはCTとITは正反対に作用する。CTが進化すると、細分化のコストが下がって、細分化が促される。そして、ITが進化すると、細分化する必要が薄れて、細分化が抑制される。TOSPの枠組みに沿って言えば、ICTが向上すると、職種当たりのタスクが増えることもあれば減ることもあり、工程当たりの職種も、増えることもあれば減ることもある。

空間的な側面（オフショアリング）

もしもオフショアリングがなかったら、細分化は純粋に国内の産業組織の問題になり、グローバリゼーションの研究者は気にもとめないだろう。しかし、オフショアリングは21世紀型のグローバリゼーションの大きな柱である。したがって、生産工程の空間的な分散、特に低賃金国への移転が、パズルの次のピースになる。

このアプローチは、企業はあらゆるコストを考慮したうえで、個々の生産工程をコストがいちばん低い立地に移そうとするという原理に従っている。しかし現実には、重要な側面はたくさんあり、何を重視するかで立地は変わる。たとえば世界経済フォーラムの競争力指数には、110の評価項目がある。ここでは、カール・ポパーの金言に従って、無視できない有用なものだけを見ていくことにする。すると、生産性、質、利用可能性、信頼性などを調整した賃金におのずと焦点が絞られる。

オフショアリングのコストは「分離」コストから生まれ、利益は生産コストの低下から生まれる。生産コストには、賃金、資本コスト、原材料コスト、明示的・暗黙的な補助金が含まれる。分離コストは広く解釈し、伝送・輸送コスト、リスクの増大、管理の時間も含めるべきである。立地の決定は、さまざまな種類の局所的なスピルオーバーにも左右されるだろう。たとえばファッション衣料では、デザイナーと消費者の距離が近いことがきわめて重要になると考えられる。一方、製品開発工程をある種の組立製造工程と同じ場所におけば、コストが下がる、スピードが上がる、効率性が高まるといった効果が生まれる可能性がある。

オフショアリングが企業の要素コストにインパクトを与えるという点については、謎はほとんどない。低技能集約型の工程が賃金の低い発展途上国に移ると、企業はコストを節約できる。だとすれば、少なくとも低技能賃金と高技能賃金の二つに大きな差がなければいけないことは明らかだ。

ある国では低技能労働力が安く、別の国では高技能労働力が安いと、企業は未熟練労働集約型の工程を前者に、熟練労働集約型の工程を後者に移そうとするだろう。ドイツのような「本社経済」は労働集約型の工程を、ポーランドのような近くにある低賃金の「工場経済」に移している。ところが、本社経済では高技能労働力は相対的に豊富であり、したがって相対的に安いので、高度熟練労働力を集約的に使う工程は国内にとどまる傾向がある。

サプライチェーンを国際化する動機になるのは、賃金格差だけではない。第二のアンバンドリングが始まるずっと前から、サプライチェーンは高賃金経済のあいだに存在した。しかし、生産工程を北のなかで分散させる原動力になっているのは、特化がもたらすミクロな利益である。たとえば、自動車用エアコンでは、フランス・メーカーのヴァレオは、低賃金ではなく、卓越性を武器にヨーロッパ市場で競争している。ヨーロッパの自動車メーカーはそれぞれ自前でエアコンをつくることもできるだろうが、規模の経済が働くので、イタリアとドイツの自動車メーカーは、フランスから調達するほうがコストは安くすむ。システムとしての経験による学習の重要性が高まり、サプライチェーンの細分化がかつてなく進むなかで、規模の経済が果たす役割が大きくなっていることを考えれば、特定の部品・コンポーネントで地域ごとにチャンピオンが現れるのは自然な流れだ。北―北の生産のシェアリングは1960年代から浸透しており（第3章を参照）、そのかなりの部分はこれで説明がつく。

臨界点と調整コスト

要素コストは考慮に入れやすいが、分離コストは少々厄介だ。表7を見ると、それがよくわかる。この表は製造プロセスを単純化した例である。製造プロセスは六つの工程に分かれていて、各工程は他のすべての工程と調整しなければいけない。

一つの工程（以下、工程1と呼ぶ）だけがオフショアに移されると、五つの双方向の関係を国境をまたいで維持することになる。具体的に言うと、オフショア化された工程1を、オンショアに残っている工程2～6と調整しなければならない。表7では、オフショア工程「1」とオンショア工程「5」が交わる欄で表される。二つの工程、たとえば工程1と工程2がオフショアに移ると、それぞれオンショアにある四つの工程と調整しなければならないので、国境を越える関係が八つできる。オフショアリングが三つのセクターに広がると、国境をまたぐ調整が最大になる。工程1～3

表7　調整コスト・マトリックス

		オフショア工程の数						
		0	1	2	3	4	5	6
オンショア工程の数	6	0						
	5		5					
	4			8				
	3				9			
	2					8		
	1						5	
	0							0

上の表が示すように、生産プロセスがいくつに分かれているか、どれくらい国際的に分散しているかによって、調整の難しさは変わる。この単純な例では、工程の組み合わせごとに何らかの調整が必要だと仮定している。ただし、それぞれの工程がどこにあるかでコストは違ってくる。二つとも同じ国にあると、調整コストはとても低いものとする。具体的にはコストはゼロになる。しかし、二つの工程が別々の国にあると、この例の調整コストは無視できなくなる。したがって、オフショアに移された工程がいくつあると国際調整がいくつ必要になるかが、さまざまなオフショアリング構成の調整コストを理解する鍵になる。

一つの工程が海外にあると、工程1を工程2〜6と国際的に調整しなければならないため、国境をまたぐ調整が五つ必要になる。二つの工程がオフショアに移されると、調整が八つ必要になる（工程1と工程2をそれぞれ工程3〜6と調整する）。表に示すとおり、調整の最大値は9で、これは工程の半分をオフショアに移すときである。半分以上をオフショアに移すと調整の数は減っていく。

をそれぞれ工程4～6と国際的に調整しなければならず、双方向のコミュニケーションが必要な関係が九つに増えることになる。

通信コストについては、当然ながら、工程の半分をオフショア化する構成がいちばん高くつく。そこからさらにオフショアリングを進めると、国境を越える調整コストは下がりはじめる。オンショアではなくオフショアで集積することになるが、どこであろうと集積が進めば、国際的な調整をする必要性は減る。具体例で説明すると、工程1から工程6を順にオフショアに移転していくと、国境を越える関係は5、8、9と増え、国際調整の必要性は最初は高まるが、それを境に8、5と減っていく。

これが「臨界点の経済」である。ここでは三つの工程をオフショア化することが臨界点になる。少なくとも三つの工程を海外に移してメリットが得られるようになれば、三つ以上移したほうがいいだろう。これは非常によくある状況であり、専門用語で「凸型調整コスト」と呼ばれる。

ただし、重要なポイントとして、調整コストが凸型であると、集積力として作用する。つまり、調整コストを最小限に抑えるには、すべての工程をバンドルすることが解決策になる。

この凸型調整コストには、他とは違う特徴がある。海外に移すほうが割安な工程でも、調整コストを節約するために国内にとどまることになり、オフショアリングを遅らせる方向に作用する点だ。しかし、生産工程を集積させると調整コストを節約できるので、実際にオフショアリングが始まると、「必要以上に多い」工程が海外に移ってしまう。この動きはオフショア・「オーバーシューティング」と呼ばれる。これを突き詰めると、調整コストがさらに下がれば、海外に移した一部の工程を国内に戻す「リショアリング」が起こることになる。この現象は2010年代になって始まっているようだ。

細分化とオフショアリングの相互作用：仕事の性質

ここまで、細分化とオフショアリングを別々に考察してきたが、この二つは重要な相互作用を生むことがある。企業がオフショアリングの可能性を活かすために、職種に割り当てるタスクや、工程に割り当てる職種の構成を変えるようになるかもしれないのだ。そうした動きは現実に起きている。この点は、具体例で説明するといちばんわかりやすいだろう。

アダム・デヴィッドソンはアトランティック誌の記事で、サウスカロライナ州グリーンヴィルにある燃料噴射装置を製造する工場で働く二人の労働者を取り上げている。[6] 一人は、訓練も教育もほとんど必要ない単純労働をしている女性で、時給は13ドルである。彼女の仕事は、半加工状態の燃料噴射装置を機械に入れて、ボタンを押すだけだ。後は機械がキャップを溶接してくれる。判断力も、スキルも、経験も、必要ない。実際、サプライチェーンのこの部分は、たぶん自動化できるだろう。

もう一人は、タスクもスキルセットもまったく違う男性である。彼の時給は30ドルで、3年間訓練を受け、別の工場で5年経験を積んでから、今の仕事についた。50万ドルの機械を使って、エンジンバルブを厚み0・25ミクロン（1ミクロン＝1000分の1ミリメートル）に圧延処理する仕事だ。ドリルの刃先は使っているうちに摩耗するので、何度もテストして再調整する必要がある。

細分化とオフショアリングがどう関連するかについては、この例からいくつかの教訓を導ける。たとえば、ＩＣＴのＩＴの部分は、スキルの幅の二極化を生んでいる。ハイテクの旋盤機械を使いこなすのに求められるスキルと訓練は、これまで工場労働者に求められていたレベルをはるかに超えるが、先の女性がしていた「置いて押すだけ」の仕事に求められるスキルはさらに下がる。ＩＴが進化すると、労働集約型のタスクを、より高いスキルが求められ、より高価な機械を使う職種にまとめやすくなる。このように、ＩＴは二つの重要な効果を生み出す傾向がある。Ｇ７諸国に残る工程は技能集約度が高くなり、必要な労働者の総数は少なくなるのだ。こうした状況では、数多くの未熟練タスクをオフショアに移せる工程にグルーピングすることもできる。したがって、ＩＣＴが向上すると、Ｇ７諸国は一部の製造業の仕事を維持しやすくなるが、そうした仕事には高技能労働者が必要になることが多い。

もう一つの教訓は、グローバリゼーションは空洞化の主因であるとは限らないということだ。このストーリーでは、先の女性労働者にとって本当の競争相手は中国の労働者ではない。アメリカで使われているロボットだ。２０１２年には時給13ドルの女性はロボットよりも経済的だったが、彼女の同僚の多くはすでに職を奪われている。

そして最後に、輸送コストが安い時代にあってさえ、距離の縛りは強力で、高技能職種と低技能職種を切り離せない。先の女性の仕事がオフショアに移転されないのは、時給ではなく月給が13ドルの国でキャップを溶接する作業を行うには、労働コスト、時間コスト、調整コストが高すぎるためだ。

次の章では、この経済学を使って、大きな事実を読み解いていく。

第7章

グローバリゼーションのインパクト　その変化を解き明かす

セーレン・キェルケゴールは言った。「人生は後ろ向きにしか理解できないという哲学の教えはまったく正しい。しかしそうすると、もう一つの原理を忘れてしまう。人は前を向いてしか生きられないのだ」。

歴史を後ろ向きに理解するために、この章では、19世紀、20世紀、21世紀のグローバリゼーションをめぐるガイド付きツアーを用意した。このツアーでは、三段階制約論と第6章で提示したベーシックな経済学を使って、第2章と第3章で明らかになった重要な事実を見ていく。

第一のアンバンドリングの定型化された事実を読み解く

第2章では、グローバリゼーションの第一のアンバンドリングを特徴づける五つの大きな事実を示した。

- 北は工業化し、南は空洞化した。
- 貿易が盛んになった。
- 成長が世界規模で離陸したが、北のほうが先に離陸し、成長のスピードも速かった。
- 大いなる分岐が起きた。
- 都市化が特に北で加速した。

こうした定型化された事実はどれも、グローバリゼーションの第一のアンバンドリングがもたらす影響と考えると理解しやすい。一つ目と二つ目の事実は密接に結びついているので、まずこの二つから説明していこう。

北の工業化、南の空洞化、貿易

ポール・クルーグマンとアンソニー・ヴェナブルズは、高く評価されている有名な論文「グローバリゼーションと国の格差」で、一つ目と二つ目の事実を新経済地理学（NEG）の枠組みを使って説明している。専門家のあいだでは「世界の歴史――パート1」の仮タイトルで知られるこの論文では、貿易コストの低下がどのように北の工業化と南の空洞化をもたらしたかが、NEGのロジックで見事に解き明かされる。[1]

クルーグマン＝ヴェナブルズの説明は、世界システム論的な筋立てになっており、世界システム論の提唱者であるイマニュエル・ウォーラーステインはきっとほくそ笑んでいることだろう。二人の説明は、きわめて非現実的だが、きわめて明快な抽象化から始まる。世界は北と南の二つの地域だけでできているとしたのだ。「北」とは今日の豊かな国々（便宜的に主要7ヵ国〔G7〕で代表）であり、「南」とは今日の発展途上国（便宜的に古代文明7ヵ国〔A7〕、つまり今日の中国、インド、エジプト、イラク、イラン、トルコ、ギリシャ／イタリアで代表）である。ギリシャ／イタリアは特殊なケースで、19世紀初めに第一のアンバンドリングが本格化する前にA7からG7に移った。

クルーグマン＝ヴェナブルズのストーリーは、産業が北と南に等しく分散した状態で幕が上がる。世界中の人が土地に縛られているだけでなく、輸送が劣悪なために産業も人に縛られている。19世紀に貿易コストが下がると、競争の圧力がかかってそれぞれの地域は特化を迫られた。歴史が示しているように、G7は工業に特化し、それを引き金に循環する因果関係のプロセスが始まった。つまり、北が工業化して、北の所得が大きく伸び、北の市場の規模が拡大したのである。北の市場が拡大すると、北は産業立地としての魅力がさらに高まり、循環が完成する。この因果関係が循環しはじめると、南の産業は機会を閉ざされた。一言で言うなら、北の工業化と自由貿易が、南の空洞化をもたらしたのである。一連の事実については第2章を、クルーグマン＝ヴェナブルズのロジックの詳細については第6章を、それぞれ参照してほしい。

クルーグマン＝ヴェナブルズの抽象化というレンズを通して歴史を解釈しようとすると、大きな問題にぶつかる。当初のアジアの規模だ。1820年以前には、中国だけで世界の国内総生産（GDP）の33％を占めていた。イギリスの6倍、北大西洋諸国を足し合わせた規模のじつに2倍にあたる。インドの経済は北大西洋諸国をすべて足した規模と同じだった。したがって、勝ったのは小さな地域であり、大きな地域ではなかった。Ｇ7が中核になり、Ａ7が周辺になったのである。クルーグマン＝ヴェナブルズのロジックに素直に従えば、逆のことが起こってしかるべきはずだ。

歴史的な変遷を図54に示している。この図では、世界の人口に占めるＡ7とＧ7のシェアを横軸に、世界の所得に占めるそれぞれのシェアを縦軸にとってプロットしている。静学的なクルーグマン＝ヴェナブルズのモデルを文字どおりに当てはめると、第一のアンバンドリングは大いなる分岐を生み出しているはずだが、アジアが勝っていたはずである。Ａ7の点はすべて、45度線を越えて上昇していなければならないし、Ｇ7の点はすべて、45度線を下回って、下がりつづけていなければいけない。しかし歴史は、それと正反対の結末を迎えている。

この結果を説明するには、政治の歴史に目を向け、植民地主義と帝国主義をやり玉にあげることが一つの方法になる。火薬は中国で発明されたが、軍事目的に使われるようになったのはヨーロッパでだった。何世紀にもわたるヨーロッパ内での戦争によって磨かれたのである。大航海時代が到来する頃には、ヨーロッパの軍事技術は大きく先行し、その後何世紀にもわたって差は広がりつづけた。この説明によるなら、ヨーロッパは銃を使ってＡ7を植民地化し、工業を抑圧したことになる。この推論にも一理ある。たとえば、のちにアメリカ合衆国になるアメリカ植民地は、工業製品の輸出は明確に禁止されていたが、綿や木材などの原材料の輸出は奨励されていた。植民地はイギリスに原材料を供給し、イギリスの製品を買うものとされていた。同じように、イギリス製造業の熟練労働者の移住、イギリスの繊維機械の輸出も、議会制定法で禁じられた。

また、経済面からの議論もある。一つには、南は北ほどイノベーションを促進する環境ではなか

図54　世界の人口とGDPに占める北と南のシェア、紀元1〜1990年

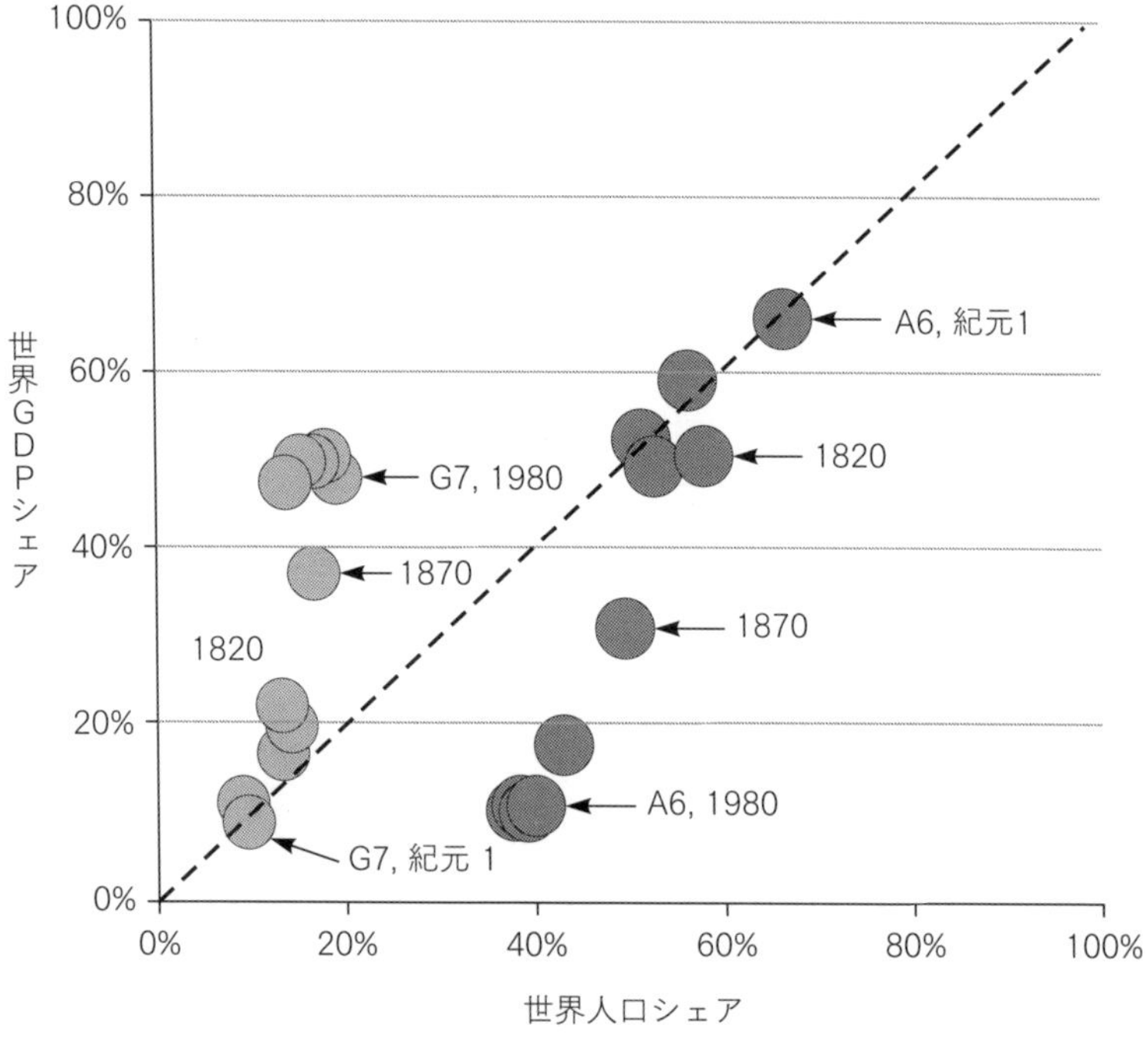

第一のアンバンドリング期に起きたGDPのシフトは、新経済地理学（NEG）モデルに照らすと、間違った方向に進んでいるように見えた。NEGの考え方では、最初に大きかった地域（中国とインド）が工業化して離陸しているはずだが、実際に勝ったのは小さな地域（ヨーロッパ）だった。上のチャートが示すように、紀元1年には、古代文明7ヵ国からイタリアを除いた「古代文明6ヵ国」(A6)がG7よりも圧倒的に大きかった。それでも、世界のGDPに占めるシェアは小さな地域で上昇し、大きな地域で低下した。

出所：マディソン・データベース(2009年版)。

ったため、規模の優位が食いつぶされた。北の一人当たり所得が南の水準よりもはるかに高かったことも、間違いなく重要になる。1820年には、中国の平均所得はイギリスの3分の1しかなかった。所得が最低生活水準に近い人々は工業製品の支出が少ない傾向があるので、総合GDPは、重要な意味を持つ市場規模、つまり、工業製品の市場規模を表す指標としては役に立たないだろう。

物理的な地理も重要だったにちがいない。「市場アクセス」という概念では、大きくて所得の高い他の国の近くにいることが非常にプラスに働く。中国とインドはそれぞれの国からも、大西洋経済圏からも遠く離れている。陸上輸送には、東南アジアの密林やヒマラヤ山脈がつねに立ちはだかるし、海上ルートは特に最短距離というわけでもなく、マラッカ海峡という難所を通らなければならない。これに対し、北大西洋経済は比較的近接している。ヨーロッパと南北アメリカは大西洋で結ばれており、どちらも内陸部への河川輸送がかなり発達している。このように、一つ目と二つ目の結果は、政治、経済、地理の要因が組み合わさって生じたものである。

次に、北と南の経済成長の離陸格差と、大いなる分岐について説明していこう。

成長の離陸と大いなる分岐

クルーグマン＝ヴェナブルズの推論は、産業とGDPのシェアに焦点を合わせているが、成長を無視している。G7の成長の離陸と、その結果として生まれた所得の大きな格差を説明するには、成長を方程式に加えなければいけない。そのために使われるのが、ジーン・グロスマンとエルハナン・ヘルプマンが発展させた成長のロジックである。第6章で説明したように、知識を創造すると知識を創造しやすくなるというのが、基本的なメカニズムになる。

現代農業では、1960年代以降、重要な技術の進歩が生まれているが、グローバリゼーションの最初の100年間に生まれたイノベーションは、もっぱら産業のイノベーションだった。G7諸国に産業が集まり、A7諸国から産業が失われるにつれて、G7ではイノベーションが生まれやすくなり、A7では生まれにくくなった。北の工業化は北の成長を前進させ、南の空洞化は南の成長を抑え込んだのである。もっと具体的に言うと、G7諸国に産業が集積したというのは、G7諸国にイノベーションが空間的に集積したということだ。知識のスピルオーバーが継続的な成長の原動力になっていること、そして、アイデアを移動させるコストが高くて知識のスピルオーバーは特定の地域にとどまったことから、産業が集まった北は、成長の離陸も早かった。

ところが、この因果関係は双方向だった。工業化がイノベーションを誘発し、北の産業は南の産業に対して強力なコスト優位を獲得した。北は産業立地として選好され、その結果、北のイノベーションはさらに進み、南のイノベーションはさらに遅れる。このようにして、国内・国際輸送コストが下がって産業集積をもたらし、北は工業化して成長が離陸した。その一方で、南は空洞化し、成長の離陸が遅れることになった。[2]

第一のアンバンドリングによって北の所得の伸びが加速した背景に説明がつくと、大いなる分岐が起きた理由がはっきりする。数字に強い人ならもうおわかりだろうが、わずか数十年間で分岐が〝大いなる〟分岐になったのは、この成長格差があったからにほかならない。しかも、格差が累積的に拡大していくことが避けられなかったためである。

都市化

残る五つ目の事実が都市化である。グローバリゼーションの第一のアンバンドリングと都市の規模の拡大が密接に結びついていることについては、都市経済学がさまざまな説明を提示している。そのなかでいちばん説得力があるのが、エドワード・グレイザーのシンプルな主張だ。グレイザーによれば、都市は通信コストを節約する一つの方法である。都市は人々が出会ってアイデアを交換する場所なのだ。

グレイザーは2009年にブログ「エコノミックス」に次のような記事を投稿している。「グローバリゼーションと技術変化が進んだことで、賢くなることの見返りが大きくなっている。人間は社会的な種であり、賢い人と一緒にいることで賢くなっていく。プログラマーはヒマラヤの山麓でも仕事をできるだろうが、多くを学ぶことはないだろう。もしも彼女がバンガロールに来れば、どのスキルの価値が高いか、どの会社が成長しているか、そして、どのベンチャーキャピタリストがプログラミングの新しいアイデアを進んで取り入れているかがわかるようになる。近くにいることから生まれる情報のフローも、関係構築を後押しして、自分で事業を立ち上げられるようになるかもしれない。インドでは、情報技術系のスタートアップ企業が、バンガロールでつながったパートナーによって設立されており、その数の多さには目を見はるものがある」[3]。

都市の規模がなぜ拡大したかを明らかにするこの説明は、工場が形成されていくロジックのほぼ完璧なアナロジーになる。第4章で論じたように、貿易がしやすくなって、製造業企業の市場が拡大し、企業の規模が拡大したことで、より複雑な工程を取り入れるようになった。そして調整コストを節減するために、生産は工場に集積されることになった。

第二のアンバンドリングの定型化された事実を読み解く

第3章で明らかにしたように、フェーズ4がもたらした重要な結果は次の七つである。

- 北が空洞化する一方、一握りの発展途上国が工業化した。
- 急速に工業化した国で成長が加速した。
- コモディティ・スーパーサイクルが生まれ、商品輸出国の成長が離陸した。
- 大いなる収斂が起きた。
- 北―南の貿易の性質が変化し、往復貿易が急増した。
- ほとんどの発展途上国が貿易を自由化した。
- 影響が及ぶ地理的範囲は非常に限られた。

最初の四つの結果は南の工業化と密接に関連しているので、ちょうど良い出発点になる。

南の工業化、北の空洞化、オフショアリング

フェーズ4では、フェーズ3で起きた富の逆転が部分的にひっくり返った。少なくとも古代文明地域の一部にとってはそうだった。たとえば、第3章で示したように、世界の製造業に占めるG7

のシェアは約3分の2から半分以下に下がる一方、六つの発展途上国のシェアが上昇し、G7の下落分をほぼ埋めた。

新経済地理学の視点からは、このような経済活動の立地の巨大な変化は、第一のアンバンドリングで引き起こされていた集積力が大幅に弱まるか、分散力が大幅に強まることでもたらされているはずである。第二のアンバンドリングを特徴づける出来事は、北から南への新しい知識のフローが生まれたことだと考えると、その両方が少しずつ作用したことがわかる。

あとで見ていくように、19世紀には集積力として作用した知識のスピルオーバーが、21世紀になると強力な分散力として働きはじめた。ここでは、この変化を認識することが大切になる。アイデアを移動させるコストが高くて、北のイノベーションが北にとどまっていたときには、ノウハウがどんどん蓄積されて、北は生産地としてとても魅力な場所になった。今ではG7企業は、自社独自のノウハウを近隣の発展途上国の低賃金と組み合わせることで、大きな効果を引き出せるようになっており、知識のスピルオーバーによって、南がとても魅力的な生産地になりつつある。その結果、産業は「中核」から「周辺」に流れている。

集積力から分散力に目を転じると、議論は複雑になり、分散力としての賃金が焦点になる。第一のアンバンドリング期には、急速な工業化が賃金を押し上げて、集積が減速した。第二のアンバンドリング期には、グローバル・バリューチェーンのある特徴によって、賃金と工業化のリンクが弱くなった。もっと厳密に言うと、G7企業が自社独自のノウハウを、中国などの新興市場国にある自社の生産施設に移したのだ。この流れは今も続いている。G7企業は、この知識が移転先の国で他の企業に広まらないようにしようと策をこらす。

技術を守ろうとする動機は、賃金とはほとんど関係なかったが、結果として、第二のアンバンドリングでは第一のアンバンドリングと比べて賃金と産業のリンクがぐっと弱くなった。ここでのキーポイントは、オフショアに移転された工場の労働者に支払われた賃金は、「次善」の賃金とでも呼べるものだったことである。つまり、農村地域に残り、現地のノウハウを使っていたら得られていたであろうものだったのだ。工場にある高度なノウハウは工場内にとどまったので、工業化が急速に進んだにもかかわらず、次善の賃金が急上昇することはなかった。

簡単にまとめると、分散力が働いて北から南への産業のシフトは減速するはずだったが、ノウハウの移転が主にグローバル・バリューチェーンのなかで起きていたために、その力が中和化されたのである。

成長の離陸、スーパーサイクル、大いなる収斂

第二のアンバンドリングがどのようにして一握りの発展途上国の工業化を生み出したかが明らかになると、さらに三つの重要な結果にすんなりと説明がつくようになる。1990年以降、アイデアを移動させるコストの低下が、グローバリゼーションの大きな原動力になっている。第6章で論じた成長理論によれば、知識のスピルオーバーが国際的に拡散するようになると、工業化が進む南の成長がさらに刺激される。急速な工業化と連動して成長が離陸するこの種の現象こそが、中国をはじめとするI6で起きたことだ。

ところが、I6の成長が加速したことで、三つ目の結果が生み出された。コモディティ・スーパーサイクルと、それに伴う商品輸出国の成長の離陸である。この二つはきわめて直接的に結びつい

ている。I6の所得が急速に増えて、商品需要が刺激され、小麦、粉ミルクから、原油まで、商品全般の価格が押し上げられた。商品輸出国のほとんどは発展途上国だったため、スーパーサイクルは北の所得以上に南の所得を刺激した。

四つ目の結果である大いなる収斂は、南の急成長と直接結びついていた。1990年代、2000年代にG7と発展途上国のあいだで大きな成長格差が生じていたが、それが積み上がって「序章」で論じた「衝撃的なシェア・シフト」が起きたのである。

インパクトが及ぶ地理的範囲は、なぜ非常に限られたのか

第二のアンバンドリングが起きて、21世紀型製造業の現実が一変した。発展途上国の競争力の土台は、低技術と低賃金の組み合わせから、高技術と低賃金の組み合わせに切り替わり、製造業は活況に沸いた。高技術・高賃金か低技術・低賃金のいずれかの組み合わせのままだった立地では、製造業が不況に沈んだ。高技術の製造大国（アメリカ、日本、ドイツ）から遠く離れすぎているか、国際生産ネットワークに加わるために必要なことをしようとしなかった発展途上国は、変化がほとんど見られなかった。

三段階制約のナラティブに照らせば、グローバリゼーションの第三の制約（ヒトを移動させるコストの高さ）はまだ強いので、一連の変化が起きる範囲は地理的に非常に限定される。製造業革命が起きたのは、高技術企業が自社の生産ネットワークに組み入れることにした発展途上国だけだった。対面コストを節約するため、オフショアリングは近くにある一握りの国に集中した。

インドは特殊な例になり、対面でやりとりするのを阻む制約がきわめて小さいサービスを通じて、

グローバル・バリューチェーンに加わっている。

三つ目の結果は、北と南で生産が共有された直接的な結果であり、ごく当然の帰結である。国際生産ネットワーク内でモノが移動すれば、何度も国境を越えることになるはずだ。

発展途上国はなぜ行動を変えたのか

G7の生産ネットワークを引き寄せられた発展途上国にとって、第二のアンバンドリングは正真正銘の革命だった。工業化と成長の新しい経路が開かれたのだ。1970年代、80年代、90年代には、誰もが技術移転を望んでいた。それがついに実現したのだ。ただし、20世紀の開発理論がそうなると説いた形とは違っていた。発展途上国は、サプライチェーン全体を国内に構築して、国際競争力を身につける20世紀のやり方をとらずに、グローバル・バリューチェーンに加わって競争力を身につけ、参入の度合いを高めることで工業化を進めていった。

この新しい工業化の経路は機会であるだけではなかった。脅威でもあったのだ。中国が新しいやり方で工業化すると、他の発展途上国は古いやり方をとることができなくなった。それは、かつてはアメリカ、ドイツ、フランス、日本、最近では韓国で成功した道だった。端的に言って、低技術・低賃金では、高技術・低賃金と競争できない。

もっと実際的な話をすると、第二のアンバンドリング（グローバル・バリューチェーン革命とも呼ばれる）に加わるチャンスを求めた発展途上国は、ある種の政策を受け入れる必要があった。グローバル・バリューチェーンを「国境を越えた工場」と考えると、そうした政策を理解できるようになる。この視点に立てば、グローバル・バリューチェーンへの参入を拡大させるには、二つの保証が必要になる。一つはサプライチェーン保証、もう一つはオフショアリング保証だ。

サプライチェーン保証は、国境を越えて分散する工場をつなぐ必要に対応するものである。21世紀型のサプライチェーンは、貿易－投資－サービス－知的所有権のすべてが結びついた「集合体」だ。高品質で価格競争力のある財をタイムリーに顧客に届けるには、モノ、ヒト、アイデア、投資の継続的な双方向のフローを通じて、生産施設を国際的に調整しなければいけない。こうしたフローを一つでも脅かすようなことは、グローバル・バリューチェーンに加わって工業を発展させる障害になった。産業保護主義が21世紀になって破壊主義に転じたのはそのためである。

こうした点を念頭に置くと、発展途上国が貿易自由化に舵を切って、投資を奨励し、サービスを重視し、知的所有権を保護する改革へと大きく方向転換したのも腑に落ちる。そうした政策の変化が、製造業と貿易の変化と同時に起きたことも、納得がいく。第二のアンバンドリングがそのすべての原動力になった。もっと具体的に言えば、第二のアンバンドリングのもとで二国間投資協定（BIT）と、二国間の深い地域貿易協定（RTA）が高度な技術を持つ国とのあいだで結ばれて、保証が提供されたのである。

興味深いことに、多数の発展途上国がこうした規律を受け入れたが、グローバル・バリューチェーンに参入して成功した国はほとんどなかった。これはグローバリゼーションに対する誤解が招く典型的な結果である。わけても、対面でやりとりするコスト（現在の強い制約要因）について、距離の役割が誤解されている。移動が日帰りですむのと、一泊以上かかるのとでは、雲泥の差がある。

グローバル・バリューチェーン革命が南アメリカとアフリカにはまだ及んでいないが、アジア、中央アメリカ、中央ヨーロッパでは急速に広まっている理由も、これで説明がつくだろう。簡単に言ってしまうと、アフリカの大部分、そして南アメリカ全域は、北のノウハウからあまりにも遠く離れすぎているのだ。

BOX9

「新旧グローバリゼーションがもたらすインパクトを解き明かす」の要約

貿易コストが下がると、産業はG7諸国に集積し、成長を加速させるイノベーションが生まれはじめた。アイデアの移動コストはそれほど下がらなかったので、イノベーションは北にとどまった。北は工業化し、南は空洞化した。産業の発展が不均衡だったため、北の成長は南よりも先に離陸し、成長ペースも速かった。その結果として大いなる分岐が起こり、国際貿易のフローが急速に拡大した。

ICT革命が起きて、国際生産チェーンの境界内でアイデアを移動させるコストが下がると、G7の企業は、北の知識を南に移した。ノウハウの地球上の分布に巨大なインバランスが生まれている状況を利用してアービトラージ(裁定)を始めたのである。その結果、こうしたグローバル・バリューチェーンに加わっていた国が急速に工業化し、G7企業の本国が急速に空洞化した。するとまた、急速な工業化を背景に所得が急速に伸びた。成長の恩恵を受けたのは、19世紀、20世紀には全人類の5分の1だけだったが、今回は人類の約半分に波及した。その結果として商品需要が急増し、国際商品の価格と輸出は20年間にわたって高い水準で推移した。やがて、オーストラリアからナイジェリアまで、商品輸出国の成長が次々に離陸していった。

この章で示したように、歴史の流れを変える一連の結果が生まれた理由は、第6章で論じた経済学を応用することで、すべて説明がつく。

第Ⅳ部　なぜそれが重要なのか

グローバリゼーションは、ほぼ200年にわたって世界を変えてきた。なかには現実から目を逸らしている国もある。今日の北朝鮮や1990年代までのアルバニアがその例だ。しかし、ほとんどの国はグローバリゼーションを受け入れ、歴史がどんなカードを配ろうと、それを最大限に活用することを決めた。豊かな国の多くは、グローバリゼーションの恩恵と痛みをすべての市民で分かち合い、労働者には明日の仕事に備えさせる政策を打ち出す一方、発展途上国の多くは、工業化を促す政策を取り入れた。

そうした対応の背景にある考え方の大半は、オールド・グローバリゼーションの伝統的な概念化によっていた。グローバリゼーションの最初の170年間はそれでよかったが、今は違う。従来の見方を今日の課題に当てはめるのは間違いだ。それはグローバリゼーションを見誤っている。これが本書の核となる主張の一つである。

それを雄弁に物語る例がある。ハーバード大学の経済学者、グレッグ・マンキューは2015年4月24日付けのニューヨーク・タイムズ紙のオピニオン欄に寄稿し、アメリカ議会に対して、環太平洋パートナーシップ（TPP）協定や、大西洋横断貿易投資パートナーシップ（TTIP）協定など、21世紀型の貿易協定を成立させるために必要な権限をオバマ大統領に与えるよう、強く求めている。理由は次のとおりだ。

自由貿易を支持する経済的議論は、アダム・スミスに遡る。18世紀に『国富論』を著した、現代経済学の祖父である。……アメリカ人は他国と比べて優位に立つ産業で働くべきであり、他国のほうがより低コストで生産できる財を輸入するべきである。

マンキューには頼もしい仲間がいる。アメリカを代表する13人の経済学者が、同じことを求めるアメリカ議会に宛てた公開書簡に署名しており、マンキューもそこに名を連ねていた。彼らは端役ではない。全員が一流の経済学者であり、アメリカ大統領経済諮問委員会の委員長を経験している。どれだけ華麗な経歴を持っていようと、この経済学者たちは貿易政策を見誤っている。オールド・グローバリゼーションのロジックを、ニュー・グローバリゼーション時代の貿易協定に当てはめているのだ。「序章」で触れたサッカーチームのアナロジーに戻ると、TPPをまるで選手のトレードを奨励するものであるかのように特徴づけている。これを所与とすると、議論の残りの部分は鉄壁になる。貿易を自由化すれば、「自分たちがいちばん得意なものに特化し、残りを輸入する」ことで、すべての国が利益を得られるようになる。しかし現実には、TPPは他のチームを鍛えるサッカー・コーチにずっと近い。TPPが成立すれば、高度なノウハウを低賃金国に移しやすくなる。

この結果はアダム・スミスの推論には含まれない。

グローバリゼーション政策の大部分がオールド・グローバリゼーションを念頭に組み立てられたため、政策対応の大部分は的外れであるか、少なくとも最適とは言えない。それを示す例をいくつかあげよう。労働組合などの経済団体は、セクターやスキルグループ単位で組織されることが多いが、それはオールド・グローバリゼーションがセクターやスキルグループのレベルで経済に影響を及ぼしていたからだ。また、国の教育戦略が通常、有望なセクターの有望な仕事ができるように子どもたちを訓練しようとするものであるのは、オールド・グローバリゼーションは先行きが予測しやすく、どれが新興セクターでどれが斜陽セクターであるかを見分けられたからである。同じように、世界中の政府が特定のセクターや特定の地理的な地域（たいていは斜陽セクターに特化していた地域）の衰退に対応する政策をとって、構造調整の痛みを和らげようとしている。そうした政策の大半は、今のグローバリゼーションには適さない。今日のグローバリゼーションは、変化が急で、効果が個別化し、政府がコントロールするのが難しく、予測がつきにくいものになっている（第5章を参照）。

結局のところ、グローバリゼーションの性質の変化に対応する魔法の解決策などあるわけがない。ニュー・グローバリゼーションは、政府には重荷になる。それなのに、数多くの政府やアナリストがオールド・グローバリゼーションのメンタル・モデルを使って、ニュー・グローバリゼーションの効果を理解しようとしているため、元々の解決の難しさに拍車をかけている。

グローバリゼーションは根底から変化しており、政策を幅広く見直す必要がある。第Ⅳ部では、そうした政策をひととおり見ていく。第8章では、先進国のグローバリゼーション政策について、第9章では、発展途上国のグローバリゼーション政策について、それぞれどう見直せばいいかを考える。

第8章

G7のグローバリゼーション政策を見直す

「進歩の真髄とは、変化のなかに秩序を維持し、秩序のなかに変化を維持することである」。これは哲学者アルフレッド・ホワイトヘッドの言葉であり、グローバリゼーションが世界中の政府に投げかける課題を要約している。それが特に当てはまるのが、先進国である。

進歩するには変化が必要だが、変化には恩恵だけでなく痛みも伴う。政治の観点から見た問題の核心はそこにある。進歩しつづけることに対する支持を政府が取り付けたいのであれば、恩恵も痛みも分かち合うと、市民が信じられるようでなければいけない。少なくとも豊かな国では、そうした信頼は十分には得られていない。ピュー研究所が2014年に行った世論調査によると、貿易は雇用を破壊すると考えている人の割合は、イタリアが60％、アメリカとフランスが50％、日本が40％にのぼる。[1]

第8章では、これまでの章で論じたグローバリゼーションの変化を踏まえて、政策をどう再考すればいいか検討していく。それでは、競争力政策、産業政策、貿易政策、社会政策を順番に見ていくこう。

競争力政策を見直す

競争力はかつてのものとは違う。1990年代に競争力という概念が広まったとき、この概念は役に立たないどころか、危険ですらあった。[2]「競争力問題」の提唱者たちは強力なメタファーと刺激的な流行語を操り、一躍時の人になった。生半可な知識はかえって危険なものだが、このケースではそれに巧みなレトリックが加わって、ポール・クルーグマンの言う「危険な妄想」に転じた。[3]

競争力の権威たちは問題を提起し、それに沿って解決策がとられた。それはごく当然のものであるかのように見えたのだが、その解決策が打撃をもたらした。日常にあるような競争は、自分がしていることと、他の人がしていることを比較するものだ。ビジネスでも、恋愛でも、スポーツでも、それは変わらない。「競争」という言葉そのものが、勝ち負けを連想させる。あなたにとって良いことは、私にとって悪いことになる。何と言っても、私たちは競い争っているのだから。政策立案者は国の問題を徒競走のようにみなしはじめたが、しかし実際には、問題はダイエットに近かった。徒競走では、誰か一人が勝ち、他のすべての人は負ける。結果は相対的な成果で決まる。ダイエットの場合は、全員が勝つことができて、結果は相対的な成果ではなく、自分自身の努力で決まる。

幸いなことに、教訓は学ばれている。競争力政策は今では、セクシーな下着をまとった、まさに注目すべき成長政策だ。政策の重点は、生活水準を上げるために国自身が何をしなければならないか、というところに振れ戻っている。他国と比較するのはベンチマーキング評価をするためであり、国家レベルで競い合うためではない。

競争力政策で考慮するべき新しい事項

従来のグローバリゼーションのパラダイムでは、生産を国のものと考える。この考え方に、成長の必然的なロジック（BOX10参照）が加わると、政策の方向性が非常にクリアになる。成長を促進する競争力政策は、人的資本、物的資本、社会資本、知識資本への投資を増やし、新しい資本が賢く使われるようにするものでなければいけない。

> **BOX10**
>
> **不可避の、成長の論理**
>
> 生活水準を高めるということは、生産を増やすということである。理由はごく単純で、国の所得は国の生産高で決まるからだ。誰かが何かをつくれば、誰かがそれを保有することになるので、国内総生産（GDP）は生産高と所得の両方を測る指標となる。
>
> 生産高を毎年増やすには、労働者、農家、技術者、経営管理者が生み出す価値が毎年増えなければならない。それにはツールが毎年増えて、毎年良くなっていかなければならない。ここでいう「ツール」とは、物的資本（機械、インフラなど）、人的資本（技能、訓練、経験）、社会資本（信頼、法の支配、社会正義感）、知識資本（テクノロジー、製品開発など）を広く意味する。

生産工程が工場のなかで、少なくとも国のなかで結合していたときには、こうした資本のいずれかへの投資を増やすことは、成長を後押しする。そこで政府は、どの種類の資本に投資するかという問題を脇に置き、「市場の失敗」の問題に焦点を合わせた。なぜ市場は十分な投資をしていないのかという問題を考えたときには、たいていスピルオーバーや市場の失敗がかかわっていた。この単純化を念頭に置くと、何が良い政策であるかがはっきりと見えてくる。政府は市場の失敗が起きている投資に集中するべきである。そのため、だいたい次のような政策が実行された。

- 政府出資の研究、民間セクターの研究開発への補助金、税控除、研究志向の大学への支援を通じた知識資本への投資の促進。
- 教育、訓練、再訓練に関連する政策を通じた人的資本への投資の促進。
- インフラや社会資本への投資の促進。

競争力政策を検討するときは主に、どの政策がスピルオーバーを最大化するか、あるいは、どの政策が大きな市場の失敗を是正するかに焦点が置かれた。前者の答えはたいてい研究開発で、後者の答えはほとんどインフラだった。

細分化され、動きの速い世界での競争力政策

細分化され、すばやく動く世界では、物事はもっと複雑に絡み合っている。私はザンクトガレン大学の経済学者、サイモン・エヴェネットとともに、イギリス政府に向けて共同で執筆した製造業

における価値創造と貿易に関する2012年の報告書で、そう指摘している。[4]

ここでの最大のポイントは、賢い政府は、国際的に移動する生産要素と、国際的に移動しない生産要素を注意深く峻別しなければならないということである。両方とも重要だ。どちらも国民所得に寄与する。しかし、エンリコ・モレッティが必読の著書『年収は「住むところ」で決まる――雇用とイノベーションの都市経済学』で述べるように、G7諸国で創造された良い仕事は、地域に乗数効果をもたらすが、G7企業が海外で良い仕事を創造しても、地域に乗数効果は生まれない。[5]

二次元評価

ある種の資本は海外に逃げることがあるのだとすれば、政策を検討するときには、さまざまな生産要素の「粘着性」を重視しなければならない。例によって、政府の介入が良いアイデアになるのは、市場に何かが欠けていて、スピルオーバーも重要になるときだけだ。この二つの考察を組み合わせると、生産要素の供給を増やすための政府の政策を評価するときには、必然的に、移動性とスピルオーバーの潜在性という二つの次元で生産要素をランク付けすることになる。図55に、成長促進政策の目標になると考えられる要素を一般的に概念化して、それを図式化したものを示している。

金融資本や基礎科学など、移動性の高い生産要素の供給を増やすための政策を通じて、G7の製造業を振興させようとしても、現地の鉱工業生産にはほとんど効果はないだろう。新しく創造された資本は、報酬がいちばん高い国へと流れやすい。そうした政策を実行している国は、政策のコストを負担しなければならないが、恩恵はごくわずかしか受けられない。だとすれば、そのような支援は国際的に調整しなければいけないのは明らかだ。移動性を表す縦軸に目を戻すと、物的資本は

図55　政策のターゲット：粘着性と潜在的なスピルオーバー

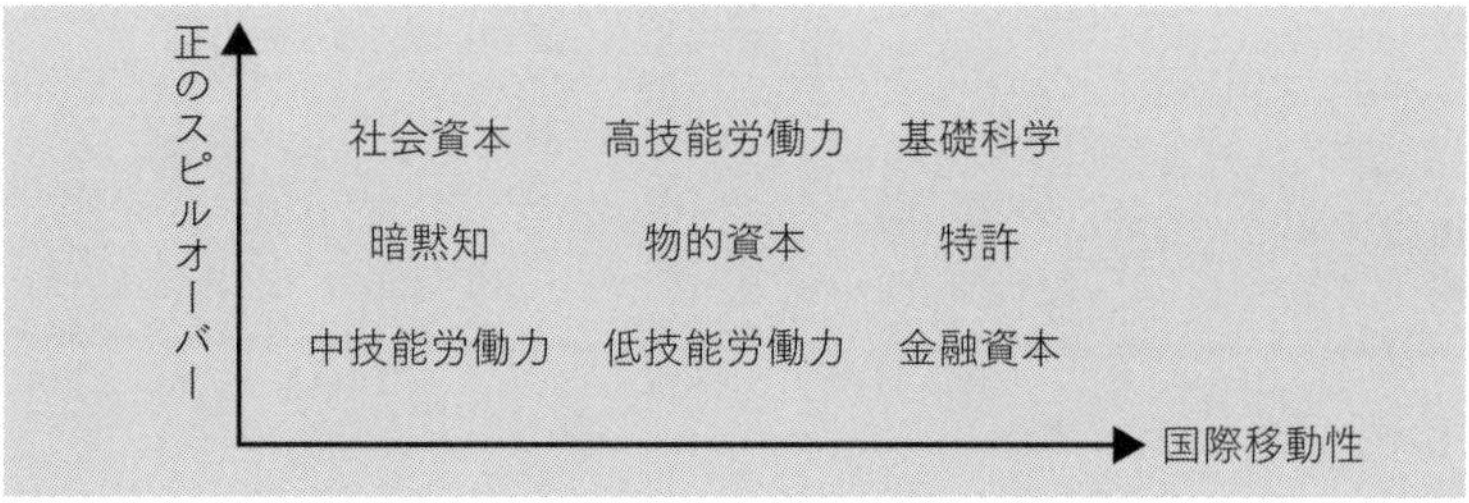

豊かな国の競争政策に見られる標準的な特徴は、人的資本、知識資本、物的資本など、特定の生産要素を強化することである。従来の考え方では、そうした要素の国のストックが増えたときの社会的報酬は私的報酬を上回るとされる（したがって、市場での自由な競争に任せておけば、生産要素が不足してしまう）。「正のスピルオーバー」とは、社会的報酬が私的報酬を上回る状況を表す専門用語である。第二のアンバンドリングが始まる前の世界では、スピルオーバーが及ぶ範囲は経済政策分析で考慮する大きな経済要因だっただろう。

比較優位の源泉が国境を越えることのある世界では、どの生産要素を強化するかを決めるときには、生産要素の「粘着性」も分析に反映させるべきである。たとえば、アメリカがスピルオーバーを根拠に新商品の開発に大幅な税控除を適用するが、その結果として生まれる付加価値の大部分が海外で発生することになれば、知識の創造に補助金を出したアメリカの納税者はスピルオーバーの恩恵を受けられないだろう。

出所：Baldwin and Everett (2012) を修正。Figure 10.

国際的な移動性がやや低く（埋没後）、スピルオーバーの潜在性は中位にある。

高技能労働力は、低い移動性と高いスピルオーバーという魅力的な組み合わせになる。技術教育に補助金を投入することが国の産業競争力を高めるベストな方法だと、ほぼすべての政府が考えており、その理由の一つがこれである。

この状況について考えるなら、視点をひっくり返して、外国が他の国の成長促進政策を利用できるかどうかを考えてみるといい。たとえば、海外で教育を受けた高技能労働者を呼び込む政策は、この枠組みでは非常に理にかなう。それは数多くの国が推し進めている政策でもある。アメリカのH－1Bビザはよく知られている例だ。スイスでは医師向けのプログラムがそうである。スイスで診療活動をしている医師のおよそ4分の1は、海外の医師免許を持っている。大半はドイツ、フランス、イタリア、オーストリア出身者だ。医師がスイスをめざすのは、報酬が高く、労働環境が魅力的だからである。送り出す側の国では医学部は学費が無料なので、スイスの医療セクターが近隣諸国から手厚い補助金を受けているのは明らかだ。

この教育政策の意図しない結果は、とても目に見えやすい。それに比べると目に見えにくいが、国際生産ネットワークのなかで今、それと同じことが起きている。アメリカの空調設備メーカー、キヤリアが2016年にインディアナポリスの施設を閉鎖して、生産をメキシコに移すと発表したが、それは、税控除を受けられる研究開発の一部を使って、海外に雇用を創出すると、暗に言っていたのである。だからといって、オフショアリングが間違っているというわけではない。研究開発に補助金を出すことが間違っているわけでもない。研究開発補助金の性質や、補助金を出す根拠を、ニュー・グローバリゼーションの性質に合わせるべきだということだ。

ダイアグラムで物的資本の隣にあるのが暗黙知である。暗黙知は、生産の空間的集積を促すと思われる知識と定義される。そうした知識を直接創造するのは難しいが、暗黙知は一度生み出されると、国外に流出する可能性が低いという大きな利点がある。この組み合わせは他になく、これほどたくさんの国が産業のクラスターやハブを生み出そうとしていることにも説明がつく。中技能・低技能労働力の位置については、説明はほとんどいらないだろう。この二つの要素の特徴は、公共の利益と個人の利益が緊密に結びついていることである。

そして最後に、それぞれの国、もっと言えば、それぞれの国のそれぞれの立地に「社会資本」があり、労働者や企業にとっての立地の魅力に影響を与える。社会資本とは、信用と信頼性にもとづく人々の相互作用で構築される。よく旅行する人ならおわかりのように、こうした無形の要素は社会によってまったく違う。経済的な相互作用が働くには信用が必要なので、社会的正義感と信用の存在が、経済活動を引き寄せる重要な磁石になることがある。スピルオーバーについては、社会資本は特定の地域に固定されるが、さまざまな工程やセクターに恩恵をもたらす。

粘着性とスピルオーバーを考えるときには、リスク要因も考慮に加えるといいだろう。ここでのポイントは、雇用や経済活動がニュー・グローバリゼーションのもたらす変化にどれだけ脆いかは、グローバル・バリューチェーンにおける位置にも左右されるということだ。

価値が主に一つの工場、あるいは少なくとも一つの国のなかで創造されていたときには、政策立案者にとって、自国の労働者が自国経済のバリューチェーンのどこに位置しているかを気にかける理由はほとんどなかった。しかし、生産工程が細分化されて、簡単に国際分散できる時代には、価値のネットワークの中心性が重要になることがある。

ある活動が一つのタイプの顧客だけを対象としているときには、顧客のオフショアリングがサプライヤーのオフショアリングにつながる可能性がある。経済活動は、結局のところ、顧客に近くにいようとするものだ。これに対し、幅広いセクターを対象とする財やサービスの生産にたずさわる労働者は、将来のグローバリゼーションの突然の変化に適応しやすい。このロジックの原理は、「卵は一つのカゴに盛るな」という古くからある教えと同じであり、変化が急で、予測がつきにくい世界でも、それに尽きる。

政府が競争力政策で高めようとするであろうスキルの種類にも、同じことが言える。ここでも需要の中心性が重要になるので、考慮事項に加えるべきだ。同じ理由から、スキルの柔軟性も大事である。

人的資本が鍵になる

この政策目標のチェックリストを見ると、競争力政策の新しいパラダイムについて考えるときには、数多くある生産要素のうち、ヒトとスキルが非常に重要になることがわかる。ほとんどの労働者は、個人的な理由から国際移動性が低いので、国内の人的資本への投資は国内にとどまりやすい。集積力も、粘着性を高める要因になる。熟練サービス労働者には、集積の経済が作用することが多い。第6章で論じたとおり、スキル・クラスターは個の総和以上のものを生み出すので、桁違いに高い賃金を払うことができる。

人的資本には、柔軟性が高いという魅力もある。卓越性を生み出すスキルはセクターや工程を越えて移転可能であることが多く、労働者は需要の変化に適応できる。また、人的資本は投入産出構スクへの需要のほうが安定している。技能集約型のサービスはさまざまな工程や商品に投入されるので、そうしたタスクへの需要のほうが安定している。

産業政策を見直す

G7の政府はずっと、製造業の雇用を注視し、工場の仕事に重きを置いていた。それは今も変わらない。そうするのには政治的な理由がたくさんあるだろうが、確固とした経済的論拠もある。それを裏付けていたのが生産性の伸びである。

1世紀余りにわたり、製造業が生産性の伸びを牽引してきた。もちろん、工場労働者はストーリーの一部にすぎない。進歩の大部分は、製造業セクターにおける製品や工程のイノベーションから生まれたが、工場は空間アンカーとみなされた。どちらにしても、すべての工程が国内で結合している限り、生産は国のものであり、工場は生産性の伸びを示す格好の目印だった。

ところが、1990年代に生産工程が細分化されてオフショアリングが進むと、状況は一変する。製造業のバリューチェーンが細かく区分されると、労働集約型の組立製造工程は切り離されてオフショアに移され、オフショアの組立製造をG7の標準まで引き上げるために必要なG7のノウハウも移転された。この高技術・低賃金の組み合わせは大きな効果を生み、組立製造コストは急激に下がった。これを受けて組立製造はコモディティ化したが、組立製造前と組立製造後のサービス工程はコモディティ化しなかった。その結果が、第5章で論じたスマイルカーブである。

政府が良い仕事を増やそうとしているか、輸出競争力を高めようとしているかに関係なく、価値がサービスにシフトしているのであれば、21世紀の産業政策では、工業セクターの比重を大きく引き下げなければいけない。

モノをつくらない製造業の良い仕事

ユニクロのような企業が高度な知識と低賃金を組み合わせると、組立製造工程で付加される価値は急落する。そうなると、日本の技術を使う日本の労働者が、日本の技術を使う中国の労働者と競争することはほとんど不可能になる。そんな仕事を日本で増やそうとするのは愚かだろう。日本にはまだ、製造業関連の良い仕事が残っているが、多くはサービスの仕事であり、この流れは広がっていくと見られる。そうであるなら、政策立案者は「良い仕事」をもっと広くとらえなければならない。

集積の経済はもう一つ、重要な事実を生み出す。「粘着性」の高い仕事は良い仕事であることが多く、粘着性の低い仕事は悪い仕事であることが多い。モレッティは次のように書いている。「イノベーションでは、企業が成功するかどうかは、イノベーションを取り巻く生態系全体で決まる……。イノベーションの拠点を移動させるのは、伝統的な製造業を移動させるよりも難しい……。企業を一つだけ移すのではなく、生態系をそのまま移さなければいけなくなる」。各種のサービスにも、これと同じことが言える。

製造業のサービス化が進むと、国の輸出財の競争力は、さまざまなすぐれたサービスを妥当な価格で利用できるかどうかに左右されるようになるだろう。そうであるなら、すぐれた多角的なサービス・セクターを21世紀の産業基盤と考えるべきだ。だとすれば、G7の産業政策は、工業だけを対象とするべきではない。少なくとも工場制製造業という意味での産業だけを対象としていてはだめだ。製造業に関連するサービスを育てることも視野に入れなければいけない。

雇用を一部失うのか、雇用を全部失うのか

第二のアンバンドリングをリアルタイムで経験した別の企業の事例も教訓になる。ダイソン社が2003年に生産をマレーシアに移したとき、イギリスのメディアはこの動きを冷ややかに見ていた。デイリー・メール紙の記事のなかで、労働組合幹部のロジャー・ライオンズはこう話している。「ダイソンは800人の従業員を裏切って、彼らの仕事を海外に移したうえ、サプライチェーン企業から何百もの雇用を奪っている。自分の会社や製品をここまで育ててくれたイギリスの製造業界と消費者に対して、背信を働いているのだ」。

しかし、創業者でオーナーのジェームズ・ダイソンは、この動きは雇用を守るものだと訴えた。ガーディアン紙のインタビューで、ダイソンは次のように語っている。

当社が今大きく発展しているのは、そうしたからだ。そうしていなかったら、長く生き残ることができていたかわからない……。マルムズベリー（イギリスの拠点）では1300人を雇用している。エンジニア、科学者、事業の運営にあたるスタッフたちだ。生産をマレーシアに移すという決断は、ある意味ではイギリスにとって良いことではなかった。なぜなら、単純労働者をもう雇わなくなるからだ。しかし、当社では賃金率も付加価値の水準も上がっている。

ダイソンの判断は正しかったようだ。

フィナンシャル・タイムズ紙の2014年の記事によれば、ダイソンは、2020年までにイギリスで3000人規模の科学者とエンジニアの雇用を生み出す計画を発表した。いちばん大きな問題は、スキル不足だった。「科学者やエンジニアが活躍する場をここマルムズベリーにつくりたいのだが、イギリスでは毎年6万1000人のエンジニアが不足しており、人材を見つけるのが難しい」とダイソンは語るが、エンジニア不足が続いているにもかかわらず、それでもイギリスは「発明するには最高の場所」だと言う。

サービスに焦点を合わせると、サービス労働者のインフラに関する疑問がおのずとわく。この種の「産業」活動の工業地帯はどこになるのだろう。

21世紀型「工場」としての都市

ハーバード大学の経済学者、エドワード・グレイザーによると、優秀な人材が都市に集まるのは、そうすることで生産性が上がるからである。それが豊かな国の競争政策に意味するものは、単純明快だ。人的資本と都市が、21世紀の労働の風景の基礎になるだろう。都市とは、人々が出会い、顔を合わせたつながりと交換のネットワークが形成される場所であり、アイデアを交換し合い、アイデアを競い合う場所であり、新しいテクノロジーが発展し、スタートアップ企業が栄える場所である。

また、都市は労働者と企業、そしてサプライヤーと顧客のマッチングも最適化する。この意味では、都市はスキル・クラスターになる。エンリコ・モレッティの言うところの「頭脳ハブ」だ。都市の成功と人的資本は、密接に結びついている。過去100年間、都市成長との一貫した関係がはっきり認められる要因の一つに、都市のスキル水準がある。

製造業が分散しているのに人が集まるのは、貿易財セクターにおける高技能の仕事は、集積の経済があると同時に（第6章を参照）、対面でやりとりしなければならないことが多いからだ。アメリカに関する記述で、エンリコ・モレッティは集積力を次のように説明している。「知識経済はその性質上、伝統産業以上に地理的に集積する傾向がある。……熟練労働者や良い仕事を呼び込むことができるコミュニティには、熟練労働者や良い仕事がさらに集まる傾向があるので、成功した都市はますます発展する。熟練労働者を呼び込めないコミュニティは、どんどん沈んでいく」。

そう考えている政府の一つがオランダである。オランダ経済政策分析局が2010年にまとめた報告書「2040年のオランダ」を読むと、ICTの進化によって労働の風景が凸凹になっていくさまが浮かび上がる。21世紀には、「都市に高学歴の人々が集積し、スタートアップ企業が栄え、顔を合わせた交流が盛んになって、生産性が高まる。そうして都市の生産性はますます上がっていく」と、報告書は伝えている。

この報告書の執筆者たちにとって、それが政策にどのような意味合いを持つのかは、一点の曇りもなく明快である。「都市を単なる人間の集まりと考えるべきではない。都市とは、新しいアイデアと物事の新しいやり方を生み出す労働空間の集合体なのである」。

製造業に関連する良い仕事がなくなることはないだろうが、組立製造工程ではなく、組立製造前・組立製造後の工程のものになるはずだ。そうした仕事の多くは都市に集まるだろう。

ここまでの議論をまとめると、G7の政策立案者のやるべきことが見えてくる。

- 輸出財について考えるのをやめて、輸出財に投入するサービスについて考えはじめる。
- 良いセクターについて考えるのをやめて、良い（サービスの）仕事について考えはじめる。
- 国内の工場を産業基盤と考えるのをやめて、サービス・セクターを21世紀の産業基盤と考えはじめる。
- 都市は生産ハブであり、多種多様な世界クラスのサービスの再結合を加速させる場所だと考えはじめる。

あえて言うなら、都市がうまく機能することは、G7政府にとっては国内の良い仕事を中国から守る「チャイナ・プルーフ」にもなる。

チームを再構築する：社会政策

ニュー・グローバリゼーションは、国の労働力と国のテクノロジーを結びつける暗黙の社会契約を破った。オールド・グローバリゼーション時代には、テクノロジーの潮位が上がると、すべてのボートが押し上げられた。他よりもずっと大きなボートに乗っている人がいたとしても、そうだった。ニュー・グローバリゼーション時代には、テクノロジーの潮位が上がると、外国人労働者のボートも、国内労働者と同じだけ押し上げられる可能性がある。この点を、具体例を使って説明していこう。

サウスカロライナ州にはかつて、織物工場の仕事がたくさんあった。しかしそんな時代は終わっている。地元にはこんなブラックジョークまである。「現代の織物工場が雇うのは、人間一人とイヌ一匹だけだ。その人間はそこでイヌにエサをやり、イヌはその人間が機械に近寄らないように見張る」。この話はアダム・デヴィッドソンがアトランティック誌（第6章参照）で触れたものである。そこに透けて見えるのは、中国とメキシコからの競争のあおりで大半の織物工場が閉鎖に追い込まれ、製造のデジタル化が進んで、残った工場も「ほぼ自動化されたコンピューター制御の機械」に取って代わられた現実だ。低技能のアメリカの工業労働者は、国内ではロボットと競争し、海外ではメキシコ人と競争している。どちらも形勢は悪い。

しかし、それが100％正しいわけではない。オールド・グローバリゼーションでは、サウスカロライナの労働者は高賃金でも競争することができたが、それはアメリカの高い技術を独占に近い形で使っていたからだ。ニュー・グローバリゼーションでは、このチームがばらばらになっている。サウスカロライナの労働者は今では、メキシコの労働者とも、メキシコの資本とも、メキシコのテクノロジーとも競争していない。1970年代とは状況が違っている。彼らが競争しているのは、アメリカのノウハウとメキシコの賃金という無敵の組み合わせである。グローバリゼーションはもう、ナショナルチームで戦うスポーツではなくなっているという漠とした空気が漂っており、有権者がグローバリゼーションを恐れる理由の一つになっている。

これは社会政策にどのような意味を持つのだろう。進歩は変化から生まれ、変化は痛みをもたらす。そこで、前にも強調したように、進歩しつづけようとする政府は、進歩の恩恵と痛みを市民が分かち合う方法を見つけ出さなければいけない。どの時代もそうだったが、ニュー・グローバリゼーションのもとでは、G7諸国の政府は仕事ではなく、労働者をいっそう守る必要がある。さらに、今日のグローバリゼーションでは柔軟な働き方が求められるので、労働が柔軟になっても生活水準が下がらないようにすることが、それ以上に重要になる。政府は経済面での保障を提供して、労働者が環境の変化に適応するのを助けなければいけない。

貿易政策を見直す

第二のアンバンドリングが始まる前は、貿易政策は主に貿易を対象としていた。輸出品は、一つの国の生産要素を束ねた「パッケージ」だった。政治的な観点からは、貿易政策とは、国の企業が海外でもっと売れるように手助けすることが主な目的だった。

第二のアンバンドリング後の貿易政策は、貿易だけが対象ではない。輸出品と輸入品は、複数の国の生産要素を束ねた「パッケージ」である。国の生産資源によって付加される価値を最大化するには、今ではグローバル・バリューチェーンのなかで海外の資源をいくつか取り入れる必要がある。先のダイソンの例で言えば、オフショアリングの効果でマルムズベリーに新しい雇用が生まれ、エンジニアの給与が上がった。したがって、貿易政策はグローバル・バリューチェーンがうまく機能するようにすることをめざさなければいけない。

G7諸国にとっては、自国の企業が有形資産と無形資産の価値を最大化するのを後押しする貿易ルールを書き上げるということだ。この点を理解するには、モノに対する考え方を変えなければいけない。トヨタのランドクルーザーは、自動車ではなく、日本の労働力、資本、イノベーション、そして、管理、マーケティング、工学、生産のノウハウが一つにまとまったものと考えることができる。1982年には、ランドクルーザーは、相手国の財産権にかまわずに、どの国にも輸出できた。投入財を分解することは基本的に不可能だったからだ。トヨタの無形財産権は、日本では法律によって守られ、海外では物理特性によって守られていた。しかし今では、状況は一変している。[6]

トヨタは今、ランドクルーザーを数ヵ国で組み立て、部品・コンポーネントを世界中の工場から調達している。数多くの発展途上国もそれに含まれる。部品はすべて問題なく適合しなければいけないので、トヨタは現地のノウハウだけに頼らない。国際サプライチェーンに投入する部品を生産するときには、日本の資本、日本のイノベーション、日本のノウハウを現地の労働力と組み合わせる。その結果、投入財は分解できないから大丈夫だという考え方では、トヨタの無形財産を守りきれなくなっている。

言い換えると、生産のアンバンドリングを背景に、無形財産を守るのに危うさを抱えるようになっているということだ。トヨタの工場が進出する発展途上国でトヨタの財産権が尊重されるようにするには、規律を深める必要がある。環太平洋パートナーシップ（TPP）協定のような深い地域貿易協定（RTA）の狙いは、大枠ではそういうことである。

しかし、どのような規律が必要なのか。第3章では、今では「深い」規律がRTAに盛り込まれるのが普通になっていることを、具体的な例をあげて説明した。ここでは、どのような種類、どのような性質の規律が必要になるかについて考える枠組みを提示する。

ルールと規律に関して言えば、貿易政策にとって決定的に違っていることがある。国境を越える物事が複雑化し、相互の結びつきが強くなっていることだ。貿易ー投資ーサービスー知的財産の集合体とでも呼べるものになっているのである。この集合体のことを第5章では「21世紀型貿易」と名づけたが、そこでは二種類の規律が必要になる。

一つ目のカテゴリーには、海外でビジネスを展開しやすくするための措置が含まれる。企業が海外に生産施設をつくるか、海外のサプライヤーと長期的に提携するときには、資本だけでなく、技術、管理、マーケティングのノウハウも、新たな国際リスクにさらされることになるのが普通だ。こうした有形・無形の財産権への脅威は、21世紀型貿易の障壁になった。グローバル・バリューチェーンはそうした保証を提供できない国に築かれることはまずないからだ。以下に例をあげよう。

- 海外の知識資本の所有者が公正に扱われ、その財産権が尊重されることが保証されていると、暗黙・明示的な技術と知的財産を共有しやすくなる。
- 財産権、設立権、反競争的慣行の防止が保証されていると、労働者やマネジャーの訓練、設備・プラントへの海外からの投資、長期的な取引関係の発展につながりやすくなる。
- 新しい海外直接投資（ＦＤＩ）から、利益の本国送金まで、ビジネス関連の資本フローに関する保証も、貿易－投資－サービスの集合体の投資の部分が発展する後押しをする。

二つ目のカテゴリーには、国際生産施設が一つにつながった状態を維持できるようにするためのさまざまな政策がすべて含まれる。高品質で競争力のある価格設定の財をタイムリーに顧客に届けるには、モノ、ヒト、アイデア、投資の継続的な双方向のフローを通じて、生産施設を国際的に調整する必要がある。以下に例をあげる。

・各工場をつなぐには、多くの場合、迅速な輸送、世界規模の電気通信、マネジャーや技術者の短期の移動が求められるので、インフラ・サービスとビザに関する保証も重要になる。
・関税などの国境措置も重要であるのは20世紀と変わらないが、生産チェーンが細分化されると、個々の出荷額に対する付加価値額の割合は下がるので、重要性はいっそう高まる。

このリストから、20世紀型貿易では障壁ではなかったが、21世紀型貿易では障壁になるものが浮かび上がってくる。競争政策（アメリカでは反トラスト政策と呼ばれる）、資本の移動、知的所有権、そして投資保証だ。さらに、ビジネスの移動性（技術者やマネジャーの短期ビザの保証）も、そこに付け加えたい。

グローバル・バリューチェーンは、グローバルな規制をほとんど受けないか、まったく受けない。この21世紀型の国際商取引は今、地域貿易協定、二国間投資協定、発展途上国による一方的な改革を場当たり的に組み合わせることで支えられている。しかし、サプライチェーンのガバナンスは急速に進化している。G7諸国、特にアメリカは、その場しのぎのガバナンスを「メガリージョナル」や「メガバイラテラル」にまとめあげる取り組みをリードしている。前者の例がTPP協定や大西洋横断貿易投資パートナーシップ（TTIP）協定、後者の例がEU－カナダや日本－EUの二国間協定である。これは重要な動きだ。グローバル・バリューチェーンは国のネットワークの上に成り立っているので、ルールのネットワークが必要になる。

BOX 11

「先進国の経済政策に対する意味」の要約

この章では、グローバリゼーションのインパクトが変化した根源を解き明かした。今では大量の北のノウハウが、グローバル・バリューチェーンの境界のなかにいる一握りの発展途上国に移動しており、豊かな国は、競争力に関連する政策、成長政策、産業政策、貿易政策、社会政策を組み立て直す必要がある。

具体的には、生産が細分化され、動きの速い世界では、競争力政策を決めるときには、政府の政策が支援している生産要素の「粘着性」がどれくらいあるか、そして、民間セクターでは無視されているが、その政策が生み出すスピルオーバーがどこまで波及するかを考えなければいけない。産業政策は、工業の比重を下げて、工業に関連するサービス・セクターの仕事の比重を高めるべきである。さらに、こうした仕事の多くは北の都市にとどまっており、今後もとどまりつづけると見られるため、政府は都市を21世紀型の工場と位置づけるべきだ。都市政策は国際競争力に目を向けてつくらなければいけない。そして最後に、ニュー・グローバリゼーションのもとでG7の労働者とG7の知識の所有者との関係が断ち切られており、社会政策を強化して、これを修復しなければならない。そうした取り組みは、仕事ではなく労働者に焦点を合わせると同時に、変化に抗うのではなく、セクターや労働者がグローバリゼーションの波に適応するのを助けるものでなければいけない。

第9章

開発政策を見直す

2012年には、20億人強が世界銀行の定める1日3・10ドルの貧困線を下回る生活を送っていた。地球上のおよそ三人に一人という計算だ。3・10ドルだと、最低限の衣食住は満たされるが、何か問題が起きれば、この所得水準にいる人たちは死んでしまう。重い感染症も、洪水も、強盗も、難産も、すべてが命とりになりかねない。この統計はやりきれないが、本当に驚くべきところはそこではない。オールド・グローバリゼーションがニュー・グローバリゼーションに転じてから、貧困者の数が劇的に減っているのである。1990年には、地球上の三人に二人が3・10ドル未満で暮らしていたのだ。

貧困は地球規模で改善しているが、その大部分がニュー・グローバリゼーションの大きな影響を受けた一握りの発展途上国、とりわけ中国で起きている。経済発展に何か重要な新しい動きが起きていることは間違いなく、そうした変化は第二のアンバンドリングと関連していることは疑いようがない。私の見るところ、変化を牽引しているのは、国際的な生産再編である。この流れは「グローバル・バリューチェーン」革命とも呼ばれる。

1990年頃までは、工業化に成功することとは、国内にサプライチェーンを構築することだった。国際競争力を身につけるには、それ以外に道がなかったからだ。今日の豊かな国はどこもそうしている。この道を最後に通ったのが韓国だ。しかし、今は別の道がある。発展途上国は国際サプライチェーンに加わって、競争力をつけ、その後に急成長している。オフショア生産を受け入れることで、それ以外の方法では国内で構築するのに何十年もかかるであろう能力がもたらされる。

ニュー・グローバリゼーションが革命的な意味合いを持つことは、経済発展に関する考え方に組み込まれつつあるが、20世紀型のメンタル・モデルは根強く残っている。この章では最初にそうした考え方をざっと見ていく。少なくとも、新しい考え方について考察するときのすぐれたたたき台になる。

なお、この章の議論は私の論文「グローバリゼーションの第二のアンバンドリング後の貿易と工業化」をベースにしているが、グローバル・バリューチェーンを経済発展につなげる方法を研究する世界銀行の新しいプロジェクトも参考にしている。[1]

産業発展に関する従来の考え方

開発経済学の第一人者であるデヴィッド・リンダウアー、ラント・プリチェットによると、経済発展に関する主流の考え方には三つの波があった。実際には、二つの波と一つの降伏である。二人は2002年の共著論文「何がビッグ・アイデアか？　経済成長政策の第三世代」で、第一世代の

「ビッグ・アイデア」が信じられないほど大きな影響を与えたことを明らかにしている。[2] その論理の美しさと暗黙の楽観に、第二次大戦後の政策立案者の大半が魅了された。ラテンアメリカとアフリカの多くの地域では、今なお信奉されている。

ポール・クルーグマンは有名なオンライン・エッセイ「開発経済学の盛衰」で、この第一世代を「高度開発理論」と名づけている。クルーグマンは次のように書いている。「高度開発理論は、経済発展とは外部経済を原動力とする好循環であるとする考え方と言い表すことができる」。そうであるなら、発展途上国は好循環をつくり出せていないだけだということになる。さらにこう続く。「高度開発理論のほとんどのバージョンでは、個々の生産者レベルの規模の経済と、市場の規模の相互作用から、自己強化型の好循環が生まれている」[3]。したがって、政策立案者の仕事は好循環を起こすことだった。

開発理論の第一の波では、この「ビッグプッシュ」を行うには、輸入関税を大幅に引き上げて、現地市場を現地で生産された財に置き換えるのが定石だった。このやり方は「輸入代替工業化」戦略と呼ばれた。しかし、1980年代に債務危機が起こると、それが広く失敗に終わったことがあらわになった。

開発理論の第二の波が、いわゆる「ワシントン・コンセンサス」である。これも好循環を土台にしているが、好循環の引き金として自由市場を重視するものだった。リンダウアーとプリチェットが論文を書き上げたときには、第二の波をめぐる熱狂は去っていた。数多くの国がこれを試みたが、成功した国はほとんどなかった。アジアの急成長、特に中国の成功は、二人には「不可解」なものだった。

降伏は、この次に訪れた。ハーバード大学の経済学者、ダニ・ロドリックは、著書『一つの経済学、複数の処方箋――グローバリゼーション、制度、経済成長』で、「正しいアプローチは、『ビッグ・アイデア』そのものを探すのをあきらめることだろう」と説いた。[4] 経済学は一つだが、それを応用する方法はいくつもある。しかし、これは第三世代のビッグ・アイデアとは言えない。リンダウアーとプリチェットが指摘したように、「『万能薬はない』とする今の妙案は、それ自体はビッグ・アイデアではなく、ビッグ・アイデアなどないことを言い表しているにすぎない」。中国などが急速に工業化して成功したことが不可解であるのは、オールド・グローバリゼーション時代の思考でニュー・グローバリゼーションが発展途上国に与えるインパクトを理解しようとするためにすぎない。この章ではそれを明らかにしていく。

では、推論を非常に具体的なレベルに落とし込むために、ケーススタディを見ていこう。ここでは、世界クラスの自動車セクターを発展させるのに成功した国と失敗した国の事例を取り上げる。

示唆に富むケーススタディ：自動車

紙の上では、開発理論の第一の波が選好したタイプの輸入代替戦略を導入するには、自動車はうってつけのセクターのように見える。組み立てというかなり単純な工程からスタートし、組み立てから生まれる部品の需要を使って、それまでは輸入されていた部品の一部を生産しはじめればいい。そして実際、スタートするのは簡単だった。

最初の一歩となったのが、自動車業界で「コンプリート・ノックダウン」（ＣＫＤ）キットと呼ばれるものだった。CKDキットは〝マザー〟工場からコンテナで届く。そのなかには自動車1台をつくるのに必要な部品がすべてそろっている。マザー工場からマネジャーと技術者が派遣されるので、キットを買う発展途上国は、プラモデルの愛好家がプラスチック製のパーツが入った箱から飛行機を組み立てるのとそれほど変わらない工程で、自動車を組み立てることができる。

CKDの長所は、現地の産業大臣が自国に自動車産業が育ちつつあると主張できたことだ。そして欠点は、次のステップ（輸入部品を現地で生産された部品に置き換える）が成功したためしがなかったことである。じつにさまざまな国が、輸入代替戦略を使って国際競争力のある自動車産業を発展させようとしたが、ほとんどすべて失敗に終わっている。なぜ失敗したのかは、二つの大きな障害で説明がつく。市場の小ささと技術的な問題だ。

マザー工場でキットをつくり、効率の悪い小さな現地工場で組み立てるには費用が嵩み、そうしてつくられた車は世界市場ではまったく競争力を持たなかった。そのせいで現地市場でしか売れず、人口の少なさ、所得の低さ、価格の高さなど、さまざまな要因があいまって、現地での売上高は伸びなかった。

結局のところ、キット組み立てビジネスが有望なのは、発展途上国が完成車に高い関税をかけていて、CKDキットに低い関税をかけている場合だけだった。たとえば1997年にはマレーシアは輸入小型車に140％の関税をかけていたが、CKDの関税率は42％だった。100％のマージンは、非効率なマレーシアの組み立てには十分な補助金として作用したが、それだと自動車の現地価格はとても高くなってしまう。自動車に140％の関税がかかれば、現地で組み立てられる車の価格は国際価格よりも約140％高くなる。そのため、現地の販売台数は非常に限られたものだった。

二つ目の技術的な問題には、三つの側面がある。(1)自動車に使われている繊細な技術の大部分は、エンジン、排気装置、冷却装置、電気系統など、部品に埋め込まれている。(2)こうした部品はたいてい、自動車の特定のモデルにしか使用できない。(3)部品は他の部品と密接に結びついていることが多い。たとえば、現地企業がCKDの輸入排気装置を現地生産装置に置き換えようとしたら、何とかしてエンジンとうまく適合させなければならない。それには、CKDキットの海外メーカーの助けがどうしても必要になる。しかし、そうした支援を受けられるとは限らなかった。

輸入代替戦略が成功すれば、新しいライバルが出現することになる。海外のCKDメーカーにとっては、うれしいことではない。たとえばマレーシアは、同国初の国産車「プロトンサガ」を開発して、自動車のサプライチェーンの構築に乗り出した。プロトンサガは、突き詰めれば、マレーシアで組み立てられた三菱・ランサーフィオーレだった。三菱自動車はもちろん、プロトンサガの輸出を成功させ、自社のランサーフィオーレの競争相手にすることに手を貸そうとはしなかった。

にもかかわらず、ある発展途上国がこのゲームに挑み、勝利している。それは韓国だ。韓国は10~20年ほどで、国内に自動車のサプライチェーンを構築し、エンジン、ブレーキからワイパー、ハブキャップまで、あらゆるものをつくる体制を整えた。これはすばらしいサクセスストーリーだ。

韓国の成功
1962年、韓国の産業通商資源部は、自動車サプライチェーンのさまざまなセグメントに狙い

図56　韓国の自動車・部品貿易のドイツとの比較

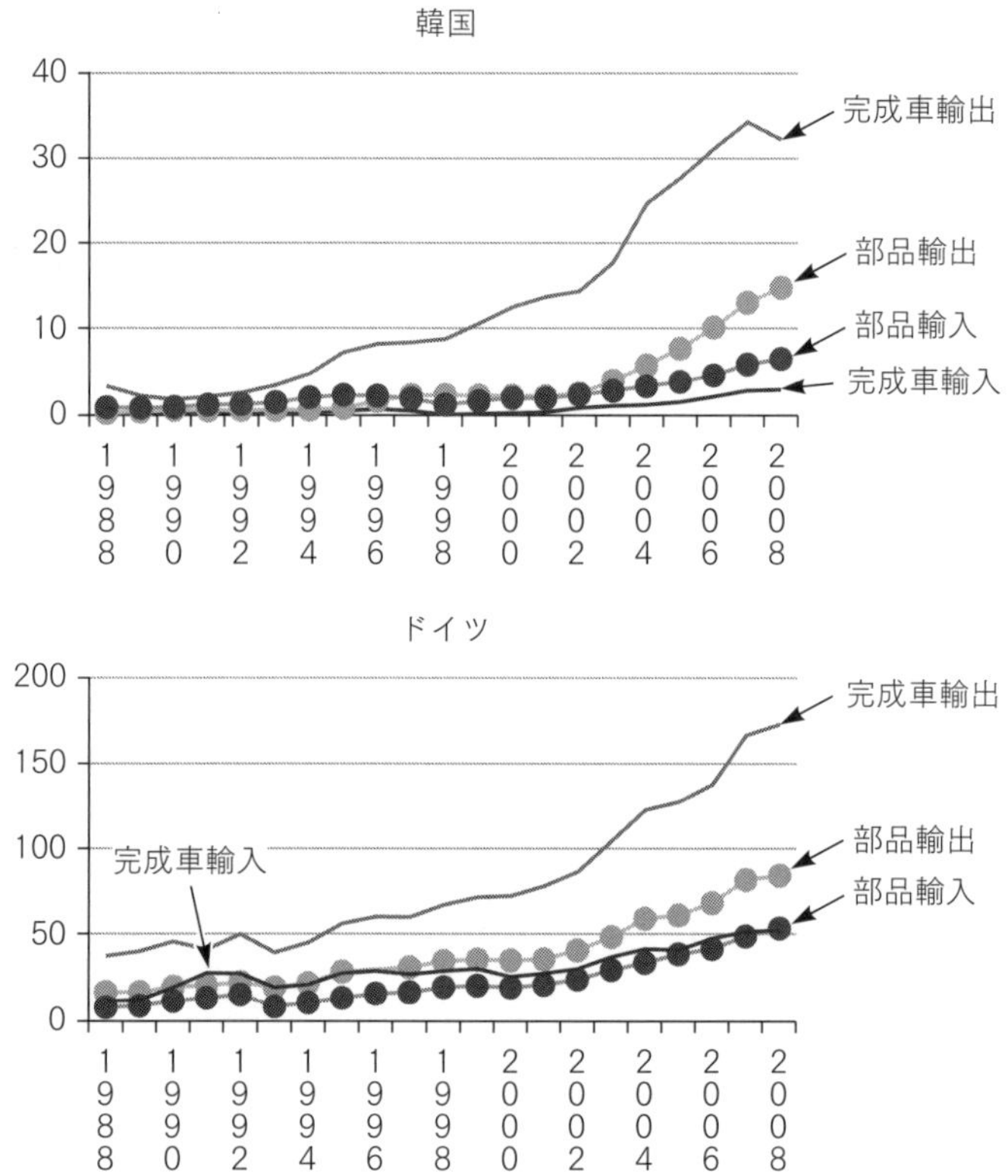

韓国の部品と完成車の貿易パターンは、ドイツのそれと似通ってきている。自動車の大量輸出、部品の大量輸入・大量輸出である。アジア危機前は、韓国のパターンは輸入代替型にはるかに近かった。完成車を大量に輸出していたが、部品の輸入は非常に少なく、部品の輸出はほぼゼロだった。

出所：WITSのオンライン・データベースを通じて取得した標準国際貿易分類（SITC）のデータ。

を定めた産業政策を明確に打ち出した。韓国は当初、キットを組み立てていたが、「財閥」と呼ばれる巨大コングロマリットに国内産業の主導権が手渡されると、取引相手となる韓国企業は、他の多くの発展途上国のケースと比べて、交渉で対等な立場に立つようになった。

最初の「ビッグプッシュ」は、韓国企業の自動車組立ビジネスへの進出だった。この組立活動を土台に、工業労働者による単純作業から、マネジャーの業務運営経験まで、幅広い能力が蓄積されていった。

第二のビッグプッシュは、1973年に発表された重化学工業育成計画の一環として実行された。韓国の自動車組立メーカーは、政府が定める規格を満たす低価格車を生産する計画を提出するよう求められた。その計画のもとで、韓国の国産車、ヒュンダイ・ポニーと、マツダの設計によるブリザが開発される。こうした車の現地付加価値率はじつに85％に達した。しかし、一部の重要なコンポーネントはまだ輸入されていた。

ヒュンダイの新車は韓国国内でヒットした。1982年時点で約30万台を売り上げている。輸出は限られていたが、国内市場は健全な成長を牽引し、1990年には生産は10倍に拡大していた。

第三のビッグプッシュは、1978年に政府が行ったものだが、功罪相半ばする結果となった。政府は企業に対して巨額の投資をするよう求めたが、1980年代初めに景気が下降して、損失を抱えることになった。

これに対応して、産業通商資源部は企業を再編し、産業界全体の方向性を転換した。競争力をつけるために必要な大規模生産を達成しようと、輸出市場、特にアメリカに照準を定めたのである。この再編では、品質の向上と新規工場への投資に重点が置かれた。特にヒュンダイは、アメリカとカナダに独自のディーラー・ネットワークを構築し、消費者に到達できるようにもしている。

物事がうまくいくときはたいていそうであるように、運も味方した。1980年代に日本車が輸出でめざましい成功をおさめ、アメリカで保護主義的な反発を招いていた。韓国が北アメリカ市場に参入しようとしたのは、まさにそのときだったのだ。アメリカ政府は日本車に輸入割当を課した。競合するはずの相手がまごついているあいだに、韓国のアメリカ向け低価格車輸出が急増した。そこからはまさに理論どおりの展開をたどる。アメリカ向け輸出を足がかりに大きな規模の経済性を獲得できたことで、韓国製部品に対する需要が急増し、効率性の高い規模で部品を国内生産できるようになった。この時点で、韓国自動車産業のサプライチェーンはほぼ完成していた。

韓国が大きく成功したことは、図56からも明らかだ。韓国の完成車輸出（上のパネル）は、ドイツの輸出（下のパネル）とまったく同じペースで急増している。

嵐雲と方向転換

このセクターにおける韓国の産業戦略は、輸出車では大成功したが、それは砂上の楼閣だった。自動車メーカーは過大な負債を抱え込み、1990年代半ばには負債自己資本比率が500％を超えていた。輸入代替の標準的なロジックどおり、自動車部品産業は外資の関与が限られ、国内のノウハウに強く頼っていた。部品・コンポーネントの地場のサプライヤーは小さく、品質とイノベーションに問題があった。そのため、韓国製自動車部品は信頼性が低く、先進性がないという評価がアメリカで広まることになった。

1997年にアジア危機が襲うと、自動車メーカー4社のうち3社が経営破綻し、買収された。

起亜自動車は唯一生き残ったヒュンダイ傘下に入った。サムスン・モーターズはルノーに、大宇自動車（前身は新進自動車）はゼネラル・モーターズにそれぞれ買収された。

国内サプライチェーンも、韓国自動車産業への海外投資が急増して、大きく変貌した。金融危機時に外国直接投資（ＦＤＩ）政策が自由化されると、何十社もの世界クラスの部品メーカーが韓国に拠点をつくり、持ち分の過半数を保有した。

こうして、国内にサプライチェーン全体を構築して国際競争力をつける戦略は覆された。韓国は20世紀型の輸入代替戦略から、21世紀型のグローバル・バリューチェーン戦略に方向転換したのである。１９９７年の金融危機が触媒となったが、その根底にはグローバル競争の現実があった。世界の自動車セクターは大規模集約的になったうえ、研究開発コストが膨張したことで、純国産サプライチェーンでは企業を支えきれなくなっていた。

２０００年代には、韓国の自動車セクターはグローバル・バリューチェーン・クラブの正会員になっていた。だが、第二のアンバンドリングが始まる前にサプライチェーンを築いたため、韓国は今では工場経済というより、本社経済になっている。それは図56に示した部品の輸出入の推移からも見てとれる。

タイの成功とマレーシアの失敗

韓国の事例は、国内にサプライチェーン全体を構築することから、国際的なサプライチェーンに参入することへと、国の方針が切り替わったときに何が起きたかを示している。今度は、「参入戦略」をとった国（タイ）と、「構築戦略」をとった国（マレーシア）の二つの例を見ていこう。

1960年代の野心的な発展途上国の大半がそうだったように、タイの自動車産業は、キットを輸入して現地で組み立て、それを国内向けに販売していた。しかし、タイはこのビジネスモデルを脱却し、緻密な産業政策を打ち出した。具体的に言うと、現地調達率規制を導入したのである。これを受けて、アメリカとヨーロッパのメーカーは撤退したが、日本企業は、タイは東南アジア諸国、さらにその先の国々への輸出プラットフォームになると判断した。現地調達率規制を満たすため、日本の組立メーカーは日本のサプライヤーにタイに生産拠点をつくるように要請した。組立メーカーはタイのサプライヤーも育て、品質や管理、技術の面で支援した。当時、タイ経済が急成長していたことも追い風になった。タイの成長が、自動車などのセクターで起きていたグローバル・バリューチェーン革命とリンクしていたのは間違いない。

ただし、タイは国際サプライチェーンには加わったが、自由放任戦略はとらなかった。貿易政策とFDI政策はきわめて自由主義的だったが、現地調達規制が戦略的に使われた。そうした政策の一つがエンジン生産促進計画であり、エンジン組立メーカーは、特定の工程が国内で行われているエンジン部品だけを使うことが求められた。

タイのように生産規模が小さい国では、普通であればできなかっただろうが、さまざまな日本企業が協働してこれに対応した。共同プラントをつくり、必要な部品をタイ国内で生産できるようにしたのである。もう一つのイノベーションは、全車種をつくろうとせず、特定の市場セグメントに焦点を合わせることで、規模の経済を拡大させたことだ。タイの自動車生産の大半は軽ピックアップトラック・バンである。

日本企業はなぜ、タイが新しい競争相手になることを恐れなかったのだろう。それは、タイは完全に独立した競合企業を設立しようとしているわけではないと、日本企業が確信を得たからである。タイはバリューチェーンの重要なリンクになろうとしていたのだ。日本企業はタイを信頼し、高い技術をタイに持ち込んだ。タイは今では「東のデトロイト」と呼ばれている。

マレーシアのストーリーも出発点は同じだが、結末は大きく違っている。まず、キット組立工程は、規模の経済がないためにうまくいかなかった。海外の自動車メーカー各社はマレーシアの小さな市場に攻勢をかけ、生産水準がごく低いにもかかわらず、すぐに現地での組立活動に乗り出した。いうまでもなく、1車種当たりの現地生産の規模が小さかったため、コンポーネントの現地生産を発展させるのは不可能だった。平均現地調達率は10％に満たなかった。

マレーシアの辣腕指導者、マハティール・モハマドが1981年に首相に就任すると、60年代、70年代の韓国の成功を模倣しようと、国家主導によるビッグプッシュが始まった。マハティールのビッグプッシュ政策を推進したのが、マレーシア重工業公社（HICOM）である。政策の核として「国民車プロジェクト」が打ち出され、マレーシアの国産自動車メーカー、プロトン社が設立された。プロトンは三菱自動車との合弁として設立されたが、HICOMが株式の70％を保有した。主力車のプロトンサガは三菱ランサーにうりふたつだった。

国内販売については、自動車に高い関税がかかっていたので、サガは直接輸入車よりも大幅に安かった。そのため現地市場を支配はしたが、これは得るものの少ない勝利だった。HICOMの計画が実現したまさにそのとき、第二のアンバンドリングが始まり、自前で工業化する戦略が打ち砕かれることになる。世界の主要な自動車メーカーは生産の一部の工程をオフショアに移し、低賃金国にノウハウを移転させていた。そうしてコスト競争力が急上昇し、一つの国で自動車を生産する経済的なロジックが崩壊した。

しかし、それは序章にすぎなかった。政府の支援を受けて、プロトンは国内での部品製造を増やしはじめた。プロトンは現地市場を支配していたといっても、生産規模は国際標準と比べれば非常に小さく、規模の経済がほとんど働かなかった。

1990年代には、もう一つビッグプッシュがあった。プロトンが新車種を導入し、さまざまなエンジン排気量のモデルを生産したのである。この効果でマレーシアの生産量は1990～97年に倍増した。ところが、政府はもっと大きなグランドプランを描いていた。新プロジェクト「プロトン・シティ」が発表され、統合型自動車製造プラントを建設し、2003年の生産能力を25万台に増強する構想が打ち立てられた。このプロトン増産計画のあいだに、第二の国産車メーカー、プロドゥアが設立された。プロドゥアは日本の自動車メーカー、ダイハツ工業との合弁で、ダイハツ・ミラをベースとするカンチルを生産した。

1997年のアジア危機では、マレーシアもタイとほとんど同じくらい打撃を受けたが、それでも、自動車のサプライチェーン全体を国内に構築するというマハティールの夢はみじんも揺らがなかった。資金繰りが悪化して、プロドゥアは日本のパートナーに売却されたが、プロトンは国によって救済され、タンジョン・マリム近郊にあるプロトン・シティは完成した。

プロトンは、イギリスの自動車メーカー、ロータス社を買収して得たノウハウを使って、国内設計の車を発売した。ところがこの車は、規模と競争力の問題にずっと悩まされつづけている。生産量が少ないため、1台当たりのコストが高くなり、競争力のある価格設定ができない。すると生産量が少なくなってしまうのだ。

図57　自動車の生産と輸出、タイの成功とマレーシアの失敗

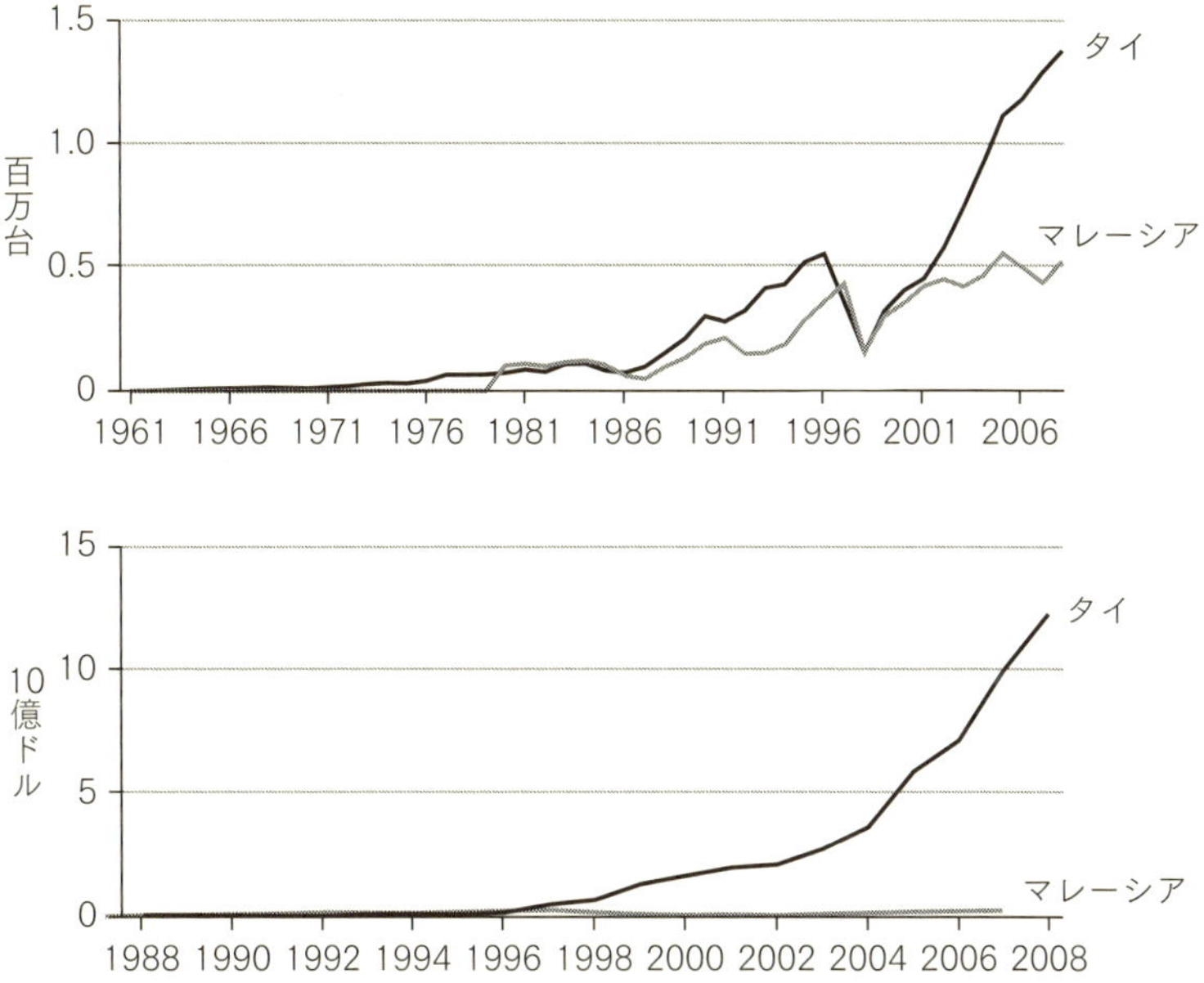

上の二つのチャートからも明らかなように、タイの参入戦略は成功し、マレーシアの構築戦略は失敗に終わっている。タイは日本の自動車メーカーの輸出プラットフォームに選ばれており、生産量（上のパネル）と輸出額（下のパネル）が急増している。マレーシアの生産量は増加傾向を示してはいるが、マレーシア車は海外では競争力を持たない。

雇用の面でも明暗ははっきり分かれている。2000年代半ばにタイの自動車産業の労働者数は18万人を超えていたのに対し、マレーシアは4万7000人にとどまった（ダイアグラムには示されていない）。

出所：Wanrawee Fuangkajonsak, "Industrial Policy Options for Developing Countries：The Case of the Automotive Sector in Thailand and Malaysia," Master of Arts in Law and Diplomacy Thesis, The Fletcher School, Tufts University (2006, table 9, figure 1) を改変したもの、マレーシア自動車協会、タイ自動車研究所。

プロトンは今、苦境にある。同社の車は15万台しか売れていない。生産能力の35万台とは大きな開きがある。国内の自動車市場は活況に沸いているが、プロドゥアが国内で生産した車と直接輸入車に市場シェアを奪われた。プロトンの輸出販売台数は20年前にピークに達し、今ではごくわずかしかない。

タイとマレーシアの経験は、1997年のアジア金融危機を境に、明暗がはっきり分かれている（図57参照）。上のパネルが示すように、2000年頃にタイの生産がマレーシアの生産を追い抜いた。そして下のパネルからも明らかなとおり、タイの自動車輸出は急成長しているが、マレーシアの自動車輸出は低迷している。

工業化を見直す

ジョン・ケネディ政権の大統領経済諮問委員会の委員長を務めたウォルター・ヘラーは、こんな皮肉を言ったとされる。「経済学者とは、あるアイデアが実際にうまくいくと、『それが理論上でもうまくいくか確かめよう』と言いだす人間のことだ」。では、サプライチェーンを構築するのと、それに参入するのとではどう違うかを明らかにしたところで、今度は理論を見ていこう。問題の核心に迫り、何が本当に変わったかのかをあぶり出す作業になる。

工業化の根底にあるのは、国家の産業が発展するには、産業が増えなければいけないという考え方である。これは古典的な「ニワトリが先か、タマゴが先か」という問題だ。ニワトリがいなければタマゴは産まれないし、タマゴがなければニワトリは生まれない。しかしここでは、タマゴとニ

図58　複数均衡、シーソー、工業化の「最小臨界努力」

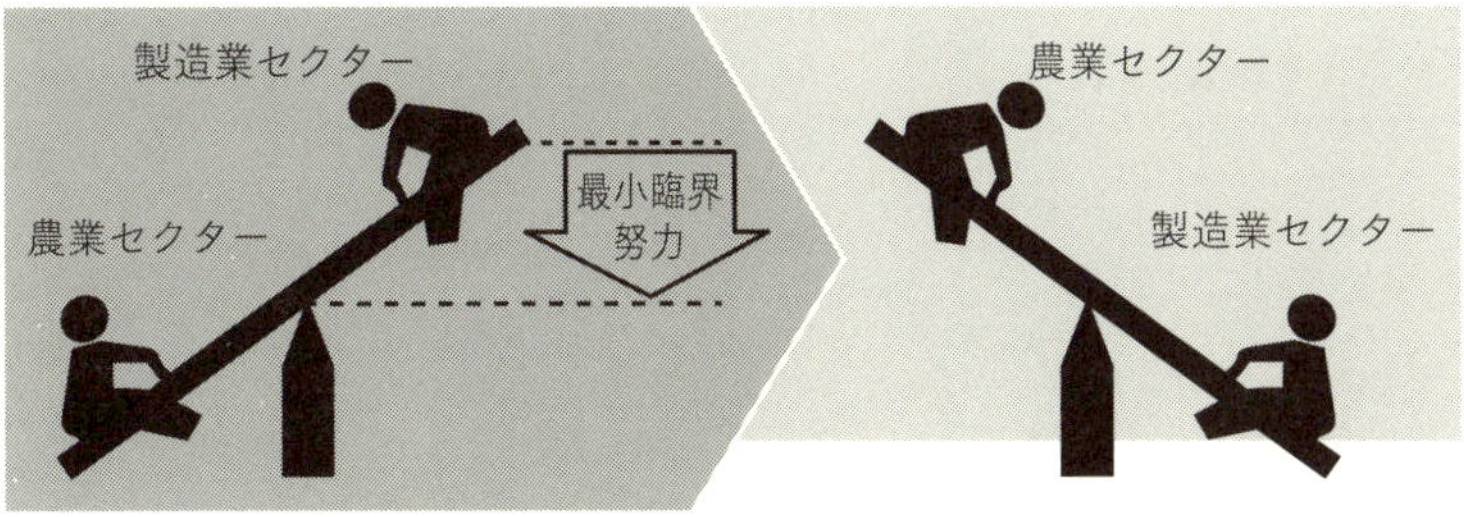

左側のシーソーは、複数均衡があるシステムを表している。一つの均衡状態は、ほとんどの人が耕作にたずさわっているので、左の子ども（農業セクター）が下がっている状態である。したがって、右の子ども（工業）は上がる。もう一つの均衡（右のパネル）は、大勢の人が工業セクターで働いているので、右の子どもが下がり、左の子どもが上がっている状態である。

システムをある均衡から別の均衡に移行させるには、「ビッグプッシュ」がいる。上がっている子どもを点線の下まで押し下げなければいけない。押す力が足りないと、システムは最初の状況に振れ戻る。公園では、押す力の大きさは、シーソーの高さによって変わる。経済では、生産がどれくらいひとかたまりになっているかで決まる。

ワトリではなく、マレーシアの例で見た売り上げと規模の問題が鍵になる。

この問題を肯定的にとらえると、深く広い産業基盤がある国は、幅広い最終財で国際競争力を持つことができ、その競争力が売上高の増加につながって、産業基盤は効率的な規模に成長するようになる。マレーシアの自動車セクターが経験したことは、その裏返しだった。規模が小さかったために売り上げは少なく、売り上げが少なかったために規模が小さかったのだ。

経済学用語で言うと、これは「複数均衡」が存在する状況である。ここは重要なポイントなので、もう少し詳しく見ていこう。

複数均衡の経済学

この後で見ていくように、グローバ

ル・バリューチェーン革命が産業発展に与えるインパクトで重要なのは、複数均衡を持つ経済にどう影響したかである。それがどのようにして、なぜ起きたのかを、子どもの遊び場にあるシーソーに見立てた単純なアナロジーを使って説明したい。このアナロジーは問題の構図を完璧にとらえている（図58）。

産業発展には、大まかに言って、安定的な結果が二つある。つまり、均衡が二つあるということだ。

非工業均衡は、国の生産資源の大部分が工業ではなく農業にある状態である。この図式はまさしくシーソーだ。図58の左のパネルでは、一方の子どもが下がっており、労働力の圧倒的多数が農業セクターにあることを示している。そうなると、製造業の雇用は必然的に低くなる（もう一方の子どもが上がる）。しかし、産業基盤がないと製造業セクターに競争力がなく、したがって工業にはほとんど仕事がなくなるので、これが均衡になる。すると、農業のほうが労働生産性は高くなるため、人々は畑を耕すことに満足する。

工業均衡では、すべてが逆になる。この状況を表しているのが図58の右のパネルである。工業が競争力を持つに十分な規模にあるので（右の子どもが下がっている）、その国が工業財で競争力を持っている状態だ。この大規模生産の効果で製造効率が高くなるため、工業で雇用を生み出し、工業の仕事につくことが魅力的になる。そのため、労働者と企業は工業セクターで働きつづけることに満足する。

だとすると、次の疑問がすぐにわいてくる。経済はどのようにして農業均衡から工業均衡へと移るのだろう。

「最小臨界努力」

1950年代、開発経済学者のハーヴェイ・ライベンシュタインが悪い均衡から良い均衡に移行させる方法について論じ、それに必要なのは、十分に大きな刺激を与えることだと説いた。ライベンシュタインの言う「最小臨界努力」のメカニズムは状況によって変わるが、複数均衡状況が抱える問題の本質を突いている[5]。

図58（左のパネル）では、最小臨界努力を矢印と点線で表している。工業の雇用が一定の水準を超えないと（つまり、右の子どもが下の点線よりも下がらないと）、工業均衡を達成できない。工業に対する人為的な刺激がなくなると、とたんに農業均衡に振れ戻る。

逆に、工業の雇用水準が臨界点を突破すれば、自己強化型のロジックが作用して、工業均衡が優位になる。十分に広い産業基盤ができて、国の工業競争力が高まり、それが売り上げの増加につながって、工業基盤が拡大するようになるのだ。

工程レベルの工業化のほうが取り組みやすい

従来のセクター・レベルの考え方（この例では農業対製造業）を一変させたのが、情報通信技術（ICT）革命だった。ICT革命が始まって、主要7ヵ国（G7）の企業は、一部の生産工程をアンバンドルし、近隣の発展途上国に移転できるようになった。たとえばメキシコは、国際競争力を持つ自動車をつくらなくても、自動車製造のある特定の工程で競争力をつけることができた。すると、工業化の原理が根本から変わった。変わったのは、それがどのように作用するかという点ではない。工業化を進める難しさだ。第二のアンバンドリングが起きると、グローバル・バリューチェーンに加わっている国は工業化を進めやすくなった。はっきりとした理由は少なくとも四つある。

- 「ビッグプッシュ」を徐々に進めることができた。
- ＩＣＴ革命が起きて、生産を国際的に調整できるようになり、発展途上国が部品を輸出しやすくなった。
- 経済活動のグローバリゼーションの解像度が上がると、国の競争優位が押し上げられる。
- 発展途上国にとっては、一つの工程を構築するために必要なノウハウのほうが、セクター全体を構築するために必要なノウハウよりも吸収しやすい。

さらに五つ目の理由もある。これについては単純明快なので、詳しい説明はほとんどいらないだろう。グローバル・バリューチェーンが構築されていると、売り上げと規模の問題が消える。オフショア施設をつくる多国籍企業はすでにグローバルな競争力を持っているので、グローバル・バリューチェーンのなかにいる企業にとって、需要と市場規模は重要な要因ではなくなる。

それでは四つのポイントを順番に見ていこう。

第二のアンバンドリングのもとで、工業の集塊度が下がる

発展途上国が国際サプライチェーンに加わると、他国の産業基盤にタダ乗りできるようになる。

図59　グローバル・バリューチェーンが生まれて、最小臨界努力の必要規模が小さくなり、「ビッグプッシュ」をいくつもの「スモールナッジ」で成し遂げることが可能になる

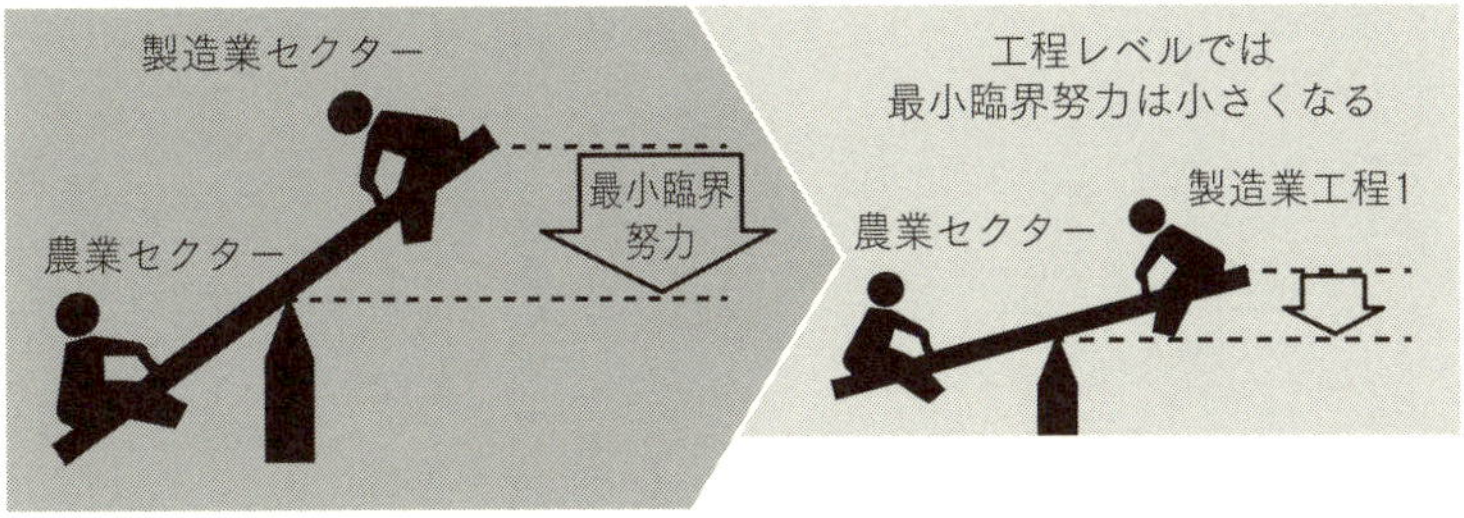

ある均衡から別の均衡に移行するには、協調的な努力が必要になる。シーソーでは、押す力の強さと期間は高さによって変わる。高いシーソーは低いシーソーよりもはるかに大きな努力がいる。複数均衡がある経済も同じである。工業を支えるのにとても大きな産業基盤が必要なときは、「ビッグプッシュ」の規模と期間は大半の国の能力を超えてしまうだろう。グローバル・バリューチェーンに加われば、発展途上国は他国の産業基盤に便乗することができるので、一度に一つのオフショア施設といったように、ビッグプッシュを徐々に行うことができる。

そのため、すべての工程で競争力を身につけなくても、一つの工程だけで競争力を得られるようになる。それでも複数均衡のロジックは作用する。工場は生産の最小有効規模を満たさなければならないし、現地の労働者も最小限の範囲の能力を持っていなければならないことに変わりはない。しかし、一つの工程となれば、規模も範囲もぐっと小さくなる。

その直接の影響として、工業化がしやすくなる。この点を図式化して示したものが図59である。以前は発展途上国が自動車産業で競争力をつけるには、産業全体を構築しなければならなかった。韓国はそれを成し遂げ、マレーシアは失敗した。それが今では、発展途上国は一つの生産工程で競争力をつけることができる。するど、発展途上国が抱える課題は、複数年、複数のフェーズにわたる「ビッグプッシュ」をどうやり遂げるかという大きな問題から、もっと小さな問題の束に変わる。図59では、セクター・レベルのビッグプッシュを左のシーソーで、工程レベルの「スモールナッジ（誘導）」を右のシーソーで、それぞれ示している。

言い方を変えると、第二のアンバンドリングが起きて、産業がひとかたまりになる度合いが下がり、それで「最小臨界努力」の規模が小さくなったということである。そうして国際サプライチェーンに参入している発展途上国は工業化を遂げやすくなり、工業化のスピードも速くなった。

発展途上国が部品を輸出する機会が開かれる

ビッグプッシュからスモールナッジへの全面的なシフトが可能になったのは、ICT革命が発展途上国による部品・コンポーネント輸出の絶好の追い風になったからだ。この点は第5章で解き明かしている。

先の自動車のケーススタディからも明らかなように、先進国はずっと、部品を発展途上国に輸出してきた。その後、第二のアンバンドリングが起きると、発展途上国が部品を先進国に輸出できるようになった。ICT革命のもとで、高度な技術を持つG7企業が発展途上国の製造プロセスを、以前とは比べものにならないほどの精度で監視しコントロールすることが可能になった。そうして、低賃金国でつくられた部品をグローバルな生産プロセスに確実に投入できるようになった（図60）。

三つ目のポイントは、ロジックが複雑になる。バリューチェーンが切り分けられると、どうして国の競争優位が押し上げられるのだろう。

図60　集塊度が下がると、競争優位が押し上げられる

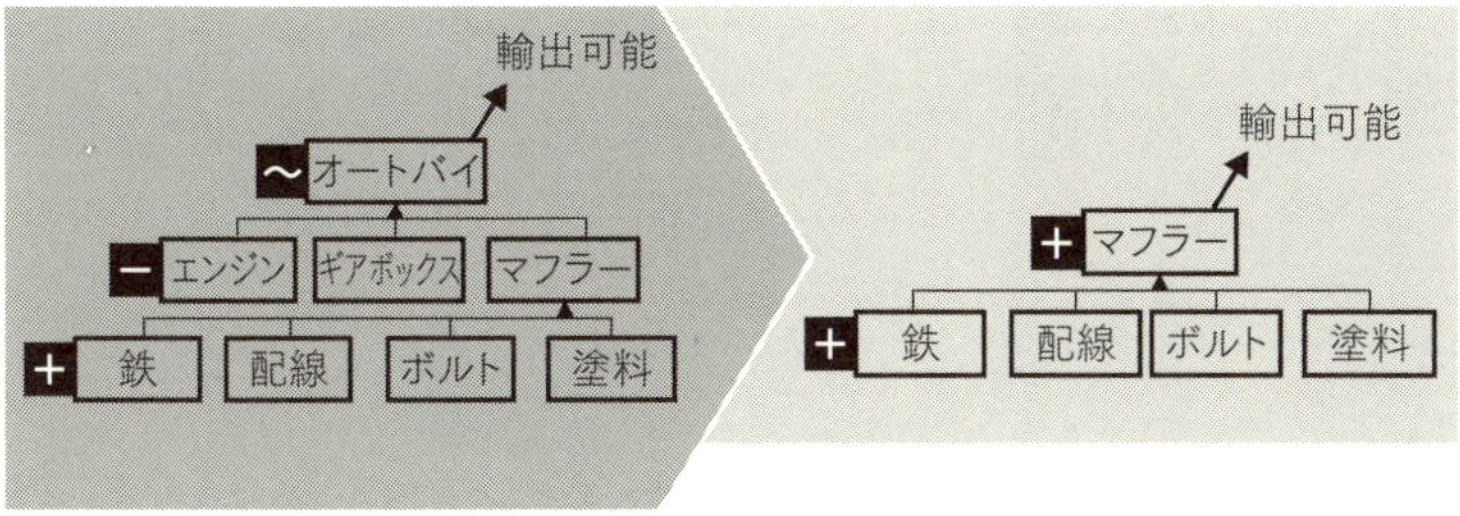

第二のアンバンドリングでは、さまざまな工程の競争力が、競争力に劣る工程とでならされずにすむので、比較優位が押し上げられる。上の例では、この発展途上国のマフラー生産がギアボックスとエンジンの生産と結合されていたときは、マフラー生産での競争力を発揮することはできなかった。第二のアンバンドリングのもとでは、競争力がより強い工程に焦点を絞り込むことができる。これは豊かな国にも貧しい国にも広く一般に当てはまる。生産工程が結合されているときのコスト競争力は、すべての工程の平均となり、理屈のうえではいちばん競争力のある工程よりも低くなる。

解像度が上がると、競争優位が高まる

第6章で扱ったタスク、職種、工程、製品（TOSP）の枠組みが示すように、個々の製品やサービスは、いくつかの生産工程を経て生まれる果実である。生産工程がすべて一つの国で行われるときには、最終財の競争力は、それぞれの工程におけるその国の競争力を平均したものになると言っていい。

この構図を、図60の左のパネルに示している。ある発展途上国がたとえばマフラーで圧倒的な競争優位にあっても、マフラーだけを輸出することはできなかったため、その優位は埋没してしまっていた。この発展途上国がマフラーでの優位を活かせるとしたら、エンジンとギアボックスも生産できなければいけない。つまり、最終製品で競争力を持たなければいけなかったのだ。

第二のアンバンドリングのもとでは、この発展途上国はマフラーという特定の領域での強みを活かすことができる。ICTが進化したことで、たとえば外国のオートバイ・メーカーは、発展途上国のマフラー工場をリアルタイムで、それもとても低いコストで監視して調整できる。すると、発展途上国の別の製造工程での競争劣位という足かせがはずれるので、マフラーでの競争優位を活かすことができるようになる。

セクター・レベルではなく工程レベルでのノウハウの移動

同じ事例は、ワイヤーハーネスにもある（BOX12）。ベトナムが工程レベルの比較優位を活用できたケースだ。日本からベトナムにノウハウが移転されたことは、このストーリーの重要な部分ではない。しかし多くのケースでは、オフショア生産の競争力を高めるには、ノウハウを移転することが不可欠になる。だが、技術移転を吸収する発展途上国側の能力が制約要因になりがちだ。いずれにしても、技術を移転する際には、人員を訓練し、協調して働くようにさせるのが普通である。

BOX12

ワイヤーハーネス：ベトナムの自動車部品輸出

住友電気工業は、電線、ケーブル、光ファイバーの日本最大手メーカーである。同社は1996年、ワイヤーハーネスの生産をベトナムに移し、スミハネルワイヤリングシステムズ社を設立した。

ワイヤーハーネスは、電線を束ねて集合部品にしたもので、自動車などの機械装置に使われる。ハーネスを使うと、電線をダメージから保護し、最終製品に電線の束が占める空間を小さくできる。事前に作成したハーネスを使えば、最終製品の組み立てを迅速化、標準化することもできる。

ワイヤーハーネスを組立製造するときには、電線を必要な長さに切断し、被覆を剝き、コネクターを電線の先端部に接続する。そして、作業台で電線を束ねて固定し、保護スリーブを取り付ける。一連の工程は自動化が進んでいるが、工程数が多く、設計も多岐にわたるため、今も手作業に多くを頼っている。ワイヤーハーネスは汎用品ではなく、最終製品ごとに個別に設計される。

ワイヤーハーネスの製造は、最終製品の生産における一つの工程と考えることができる。この工程はオフショアリングにはうってつけだ。原材料のほとんどが輸入されている（したがって品質を管理できる）うえ、高度な機械はほとんどいらず、労働集約型である。

第二のアンバンドリングが起こる前は、ベトナムがこの特定の生産工程での比較優位を活かすことは、かなり難しかっただろう。システム全体が継ぎ目なく機能するように、他の多くの工程と調整をとらなければいけなかったはずだ。しかし、第二のアンバンドリングが始まって、発展途上国は工程レベルの比較優位をうまく活かせるようになっており、最初にサプライチェーン全体を国内に構築する必要はない。

第二のアンバンドリングが始まる前には、産業がひとかたまりとなって立地していたが、その大きな理由の一つがこれだった。つまり、工業化を進める国が直面していた「ニワトリが先か、タマゴが先か」問題を生んでいた重要な原因の一つは、工業化に必要な知識を取得して、工業化に必要な現地の能力を発展させるのが難しかったことにある。生産が結合していると、個々のノウハウそのものはあまり役に立たない。国がセクター・レベルで競争力を持つには、セクター全体の膨大なノウハウが必要だった。しかし、ノウハウがセクター・レベルでひとかたまりになっていることが高い壁として立ちはだかり、これを乗り越えられた国はほとんどなかった。

グローバル・バリューチェーン革命が起きると、発展途上国は一度に一つの部品や一つの工程に焦点を合わせられるようになり、知識を吸収しやすくなった。そのため、商品をつくるのに必要な技術とスキルベースを少しずつ身につけられるようになった。と同時に、高技術企業にとっては、知識を移転しても競争相手をみずから生み出してしまうことにはならないため、移転に前向きになれた。そうして自社のサプライヤー基盤の質と生産性を高めていった。コロンビアのタバスコのケースがまさにそうだった(BOX13)。

BOX13

知識の移転:コロンビアのタバスコ

アメリカの辛味調味料ブランド「タバスコ」の国際サプライチェーンのケースでは、ある一つの工程のノウハウの移転がきわめて重要な意味を持った。タバスコの商標権を持つアメリカのマキルヘニー社は、唐辛子の調達コストを下げようと考え、コロンビアのウーゴ・レストレポ・イ・シア社に白羽の矢を立てた。生唐辛子と唐辛子ペーストがタバスコの基準を満たすようにするには、双方向の情報交換を続ける必要があった。マキルヘニーはウーゴ・レストレポに専門知識を提供し、マキルヘニーに独占供給する約束を取り付けた。マキルヘニーは経験豊富な農学者を年2回コロンビアに派遣し、品質と信頼性の向上に取り組んだ。そうして、農作物と生産管理に関する重要なノウハウが移転された。

理論から政策へ

ケーススタディをいくつか見て、グローバリゼーションが工業化に与えたインパクトがどうやって、なぜ変化したのかを読み解く分析の大まかな枠組みがまとまったところで、今度は政策に対する意味合いに目を向け、工業化政策を再考することにしよう。

自動車のケースが物語るように、売り上げと規模の問題が、工業化に対する考え方を何世代にもわたって形づくってきた。だから発展途上国は、工業化の進展が競争力を高める好循環を始動させようと、積極政策を推し進めたのである。しかし、人的資源には限りがあり、あらゆる産業を同時に振興できないのは明らかだった。そのため、セクター・レベルのプッシュをどんな順番で行うべきかが重要な問題になった。

伝統的な経済発展のはしご：セクターに順番をつける

ビッグプッシュをやりやすくするために、第二のアンバンドリング前の工業化は、段階的に進められた。実際、アンバンドリング以前には、「経済発展のはしご」のようなものがあると考えられていた。まず、大きな産業基盤がなくても競争できる単純な産業からスタートする。衣料、繊維、靴、家具といった第一段階の産業で経験を重ね、より洗練された商品をつくるのに役立つ産業能力を蓄積していく。このプロセスについてはベラ・バラッサが考察を示しており、今では古典となっている。

バラッサは、1985年の評論集『世界経済の変化と課題』で、順番問題について次のように述べている。「この輸入代替の第一段階では、織物や革といった非耐久消費財の輸入が国内生産に置き換えられた。これは輸入代替の『低難度』段階とも呼ばれる」。こうしたセクターの製造プロセスは未熟練労働者が中心で、規模の経済は小さかった。これらの財では、「生産効率を高めるのに、部品、コンポーネント、付属品のサプライヤー・ネットワークは必要ない」。言い換えると、経済発展のはしごのいちばん下の段を形成するセクターでは、「ニワトリが先か、タマゴが先か」は、それほど大きな問題ではなかったということだ。

そしてこう続く。「輸入代替の第二段階では、中間財と耐久消費財・生産財の輸入が国内生産に置き換わる」。この段階は、大きな規模の経済が求められ、組織や技術のハードルが上がるので、ぐっと難しくなる。[6]

台湾の例

単純なものからより複雑なものへと産業が発展していく流れは、台湾の経験に見られる。グローバル・バリューチェーン革命の前に工業化した数少ない発展途上国・地域の一つだ。

戦後の初期には、台湾経済は非常に閉鎖的だった。輸出品は主に砂糖と茶である。図58の図式で言うと、1950年代には、台湾のシーソーは農業側が大きく下がっていた。台湾の経済発展戦略は、農業の振興と輸入代替を通じて工業を振興するというものだった。

台湾の輸入代替政策は1950年代末まで続き、そこで未熟練労働集約型製造品の輸出を促進する政策に置き換わった。内需志向から外需志向への切り替えは、単純な労働集約財で成果を上げた。表8に示すように、1952年には輸出に占める農業財のシェアはほぼ100%だったが、1965年には50%を割り込み、1975年には10%を下回った。

輸出財で最初に離陸したのが繊維で、数年後に衣料と靴が続いた。その次が電気機械だった。1970年代半ばには非電気機械と輸送用機器が伸びた。この先のストーリーは、説明する必要はないだろう。台湾は今では、ハイテク精密機器、特にエイサー製コンピューターのような電子機器輸出のパワーハウスだ。さらに、グローバル・バリューチェーン革命の一翼を担っており、フォックスコンなどの台湾企業が、アメリカ企業、ヨーロッパ企業、日本企業の国際生産ネットワークで中心的な役割を果たしている。

第二のアンバンドリングが始まる前は、このアプローチはセクター・レベルのものだったので、最大の疑問は「国はどのセクターを次に発展させるべきか」だった。第二のアンバンドリングが起

表8　経済発展のはしごを登る台湾、1952〜1976年の輸出パターンの推移

	主要な輸出品目の構成比						
	1952年	1955年	1960年	1965年	1970年	1975年	1976年
農産物	**13.0**	**26.4**	**6.8**	**19.9**	**2.3**	**0.4**	**0.2**
加工農産物	**74.4**	**58.5**	**52.5**	**25.5**	**10.0**	**8.1**	**4.2**
工業製品	**2.4**	**4.0**	**21.3**	**34.7**	**64.6**	**65.1**	**66.5**
繊維	0.1	0.9	11.6	10.3	13.8	10.1	10.0
衣料・靴	0.8	1.4	2.6	4.9	16.8	20.4	20.7
プラスチック物品	0.0	0.0	0.0	2.6	5.1	6.5	6.5
電気機械・家電製品	0.0	0.0	0.6	2.7	12.3	14.0	15.7
合板	0.0	0.1	1.5	5.9	5.5	2.5	2.3
非電気機械	0.0	0.0	0.0	1.3	3.2	4.4	4.0
輸送用機器	0.0	0.0	0.0	0.4	0.9	2.2	2.5
金属製品	0.0	0.0	0.6	1.1	1.9	2.6	3.0
セメント	0.7	0.0	0.7	1.9	0.7	0.1	0.2
基礎金属	0.8	1.6	3.7	3.6	4.4	2.3	1.6
その他	**10.2**	**11.1**	**19.4**	**19.9**	**23.1**	**26.4**	**29.1**
輸出総額（百万ドル）	13	12	164	450	1,481	5,309	8,166
輸出の対GDP比（%）	8.5	8.2	11.2	18.4	29.5	41	51.9

台湾は経済発展の「雁行形態」の古典的な例である。農業財からスタートして、単純な工業財にステップアップし、その後、より高度な製品を輸出するようになった。新しい段階に移行するごとに、前の段階を支配していた輸出財を下に落としていった。

出所：T. H. Lee and Kuo-Shu Liang, "Taiwan," in *Development Strategies in Semi-Industrial Economies*, World Bank Research, ed. Bela Balassa (Baltimore and London : Johns Hopkins University Press, 1982), 310-350. Table 10, 12.

きると、それが変わった。

順番の問題が断ち切られる：セクター・レベルから工程レベルへ

ＩＣＴ革命が起きて、発展途上国が国際供給ネットワークに参入できるようになると、輸入代替政策の伝統的な順番はおろか、「経済発展のはしご」という考え方そのものが意味をなさなくなっていった。

この新しい可能性が開かれると、順番の問題は「どのセクター」や「どの商品」から、「どの工程」や「どの部分」へとシフトした。この変化が進むと、前述したように、グローバル・バリューチェーンに加われた発展途上国は、「ビッグプッシュ」を「スモールナッジ」で進められるようになった。経済発展のパラダイムがビッグプッシュからスモールナッジに切り替わったことは、三つの重要な意味を含んでいた。

比較優位が国のものから地域のものへと変わった。グローバル・バリューチェーンの観点から立地の競争力を考えるときには、各国を切り離してとらえてはならない。ミャンマーなどは、私の言う「ファクトリー・アジア」にすぐにでも参入できるはずだ。[7] アジア地域では、日本、韓国、中国、台湾、シンガポールがモノ、アイデア、ヒトを移動させるのに便利な国の低コスト労働力が依然として求められている。

これに対し、南アメリカのある国が、アメリカからオフショアに移される生産工程の立地として、メキシコと競争しようとしていると考えてみよう。ＩＣＴ革命が起きて、調整という制約要因の縛りはほとんど消えているが、部品・コンポーネントを輸送するには時間がかかることに変わりはないし、マネジャーや技術スタッフをオフショア施設に派遣するにも時間がかかる。こうした要因が障害となり、南アメリカの立地が中央アメリカの立地と競争するのはとても難しい。

これも地理的なレベルでの複数均衡状況となる。サプライヤーがたくさんいると、その立地は生産拠点として魅力的になり、さらにサプライヤーが集まるというサイクルが回りつづける。このように、集積の経済が働くと、G7に近いという自然優位が増幅する傾向がある。これをもっと直接的な形で言い表すこともできる。

距離の意味が変わっている。工業化への取り組みのなかで、立地はいつも重要なポイントだった。18世紀以降、ヨーロッパ人は大きい市場が（お互いに）近くにあるという優位があり、それがヨーロッパの離陸した要因であることは間違いない。しかし、ICT革命前の距離は一般に、モノを輸送するコストに与えるインパクトに関連して語られた。

グローバル・バリューチェーン革命後は、対面でやりとりするのを阻む制約が立ちはだかっており、旅行にかかる時間コストが重要な要素になる。時間の持つ意味は、伝統的な「国内生産・海外販売」型の財とは違っている（BOX14の例を参照）。

BOX14

立地がすべて：アヴィオニックスのケース

キーパーソンの旅行コストがどれだけ重要な意味を持つかは、コスタリカの「ニアショアリング」企業、アヴィオニックスのマーケティング資料を見るとよくわかる。「オフショアリングを検討するときの三大ポイントは、不動産を買うときと同じです。一に立地、二に立地、三に立地です!」。アヴィオニックスのラリー・オールグッド社長は、組込ソフトウェア工学の仕事をオフショアに移転する機会について、こう訴える(組込ソフトウェアは、航空産業をはじめとするさまざまな産業で重要な役割を果たす)。

オールグッドによれば、インド(コスタリカの最大のライバル)にはいくつか優位があるが、飛行機での移動に20時間以上かかるうえ、時差が12時間あるのでやりとりが1日遅れてしまう。「そのせいで、週1回行われるテレビ会議によるステータスミーティングにチームのメンバー全員が参加するのが、不可能とはいかないまでも、難しくなります」。

組込ソフトウェアでは、往復輸送も重要になる。この種のソフトウェアは、それが走るハードウェアと並行して開発されるので、ハードウェアは国境を何度か越えなければならない。インドだとハードウェアの輸送が数週間、時には1ヵ月以上遅れることがあるが、コスタリカならドア・ツー・ドアで1～2日(フェデックス便)、大きな荷物でも3～5日で輸送できる。

産業政策のリスクが小さくなっている。韓国とマレーシアの自動車産業の例が示すように、古いスタイルのビッグプッシュ型産業政策は非常にコストがかかった。政府の強力な介入もある。しかし、グローバル・バリューチェーン革命が起きて、工程全体の集塊度が下がったため、政策ミスの代償が小さくなっている。

雁からムクドリへ

経済発展のはしごや順番問題という視点は、工業化に関する考え方に広く深く刻み込まれている。たとえば大勢のアナリストが、バリューチェーンを「登る」とよく言う。まるでセクターに線形ランキングのようなものがあるかのようだ。そんな誤った考えに反論するために、ある実例を考えてみよう。

北－南の生産のアンバンドリングが1990年前後に始まる前は、順番の問題は、経済発展の「雁行形態」モデルで適切に表すことができた（雁行形態モデルは、日本人経済学者の赤松要と一橋大学の門下生が提唱した）。このモデルでは、工業化には発展段階があり、産業の中心が順を追って移り変わっていくとされる。発展のパターンはA型のはしごが寝かされているような形をしている。

この雁行形態には国際版もある。先頭に立つ国／雁（通常は日本）が能力を蓄積し、経済発展のはしごのもう一つ上の段にあるセクターで競争する力をつける。ところが、その過程で日本の賃金も上がり、はしごの下の段にあるセクターでの競争力が下がる。すると、日本の次に飛んでいる雁が成長する扉が開く。追随国・地域の第一の波（香港、シンガポール、台湾、韓国）は新興工業経済地域と呼ばれ、「アジアの四小龍」と称された。それに続く第二の波を形成した国々（タイ、フィリピン、インドネシア、マレーシア）は、「四頭の虎」と呼ばれた。

生産がアンバンドリングされると、輸入代替や経済発展のはしごという従来の考え方が次第に意味をなさなくなった。列のいちばん後ろにいた雁が突然、それまでは高度部品とされていたものを

図61　雁対ムクドリ：
第二のアンバンドリングが起きて、経済発展のはしごが崩れた

第二のアンバンドリングが起きる前は、工業化はセクター・レベルで進んでいかなければならなかった。海外で競争できるようになるには、国内にサプライチェーンを構築する必要があったからだ。経済発展のはしごの一段目は、サプライチェーンが単純な最終財（衣料、靴など）だった。こうした「軽」工業で経験を積んで、次のより高度な産業へとはしごを一段登る（少なくとも理論上ではそうなるとされていた）。アジアでは、この順序だった発展のプロセスは「雁行形態」モデルと呼ばれている（左のパネル）。

第二のアンバンドリングが始まって、各国が国際サプライチェーンに加われるようになると、この整然とした発展形態が崩れている。国の工業化は産業レベルではなく、工程レベルで進んでいる。たとえばベトナムは、冷蔵庫から航空機まで、さまざまな最終財に使われる部品（ワイヤーハーネス）をつくっている。冷蔵庫の生産技術を習得することなく、オートバイ産業に進出し、その後、航空機産業に進出した。この発展パターンのアナロジーとしては、V字型の雁行形態よりも、ムクドリの群れ（右のパネル）のほうが合っている。

輸出しはじめたのだ。この展開は、セクター・レベルのロジックではなく、工程レベルのロジックに従っていたため、これまでの発展段階の厳密な順番が崩れた。

この変化は、整然とした雁行形態が、ムクドリの群れに近いように見えるものに取って代わられたと考えることもできる（図61）。ムクドリは隊列を組んで飛んではいるが、その形態は絶えず変わりつづける。美しく、整った形をしているものの、この先どうなるかを予測するのは至難の業だ。

「濡れ手に粟」という幻想

グローバル・バリューチェーンを通じて製造業というゲームに参加するのがぐっと簡単になっているからといって、工業化を進めやすくなったわけではない。グローバル・バリューチェーン革命が引き起こす新しい政策の問題に話を進める前に、この点を詳しく見ていこう。

ビッグプッシュからスモールナッジに切り替わって、一部の発展途上国が製造業の仕事を得やすくなったが、一方で、そうした結果自体が意味を持たなくなりはじめた。製造業の仕事を獲得しやすくなり、介入的な産業政策も減ったのは、グローバル・バリューチェーン革命が起きて、産業がひとかたまりになる度合いが下がり、国内での相互の結びつきが弱くなったからだった。過度に単純化して言うと、すべての発展途上国は、サプライチェーンの近くに位置していなければならず、信頼性の高い労働者を供給しなければならず、手厚いビジネス環境を整えなければならなかった。それはいわば「インスタント」産業だった。労働力を加えて混ぜれば出来上がる、というものだ。

グローバル・バリューチェーンを通じた工業化も、まったく同じ理由から、意味を失いつつあった。韓国のアメリカ向け自動車輸出は大成功し、輸入代替ゲームで金メダルをとった。この輸出は、韓国の製造業企業がグローバル市場で成功するのに必要な能力をすべて備えていることを証明するものだった。ベトナムの日本向け自動車輸出も間違いなく称賛に値するが、これは主に、ベトナムが国際サプライチェーンで地歩を確立していることを証明するものだった。自動車輸出に必要な幅広い能力をベトナム企業が提供しているわけではない。

見方を変えれば、国際サプライチェーンに参入できるようになったことで、新しい経済発展の罠が生まれているといえる。この罠は開城症候群《ケソン》とでも呼べるかもしれない。北朝鮮にある開城工業団地は、悪い見本の最たる例だろう。2000年代初めに開設された開城工業団地では、韓国企業は北朝鮮の安価な労働力を活用できる。北朝鮮は開城を、ハードカレンシーを獲得する格好の「ドル箱事業」と見ているが、北朝鮮の製造業セクターを振興する効果はまったく生んでいない。それどころか、北朝鮮はスピルオーバーが自国経済の残りの部分にいっさい及ばないようにするために、考えうるすべての手を打っている。

他の発展途上国にとっては、北朝鮮が必死に食い止めようとしているスピルオーバーこそが、グローバル・バリューチェーンに加わる魅力である。ここでは、グローバル・バリューチェーン工場をテコに生活水準を高め、自己燃料供給型の工業化のプロセスを生み出すことが課題になる。

問題を一言で言うと、こういうことである。「グローバル・バリューチェーンに参入して、雇用と賃金の水準を上げ、生活水準を高め、すぐれた訓練を提供し、インフラを整備するなどして、国内経済全体に恩恵が行き届くようにするには、どんな政策をとればいいのか」。それが次のテーマになる。しかし、あまり期待しないでほしい。答えはまだ見つかっていないのだ。

新しい政策課題

政策立案者にとって何よりも重要なのは、グローバル・バリューチェーンを国の経済発展にどう結びつけるかだ。オフショア生産施設をいくつか誘致して、輸出加工区に新しい仕事をいくつか生み出すだけでは足りない。国際生産ネットワークへの参入密度を高めなければ、工業化を果たして、幅広い経済発展につなげることはできない。グローバル・バリューチェーンに加わってボトルネックが取り除かれれば、そのスピードを格段に上げることができるが、グローバル・バリューチェーンは魔法の杖ではない。可能性の扉を開くだけだ。自国を中所得国以上に押し上げるための困難な仕事のほとんどは、国内でしなければならない。

経済が発展するというのは、国の生産要素が付加する価値が増えるということだ。それには、労働者のスキルと技術力を高めるのはもちろん、国内市場の失敗を正さなければならないし、社会を結束させて、経済を前進させるという合意を維持しなければならない。

世界銀行が2014年に発表した報告書「グローバル・バリューチェーンを発展につなげる」のなかで、ダリア・タグリオーニとデボラ・ウィンクラーは、グローバル・バリューチェーンに関連して三つの新しい政策課題が生まれていると指摘している。[8]

- グローバル・バリューチェーンにどのようにして参入するか。
- グローバル・バリューチェーンへの参入をどのようにして拡大・強化するか。

・グローバル・バリューチェーンへの参入をどのようにして持続可能な経済発展につなげるか。

グローバル・バリューチェーンへの参入問題

グローバル・バリューチェーンは、ダンスと一緒で、成功するには互いに協力し合うことが必要になる。国の政府がグローバル・バリューチェーンへの参入を一方的に決めることはできない。外国のパートナーを誘致して、新しい生産施設を設立するか、既存の国内企業をネットワークに組み入れなければいけない。

第8章で論じたように、グローバル・バリューチェーン生産に加わるには、二つの政策が必要になる。一つは、発展途上国で安全にビジネスができると外国の企業に納得してもらうための政策である。生産施設をつくる場合はもちろん、サプライヤーと長期的な関係を築くときでさえ、外国企業は有形・無形の財産を盗まれるリスクにさらされる。グローバル・バリューチェーンを呼び込もうとするのであれば、財産権は保護されるという保証を提供する方法を見つけなければならない。

もう一つは、国際生産ネットワークがネットワークとして機能しつづけるのを阻む障害を取り除く政策である。国際生産ネットワークでは、さまざまなものが国境を越えて動く。なかでも重要なのが、世界レベルのビジネス・サービスの提供、キーパーソンが移動しやすい環境、投入物と産出物をスムーズかつ確実に移動させる体制である。

これまでに述べたようなグローバル・バリューチェーンを推進するための一般的な政策は必要だが、グローバル・バリューチェーンにどのように参入するかという問題に目を向けると、もっと具体的な疑問が浮かび上がる。たとえば、発展途上国はどんな種類の生産工程を後押しするべきなのだろう。

これはさまざまな固有の要素がからむ複雑な問題だが、強調しておくべきことが一つある。どの工程を選択するかは、発展途上国の地理的な位置を考えて決めるべきだ。部品・コンポーネントの往復貿易であれば、ペルーのようにG7から遠く離れた国は、メキシコのようにG7の近くに位置する発展途上国と競争できる見込みはほとんどない。そうであるなら、ペルーは物理的な距離の重要性が低いセクターに焦点を絞り、サービスに関連する生産工程などに特化しなければならないだろう。

この疑問にはもう一つ、別の側面もある。どの種類のグローバル・バリューチェーンに参入するかをどうやって評価するかだ。グローバル・バリューチェーンは、買い手主導型と売り手主導型に大きく分けられる。第3章で論じたボンバルディアのケースは、デューク大学の社会学者、ゲーリー・ゲレフィの言う「生産者発のバリューチェーン」の例だ。ゲレフィは「グローバル・バリューチェーン」という言葉を初めて使い、経済学者がグローバル・バリューチェーンを海外直接投資以上のものととらえるようになるきっかけをつくった人物である。生産者主導型のネットワークでは、海外生産を取り仕切り、国内の生産、マーケティング、販売、アフターサービスなどと調整する責任は生産者側にあると、ゲレフィは指摘する。

もう一つの買い手主導型の国際生産ネットワークでは、買い手、たとえばトミーヒルフィガーのような大手小売店が責任を負う。トミーヒルフィガーは何を売るかを判断し、リ・アンド・フンのような中間業者に発注する。リ・アンド・フンは、サプライヤーの膨大なネットワークと協働している。同社は工場を持っていないが、60ヵ国超、1万5000社超のサプライヤーと長期的な関係を築いている。買い手は色、トリミング、生地、ジッパーの種類などをこと細かに指示し、企業固有の知識をグローバル・バリューチェーンに注入する。

そうしてできた最終製品、たとえばトミーヒルフィガーの150ドルのカーキパンツには、競争優位のさまざまな源泉が組み合わさっている。それはアメリカの小売業者が持つマーケットと小売りの知識であり、香港の中間業者が持つ物流、品質管理、供給管理の知識であり、マレーシアなどの工場の生産能力である。

この点についてはさらなる研究が必要ではあるが、生産者主導型バリューチェーンのほうがノウハウの移転は多いのではないか。買い手主導型チェーンはたいてい発展途上国の企業が高い基準を満たすように支援するが、そうしたネットワークにいる企業は、製造企業ではなく小売企業であることが多い。そのため、発展途上国の生産を押し上げる効果は限られるが、これはあくまでも推測の域を出ない。

拡大の問題

開城症候群（良い仕事が少しあるだけで、スピルオーバーがまったくない状況）に陥らないようにするには、開発政策のなかで、グローバル・バリューチェーンでの最初の活動を国内経済に波及させる方法を見つける必要がある。結びつきが密なほど、産業能力が拡大する、ノウハウが広く浸透する、経営管理方法を習得するなど、グローバル・バリューチェーンへの参入から連鎖的な波及効果が生まれやすくなる。最終的な目標は、良い仕事を増やすことと、現地企業の新しい活動を振興することだ。

政府がそうした目標をどう達成するかという点では、新しいことはほとんどない。波及経路は、グローバル・バリューチェーンが生まれる前とまったく同じである。追加的な利益は、供給サイドからの波及（アンバンドリング以前の開発理論では「前方連関」と呼ばれる）、需要サイドからの波及（「後方連関」）、スキル形成を通じて生まれることが多い。

需要サイドからの波及は、古い輸入代替アプローチの焦点にほかならない。たとえば、韓国がアメリカに大量の自動車を輸出する狙いの一つは、十分に大きなエンジン需要を生み出して、国内のエンジン生産を経済的にすることだった。タイが日本の自動車メーカーに現地調達規制を課したのも、そうである。

供給サイドからの波及は、それより少し新しい。たとえばバングラデシュが突然、繊維染料メーカーを誘致して、ザラ向けのシャツの迅速な生産に染料を供給するようになれば、それとは無関係のバングラデシュの衣料メーカーは、繊維染料の輸入が遅れてしまう他の国に対して優位に立つはずだ。

スキルの向上については、詳しく説明する必要はないだろう。スキルは業務現場での経験を通して高まる。マネジャーや技術者は仕事をすることによって、自分たちがしていることに習熟していくので、グローバル・バリューチェーン内の生産施設で経験を積めば、より賃金の高い仕事につくか、現地企業に移る道を開くことができる。質の向上も、これと関係がある。

質の向上は、これまでに取り上げた事例の多くに登場するテーマだった。現代の製造業では、品質のばらつきはまず許されないが、幸運なことに、高い品質水準を達成するというのは、学習してできることである。それを例証するのがベトナムのハイハ社の事例だ。同社は今ではオートバイ向け部品・コンポーネントをヨーロッパの大手メーカーに供給している（BOX15を参照）。

BOX 15

オートバイ部品をヨーロッパに輸出する

オランダの発展途上国輸出振興センター（CBI）のコンサルタント陣は、ハイハ社の業務運営を継続的に改善させるプログラムに着手した。生産フロアをきれいにするため、コンサルタントのロルフ・ホフマンは、品質を向上させる「五つのS」を使った。一つ目のSは「ソーティング（選別）」である。作業現場に置く道具をトリアージし、必要不可欠でないものはすべて捨てた。二つ目のSは「スタビライジング（固定）」だ。すべて置く場所を決めて、そこに戻すようにする。三つ目のSは「シャイニング（美化）」。作業スペースの整理整頓を徹底させる。四つ目のSは「スタンダーダイジング（標準化）」、五つ目のSは「サステイニング（持続）」である。労働者全員の作業手順を標準化し、監督役を置いて最初の四つのSを継続的に実行させる。

こうしたシンプルな慣行を浸透させた結果、ハイハはヨーロッパの品質と信頼性の基準を満たせるようになった。第二のアンバンドリングではノウハウとは何を意味するかを示す好例である。ノウハウは単なる技術的な知識や高度な管理テクニックにとどまらない。貧しい国で何よりも重要なのは、G7の職場では当たり前のこととされている基本中の基本の慣行を根づかせることだろう。[9]

持続可能性の問題

最後の問題は、これまで以上に「言うは易く、行うは難し」だろう。それは社会を変えることにほかならないからだ。社会を向上させるということは、グローバル・バリューチェーンが生み出す機会と結果を公平に分配するようにし、それを労働規制・モニタリングや、労働安全、健康、環境に関するルールなどで支えるということだ。こうした非常に重要な政策がなぜ必要なのか、どのように機能するかについては、グローバル・バリューチェーンごとの固有の要素は一つもない。

グローバル・バリューチェーンが繁栄への新しい道を開いたのは確かだが、それで経済発展を大きく阻む障害が小さくなるわけではない。そこを認識しておくことが大事だ。

多くの問題が残っている

ニュー・グローバリゼーションが工業化に与えたインパクトとは、「マスタープラン」の性質を変えたことだと考えることもできる。韓国や台湾が推し進めたセクター・レベルの壮大な構想は、かつてほど重要ではなくなっている。しかし、現実世界の「チェンジ・マネジメント」を経験したことのある読者ならわかるだろうが、正しい基本計画を策定すれば終わりではない。困難なことを成し遂げようとするときには、三つの難題にぶつかる。一に実行、二に実行、三に実行だ。

経済発展の実行でまず問題になるのがヒトである。新しい工業系の仕事に必要になってくるスキルを習得するためには、基本のスキルを身につけておく必要がある。また、仕事があるところに移動する必要もあり、それには新しい家や学校を整えて、ローカルサービスを提供しなければならない。

そこから一段上がると、経済が発展するには、企業間にサプライヤーと買い手のネットワークを築き、それより小さな生産ネットワークを企業のなかにつくる必要がある。そして、国が停滞する農業経済から目まぐるしく変化する工業経済へとシフトすると、社会や経済、政治、世代は大きく揺らぐ。社会はその痛みに備えなければならない。

実行問題はほかにもあり、そのすべてに取り組まなければいけない。道路や橋から、発着場や港まで、あらゆる物理的なインフラを整備する。同様に、法的なインフラを整えて、人的資本、物的資本、知識資本が急速に蓄積されていくようにしなければいけない。政治面での課題も重くのしかかる。社会や経済、民族の根深い分断を抱えている国は特にそうだ。

一言で言うと、経済発展に簡単なことなど一つもない。確かに言えるのは、発展途上国がどうすればグローバル・バリューチェーンを活用できるようになるかについては、まだまだ研究が必要だということだ。

BOX 16

「発展途上国の政策に対する意味」の要約

第9章では、グローバル・バリューチェーン革命が発展途上国に持つ意味合いを考えた。発展途上国は今ではサプライチェーンに参入することで工業化できる。これが最大のメッセージである。第二のアンバンドリングが始まる前は、海外で競争できるようになるにはサプライチェーン全体を国内に構築しなければならなかった。それが今では、国際生産ネットワークに加わることで、海外で競争できるようになっている。そうなると、こうしたネットワークへの参入を拡大して、良い仕事を増やし、自律的な成長へとつなげることが課題になる。それをどう達成するかについては、今もさまざまな研究が続いている。そのため、この章は事例と簡単な解説が中心になる。

そこから一般的な特徴がいくつか浮かび上がった。第一に、オールド・グローバリゼーションの世界では、工業化はセクター・レベルで起きていたが、それがグローバル・バリューチェーンの工程レベルで起こせるようになっているため、工業化政策は実行しやすくなり、リスクが小さくなっている。ビッグプッシュをするのではなく、スモールナッジを繰り返すことで、産業を確立できる。第二に、グローバル・バリューチェーン革命とは細分化を暗に意味するものであり、段階的発展の順番が崩れた。発展途上国が航空関連やオートバイなど、非常に高度なセクターと目されるような領域での輸出に一足飛びに進むこともある。そうだとすると、新しい疑問がわく。どのグローバル・バリューチェーンに加わるべきか。どうすればグローバル・バリューチェーンへの参入を拡大・強化しつづけられるか。そして何より重要なのは、どうすればグローバル・バリューチェーンへの参入を持続可能な経済発展に結びつけられるかだ。

最後の重要なポイントは、改めて言うまでもないことである。グローバル・バリューチェーンは魔法の杖ではない。工業化の新しい道を開くが、発展を阻むきわめて大きな障害が解消されるわけではない。経済発展を成し遂げるには、社会、政治、経済を広く改革することが求められる。それが難しいのは、今も昔も変わらない。

勇気づけられるのは、グローバル・バリューチェーンの発展で開発政策を見直す必要があるという考え方が急速に浸透していることだ。たとえば、世界銀行は国がグローバル・バリューチェーンに参入するのを後押しし、参入後は良い仕事を増やせるように支援する担当局を設置している。この担当局は、経済協力開発機構（OECD）、世界貿易機関（WTO）のほか、ジェトロ・アジア経済研究所（IDE－JETRO）をはじめとする数ヵ国の政府系研究機関の取り組みと連携している。

これは学者にとってエキサイティングな研究分野である。東アジア、中央ヨーロッパ、中央アメリカの政策立案者は、何十年ものあいだ、さまざまな政策を試みてきた。今では新しいデータセットが整備されつつあり、どの政策がいちばん機能するかについて、より体系的に考察する指針が生まれようとしている。

第Ⅴ部　未来を見据える

最高の頭脳の持ち主たちが力の限りを尽くしているにもかかわらず、将来を知る方法を誰も見つけていない。この事実から逃れることはできず、多くの思想家は予測をするのを避けようとする。古代中国の哲学者・詩人、老子は言う。「知る者は未来について語らず、未来について語る者は知らず」。

しかし、その考えは間違っている。未来がどのようになるかを真剣に考え、来るべき変化に社会が備えられるようにすることは、私たちの務めである。アンリ・ポアンカレは『科学の基礎』にこう記した。「未来をまったく予測しないより、たとえ確かなことは言えないとしても、未来を予測するほうがはるかにいい」[1]。ポアンカレの金言に従って、本書の最終章では、グローバリゼーションがこの先どう変化する可能性があるかについて考えていく。私の見るところ、変化は急激で、破壊的な力を持つものになりそうだ。

第10章
グローバリゼーションの未来

グローバリゼーションは、新たな根底的な変容を引き起こそうとしている。ただし、近年にアイデアを移動させるコストが下がっているのと同じくらい、ヒトを移動させるコストが下がらない限り、新たな変化は訪れないだろう。私はそう考える。新しい変化の原動力は単純明快である。

大いなる収斂が進んでいるにもかかわらず、給与・賃金は豊かな国のほうがずっと高い。高い賃金を得たいと思っている人は世界に何十億人もいるが、豊かな国に行くのは難しいので、現状ではそうすることができない。テクノロジーが水門を開けて、こうした人々が、実際にそこにいなくても、先進国で労働サービスを提供できるようになれば、雇用に衝撃的なインパクトを与える可能性がある。それに必要なテクノロジーが実現する日は、そんなに遠くないのではないか。

第10章は、未来学者のジョン・ネイスビッツの助言に沿って話を進めていく。「未来を予測するいちばん確実な方法は、現在を理解しようとすることだ」。そこで最初に、モノ、アイデア、ヒトを国境を越えて移動させるコストをとりまく現実を検証する。そこから、三つの分離コストがこの先たどるであろう軌道を推測できるようになる。そうした推測を手がかりに、オフショアリングはこれからどうなるのか、グローバル・バリューチェーン革命のもとで、グローバル製造業は今後も大きく変化しつづけるのかを考える。

そして最後に、グローバリゼーションの未来に関するシンプルな仮説を提示し、私の言う「新たな根底的な変容」とは何を意味するのかを明らかにする。

分離コストの将来の進路

グローバリゼーションの三段階制約論は、三つのコストが土台になっている。モノ、アイデア、ヒトの三つをある場所から別の場所に移動させるコストだ。1820年に現代のグローバリゼーションが始まってから、この三つのコストは主に技術の進歩によって下がってきている。ところが、その成果は政治の力学によって何度となくねじ伏せられてきた。

戦争に関連した混乱を受けて、貿易コストは第一次・第二次大戦時に跳ね上がり、人為的な貿易障壁（関税）も両戦間期に大幅に高まった。ヒトはモノと同じ手段で移動していたため、戦時下の混乱期には、ヒトの移動も難しくなった。しかし、ヒトをある国から別の国に移動させるうえでの最大の難関には、政府の政策が関係している。移民が積極的に奨励されたエピソードもあれば、移民が全面的に禁止されたエピソードもある。

したがって、グローバリゼーションの未来についてじっくり考えるには、現在の政治やテクノロジーの潮流についてじっくり考えることが欠かせない。では、貿易コストから見ていくことにしよう。

貿易コストは急増するのか激減するのか

1930年代型の保護主義が台頭すれば、理屈としては、モノの移動コストは跳ね上がる可能性がある。しかし、そうはならないのではないかと、私は考える。2008年に発生したグローバル危機の影響を受けて、世界貿易は2009年に突然、いっせいに激減した。これは過去最大の落ち込みとなり、第二次大戦以降で最悪の事態だった。失業者が急増し、政治家は対応を迫られた。[1] それでも、1930年代型の保護主義が拡散することはなかった。

これだけ巨大なショックが襲っても保護主義が広がらなかったのであれば、何であれば保護主義の引き金が引かれるのだろう。私の見るところでは、国際生産ネットワークが台頭して、保護貿易の政治力学が深い部分で変わっている。少なくとも、こうしたネットワークにかかわっている国はそうだといえる。ある国の工場が国境を越えて移転していると、国境を閉じて雇用を守ることはもうできない。短期でさえそうだ。21世紀に国境に壁を築けば、雇用が破壊されるだろう。20世紀に工場内に人為的な壁をつくるのとまったく同じことになる。一言で言うと、産業を獲得するか維持したいと思っている国にとって、保護主義は最悪の選択肢だ。

しかし、原油価格が急騰すれば、貿易コストは上がってしまう。原油価格がこの先どうなるかは、誰にもわからない。最近の識者の見解では、原油価格は長期的に低い水準で推移するとされているが、つい数年前には、その同じ識者らが2030年代には原油価格は3桁になると予測していた。幸いにも、グローバリゼーションの進展を後押しするか食い止めるかというところでは、原油価格

図62　第二のアンバンドリングの初期には原油価格の下落が追い風になったが、2000年以降は向かい風になった

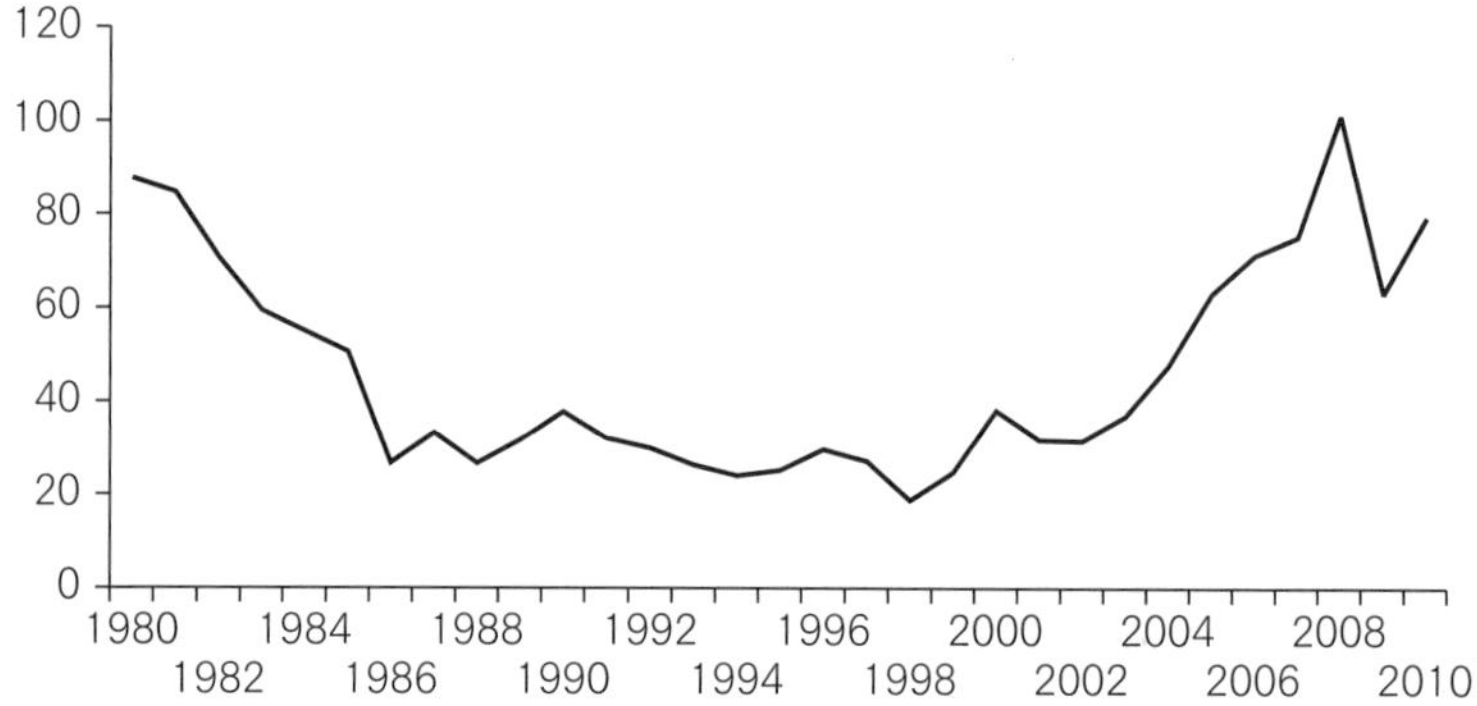

第二のアンバンドリングが1990年に始まったとすると、生産のアンバンドリングはエネルギーコストが低い時代に始まったことになる。原油価格はきわめて安定しており、10年にわたって緩やかに下がりつづけた。しかし、21世紀に入ってから原油価格は急騰しているが、それでも第二のアンバンドリングは進行している。

出所：アメリカ・エネルギー情報局（EIA）エネルギー年次見通し。

はそれほど重要ではなくなっているだろう。この点を理解するために、時間を巻き戻して考えてみよう。

第二のアンバンドリングが始まったときには、原油価格の低下が強力な追い風になった（図62）。インフレを調整した価格で見ると、原油1バレルの標準価格は、1990年には40ドルだったが、2000年には20ドルに半減した。そうしてモノを国際的に移動させるコストが下がった。しかし、21世紀になってからの20年間に原油価格が5倍になり、強い向かい風に直面したにもかかわらず、第二のアンバンドリングは進みつづけた。このことからも、原油価格はモノの移動コストに確かに影響するが、決定要因ではないのは明らかだ。

通信コスト

通信コストの軌道は、貿易コストよりもはるかに計算しやすそうだ。ICT革命を牽引する「法則」(ムーアの法則、ギルダーの法則、メトカーフの法則)は、それぞれのS字曲線の上昇域にある(詳細は第3章を参照)。だとすれば、アイデアを移動させるコストはこの先、下がりつづけると思われる。たとえ、スタートレックさながらの技術のブレークスルーが新たに生まれなかったとしても、それは変わらない。

しかし、テクノロジーだけで国際通信コストが決まるわけではない。政府の政策によっては、情報通信技術(ICT)の進化がもたらすコストへの効果が打ち消される可能性がある。たとえば中国では、政治的な背景から国境を越える通信が非常に厳しく制限されており、技術的には実行可能である。そうなると、蛇口を閉めるインセンティブが政府に働くようになるかどうかが鍵になる。言い方を変えると、グローバル・バリューチェーンのなかで主要7ヵ国(G7)から発展途上国へ流れるノウハウが減ると、どの政府が勝つか、ということだ。

「序章」で触れたサッカーチームのアナロジーに戻ると、論点がはっきりとする。このアナロジーで言えば、オールド・グローバリゼーションは選手を交換する二つのサッカーチームのようであり、ニュー・グローバリゼーションはいちばん強いチームのコーチがいちばん弱いチームの選手を時間があるときに鍛えるようなものだった。このアナロジーでは、国境を越える知識のフローは、チームの枠を越えるトレーニングのようなものである。いうまでもなく、いちばん強いチームのオーナーにはこれを止めるインセンティブが働き、いちばん弱いチームのオーナーにはこれを促すインセンティブが働く。単刀直入に言うと、知識のフローを絶つインセンティブが明らかに作用するのは、G7の政府だけだ。

多くのG7諸国で反グローバリズムのうねりが高まっていることを考えれば、ポピュリスト政権が知識のフローを止めようとしてもおかしくはない。しかし、そんなことが本当にできるのだろうか。アメリカ企業がきわめて重要な知識をどのようにメキシコの工場に移すのかは、誰にもわからない。第3章で扱ったボンバルディアの事例が物語るように、企業が自社の知識を海外の低コスト労働力と組み合わせて利益を引き出すのを止めるには、ICTの国境を完全に遮断するしかないだろう。

少なくともG7諸国では、これから台頭するであろう保護主義的な本能よりも、開かれた社会を求める本能のほうがおそらく強いだろう。したがって、アイデアを国際的に移動させるコストは、これからも下がりつづけると見られる。

ところが、通信技術（CT）は、ICT革命の半分でしかない。もう半分は情報技術（IT）である。第6章で生産のアンバンドリングについて議論したが、そこで明らかになったように、ITもCTもオフショアリングの進路に影響を与えるが、正反対の方向に作用する。

グローバル・バリューチェーンの未来について考察するときには、ITが真に革命的な進化を遂げる可能性に目を向けなければならない。その可能性の一つが、コンピューター統合生産（CIM）である。これは未来学の話ではない。すでに大きなインパクトをもたらしている。高賃金国の製造業に地殻変動を引き起こしており、製造業の風景は、労働者がモノをつくるのを機械が助けるものから、機械がモノをつくるのを労働者が助けるものへと変わっている。

しかし、タスクの統合と自動化は、工場のゲートで止まらない。設計、エンジニアリング、管理のさまざまなタスクでコンピューター化が大幅に進んでいる。コンピューターは生産性を大きく押し上げており、商品設計のスピードが上がっているだけでなく、プロトタイピングをする必要が格段に減っている。設計ができあがってしまえば、コンピューター支援工程計画システムを使って生産工程の概略を作成でき、後は設計プログラムに従って数値制御工作機械に作業指示を出せばいい。機械加工、成形、接合、組み立て、検査という基本の生産機能は、コンピューター支援製造システムと自動搬送システムによってサポートされ、統合的にマネジメントされる。在庫管理は自動化されて、在庫の動きを追跡し、需要を予測するのはもちろん、調達の発注までする。

こうした最近の流れから、製造のコンピューター化と自動化は、少なくともG7諸国では急速に進むだろう。一連の前進は、組立製造工程でロボットの導入が増えるにとどまらない。新商品の設計・試験だけでなく、流通やアフターサービスでも、コンピューター化が進みそうだ。

対面コスト、バーチャルプレゼンス革命、テレロボティクス

三つ目の分離コスト（対面でやりとりするコスト）も下がりつづけるだろう。もっと具体的に言うと、ICTが発達して、人間の分身が人の集まる会議に出席できるようになりつつある。この「バーチャルプレゼンス革命」のベースになっているのが、高品質の画像および音声を送受信するシステムである。これは「電話線」と考えることもできる。言ってみれば、究極のスカイプだ。

その一例が、シスコシステムズの「テレプレゼンス」である。テレプレゼンスは、三つのプラズマスクリーン、音響チャンネル、集音度の高いマイク、カスタム照明、高解像度カメラを使って、

会議の参加者を等身大で映し出す。自分の「左」にいる参加者（ムンバイにいる人かもしれない）の声は、左から聞こえるように調整される。

すると、電話会議はもちろん、標準的なテレビ会議よりもはるかに多くの情報が、参加者に伝わる。画像の質が高いので、表情がぐっと読み取りやすくなる。「微表情」（瞬時に表れて消える0・25秒以下の表情の変化）から、本当の感情を意識的に、あるいは無意識に隠しているかどうかがわかることが、心理学の研究で明らかになっている。そうした反応は普通のテレビ電話やスカイプではとらえられない。それこそが、実際に顔を合わせて話すと、電話やスカイプを通じて話すよりも理解と信頼が深まる理由の一つである。

このようなシステムは、すでに高度サービス・セクターで導入されている。その結果、コンサルティングファームや金融サービス会社などでは、実際に顔を合わせて会議をする必要が減っている。しかし、依然としてコストが高く、使う場所も固定された施設に限定される。コストが大きく下がり、持ち運びやすくなったら、専門の技術者やマネジャーが遠く離れた工場やオフィスに飛ぶ必要が大きく減る可能性がある。もちろん、実際に顔を合わせて話し合う会議はこれからも調整の一環として続くだろうが、回数はぐんと減るはずだ。

次のステップになるのが、「ホログラフィック・テレプレゼンス」である。立体画像をリアルタイムで投射し、遠く離れたところにいる人がまるですぐ隣にいるかのような臨場感を再現するというものだ。そのため、お互いの「ボディランゲージ」をくまなく読み取ることができる。これはSFの素材だが、考えられないようなことではない。シスコはすでにベータ版をデモ公開している。興味がある方は、「Holographic Video Conferencing」で検索すると動画を見ることができる。

テレロボティクスも重要な潮流である。結局のところ、ヒトを移動させるのは、人間同士が会うためだけではない。人間と機械との相互作用とも関係がある。複雑な生産プロセスを安定的に運用するには、専門の技術者がさまざまなハードウェアを手動で操作するのが普通だ。バーチャルプレゼンス技術が、今手術室で使われているような人間が制御するロボットと結ばれれば、技術者は遠隔地から検査や修理を行えるようになるかもしれない。

テレプレゼンスと同様に、テレロボティクスもコストの高さが普及の壁になっている。しかし、外科医が遠隔操作で患者を治療できるようにするシステムを開発することが可能であるなら、シュトゥットガルトにいる技術者がブラジルにある機械を直すことも、間違いなく可能である。モノを製造するコストが下がっていることを考えれば、人間と人間が対面でやりとりしたり、人間と機械とが相互作用したりするのを妨げる制約が小さくなるのも、時間の問題といえるだろう。

この流れを補完する重要な役割を果たしているのが、自動翻訳の急速な進化だ。テキストの翻訳は、ここ10年ほどで驚異的に進化している。たとえばグーグル翻訳は、2000年の時点ではバイリンガルの人たちにとっては爆笑ネタでしかなかった。それが今ではかなり精度が上がり、どんどん進化している。最近も、アップルが音声を何十もの言語に翻訳するアプリ「iTranslate」をリリースした。言葉の壁は人類の歴史を通じて人々を分離する大きな力として作用してきたが、その壁がもうすぐ低くなるか、場合によっては崩れるかもしれない。

生産アンバンドリングの未来

こうした分離コストの見通しは、グローバリゼーションにはどのような意味を持つのだろう。第6章で詳しく述べたように、生産のアンバンドリングでは、生産プロセスの細分化（より細かい工程に分解すること）と、工程の国際分散（オフショアリング）という二つのステップが同時に決まるが、これを二段階のプロセスと考えるといちばんわかりやすい。

貿易コストと対面コストが下がったことで、生産プロセスを小さな工程に分離しやすくなると同時に、生産工程の海外移転を進めやすくなっていることは間違いない。したがって、G7の工場のアンバンドリングと生産工程のオフショアリングは拡大しつづけて、今以上に幅広い生産工程に及ぶものと思われる。

今では主なオフショアリング先（中国、メキシコ、ポーランドなど）の賃金が上昇しているため、こうした流れが減速しているが、世界には、農業をやめて国際生産ネットワークに加わりたいと考えている低コスト労働者は、まだ何十億人もいる。そうした国の政府の多くは、それを実現しようと懸命に取り組んでいる（第9章の議論を参照）。北の高賃金は押し出す力になり、南の低賃金は引き込む力となるので、製造業の仕事はG7から発展途上国に流れつづけ、流入先となる発展途上国はますます広がりつづけるだろうと、私は見ている。

しかし、第6章で説明したように、ITの進化がもたらすインパクトは見通しづらい。サプライチェーンの細分化は、専門特化から得られる恩恵と、必要な調整が増えるコストの相互作用で決まる。ＩＣＴのなかには特化のコストを減らすものもある。その代表が通信技術（ＣＴ）であり、切り分けられた作業を調整しやすくする。これは細分化を促進する方向に働く。その一方で、特化の恩恵を減らすものもある。ロボティクスとコンピューター化がその例であり、一人の労働者がさまざまなタスクをこなしやすくなる。一言で言うと、ＣＴは細分化にプラスとなり、ＩＴは細分化にマイナスとなる。ＣＴの究極形といえる常時接続型モバイル・バーチャルプレゼンスが実現すれば、企業は労働をもっと切り分けるようになるだろう。

エコノミスト誌が2012年にすばらしい特集記事を組み、こうした潮流にさらに踏み込んで、未来を予測している。[2]「3Ｄプリンティング」の登場で、製造業に新たな産業革命が起こるだろうと、記事は伝える。3Ｄプリンティングは付加製造とも呼ばれ、製造のすべての工程をひとつのマシンにバーチャルに結合させたものだ。コンピューター支援設計システムが開発されて可能になったバーチャル設計とつながれば、モノづくりはスタートレックのレプリケーターにぐんと近づくだろう。そうなるにはまだ何年もかかりそうだが、「頭のなかで思い描くことができれば、コンピューターがそれをカタチにしてくれる」世界が現実のものになろうとしている。

高性能の機械を使ったマスカスタマイゼーションと3Ｄプリンティングへの流れが急激に進むと、サプライチェーンのアンバンドリングには大きな逆風となるだろう。こうした機械が、高賃金・高技能国に導入されるか、大きな顧客基盤の近くに置かれるようになれば、その影響でサプライチェーン貿易は激減すると見られる。突き詰めると、データを伝送すれば、モノを移動させなくてすむようになる。

細分化から工程の国際分散に目を移すと、別の問題が浮かび上がる。第6章で論じたように、生産工程を海外に移転する決定は、移転のコストと便益で決まる。一般には、分離コストのどれかが下がると、オフショアリングの魅力が高まる。大いなる収斂が起きているにもかかわらず、非常に大きな賃金格差が世界中に存在するからだ。しかし、オフショアリングは続くと私が予想する理由はそれだけではない。

賃金格差はオフショアリングの決定を後押しし、分離コストはそれを阻むという定型化はとてもわかりやすいが、市場の規模も重要になる。どんなときも消費者の近くに生産地を置こうとする傾向がある。G7の市場が世界を席巻していたときには、製造業をG7諸国にとどめるべきだとされた。大いなる収斂が進むと、今度は反オフショアリングからオフショアリング支持に反転する。どちらにしても、商品を買うだけの資力を持つ顧客の増加ペースは、発展途上国が先進国を上回っている。

ここまでの推論は、ある疑問を無視している。新しいオフショアリング先はどこになるかだ。これは非常に重要な意味を持つ。グローバル・バリューチェーン革命に加わろうとしている発展途上国にとっては特にそうだ。そこで、次はこのトピックについて考える。

未来のオフショアリング先

未来のオフショアリング先を推測するにあたっては、思い出してほしいことがある。生産工程の地理的なアンバンドリングは、分散力と集積力のバランスで決まる（第6章を参照）。集積力とは、クラスターを形成する魅力を高める力である。集積力が持つ意味合いは二つある。一つは、企業はG7諸国の顧客やサプライヤーと同じところにいようとするので、オフショアリングを促す作用はそもそも低い。そしてもう一つは、生産工程がオフショアに移されるとしても、既存のクラスターに向かう傾向がある。すでに海外から生産工程が移転されている国にオフショア施設が集まることが多いのはそのためだ。これは古くからある「ニワトリが先か、タマゴが先か」という問題であり、そのロジックに従えば、ニワトリを飼うとニワトリは増えるのが普通である。しかし、これを打ち消している力がある。それが賃金のトレンドだ。

賃金は、分散力側でとても重要な役割を果たす。生産工程が北から発展途上国の工場、特に中国の工場に移動したとき、現地の賃金はまったくと言っていいほど上昇しなかった。その理由は、三段階制約論に従えば、知識がある意味で中国に移転していなかったからだ。知識は特定の都市の特定のセクターの特定の工場に移動していた。賃金を押し上げるスピルオーバーは起きてはいたが、G7の企業はそうしたスピルオーバーを抑え込むか、遅らせようとした。しかも、オフショアリング・セクターがローカル経済に占める割合は、最初はごく小さかった。ノーベル賞を受賞した経済学者、アーサー・ルイスの言葉を借りれば、これは「無限の労働供給による経済発展」だった。[3]

ところが最近では、急速に工業化が進む国の労働市場で賃金が上昇しはじめている。その結果、未熟練労働集約度の特に高い工程が、より賃金の低い発展途上国に移りはじめている。生産アンバンドリングの基本のロジックに照らせば、この流れはこの先も続き、「雁行形態」モデルの21世紀型パターンが生み出されることになる（詳細は第9章を参照）。しかし、そのパターンは技能集約度が非常に低い生産工程でしか生まれないだろう。この動きはすでに東アジアで始まっており、ベトナム、バングラデシュなど、新しい低賃金国がグローバル・バリューチェーン革命に加わっている。そうした国々の賃金が十分に高くなれば、オフショアリング先はさらに広がるだろう。

この流れは、バーチャルリアリティ革命によって加速すると思われる。ヒトとヒト、そしてヒトと機械の相互作用が減ることで、国際生産ネットワークの地理学が地図上の距離の影響を受けにくくなり、革命が発展途上国に波及しやすくなるだろう。

私の見るところ、第二のアンバンドリングは今後、アフリカの東海岸へと地理的に広がっていくと予想される。東アフリカはヨーロッパに近いし、南アメリカよりもインドや東アジアに近い。実際、東アフリカは古代から中東、インド、中国の貿易パターンの一角を担っていた（第1章を参照）。

二つの未来予測

前に述べたように、先進国と、工業化が急速に進んでいる発展途上国のあいだで、所得が収斂している。オフショアリングは当初、こうした二つのグループの大きな賃金格差を動機としていたため、格差が小さくなれば、二つのグループ間の貿易が減るのではないかと思う人もいるかもしれない。私に言わせれば、それは間違いだ。むしろ、こうした二つのグループのあいだの貿易は、今豊かな国のあいだで行われている貿易に似てくるようになるのではないか。つまり、製品の双方向の貿易が大量に行われるということだ（こうした貿易はサプライチェーン貿易とも呼ばれる）。

第3章で示したとおり、サプライチェーン貿易は、第二のアンバンドリングが始まる前でさえ、カナダ、アメリカのような近隣の高賃金国のあいだや、西ヨーロッパ地域内で盛んだったし、今も広く行われている。この種の貿易を牽引しているのが徹底した専門特化だ。企業が特定の中間財に特化すると、低コストのサプライヤーになることができる（第6章を参照）。言い換えると、そうした貿易は賃金格差ではなく、企業レベルの卓越性がベースになっている。
低賃金を土台にしたコスト競争力から、企業レベルの卓越性を土台とするコスト競争力へのシフトは、すでに進んでいる。中国のような発展途上国は、より高度な中間財を国内で生産している。それまでだったら輸入されていたであろう部品がそうだ。一例として、中国は世界中の国に中間財を供給する主要なサプライヤーになっている。[4] この流れは続くと思われる。賃金を原動力とする貿易が減少したとしても、専門特化の進展による貿易の増加が、それを補って余りあるだろう。

仕事の二極化も、未来のグローバリゼーションの重要な側面になる。これまでは、ＩＴの進化によって、豊かな国の労働の風景が二極化する傾向があった。大量のスキルとハイテク・マシンを必要とする職種が生まれる一方で、単調きわまりない職種も生み出された。第6章で扱ったサウスカロライナの工場の例がまさにそうである。

この流れはこれからも続くだろう。定型的で低技能で単調なタスクはコンピューター化・自動化がしやすいので、ＩＴの進化によって、そうしたタスクが関係する職種はどんどん消えていく可能性が高い。と同時に、高度な生産機械が今以上に集約的に使われるようになるため、残った仕事はスキル、資本、技術の集約度が高まるだろう。すると、各工程でスキルの二極化が進む。定型的な低技能タスクは、高技能の職種にバンドルされる一方、残りの低技能タスクはおしなべて労働集約度が非常に高くなるが、定型性は低くなるだろう。その結果、より幅広い工程に、資本集約度が高く、技術集約度が高く、技能集約度の高いプロセスが組み込まれるようになる。そうした場合には、先進国の立地が選好される傾向がある。だとすると、あからさまな言い方をすれば、高技能労働者とロボットには、Ｇ７諸国の工場で仕事があるということになる。低技能・中技能の労働者は、仕事がなくなるか、職場がオフショアに移されることになるだろう。

デヴィッド・オーター、ローレンス・カッツ、メリッサ・カーニーが2006年の共著論文「アメリカ労働市場の二極化」で指摘したように、この二極化を突き詰めると、コンピューターは労働力を代替するものでもあり、補完するものでもあったという事実に行き着く。[5]

グローバリゼーションの第三のアンバンドリング

グローバリゼーションを理解するには、三つの「分離コスト」(貿易コスト、通信コスト、対面コスト)を明確に区別する必要がある。これが本書の核となる前提の一つだ。19世紀にモノを移動させるコストが急激に下がって、グローバリゼーションの第一の加速期(第一のアンバンドリング)が始まった。そして、20世紀後半にアイデアを移動させるコストが急激に下がると、グローバリゼーションの第二のアンバンドリングが始まった。

ヒトを移動させるコストが急激に下がれば、第三のアンバンドリングが始まる可能性が高い。私はSFドラマに出てくるようなテクノロジーの話をしているのではない。私が話しているのは、低コストで文字どおり人を迅速かつ安全に国境を越えて移動させるようなテクノロジーではなく、人間の分身に国境を飛び越えさせるテクノロジーだ。先に論じた二つのブレークスルーがそれを成し遂げるかもしれない。一つは、人間の分身たちが国境を飛び越えて同じ部屋に集まり、「頭脳労働」サービスを交換し合うというものだ(テレプレゼンス)。もう一つは、人間の分身に遠く離れた場所で肉体労働をさせるというものである(テレロボティクス)。

こうしたブレークスルーがどのようなものになるかを見ていく前に、話を少し戻して、オフショアリングとは何であるのかを、経済学の観点から考えてみたい。

オフショアリングとはアービトラージである

北－南のオフショアリングの経済学的側面は、高賃金国と低賃金国のあいだのアービトラージ（裁定）が土台になっている。この点を理解するには、オフショアリングをいつもとは違う角度から考えてみるといい。低賃金国から低賃金労働力の労働サービスを獲得する手段と考えるのだ。

今、卓越したノウハウを持ち、G7諸国、たとえばアメリカを拠点とする企業があるとしよう。この企業が自社のノウハウと低コスト労働力、たとえばメキシコの労働力を組み合わせるには、メキシコ人をアメリカの工場に連れてくるか、自社工場のかなりの部分をメキシコに移すかしなければならない。メキシコ人をアメリカの自社工場に連れてくるのであれば、直接販売される財にメキシコの労働サービスが埋め込まれる。つまり、販売される財への投入物として使われるということだ。生産工程をメキシコに移転するのであれば、メキシコの労働サービスは、アメリカやその他の市場に輸出される財に埋め込まれて、直接販売されるか、さらに加工される。

非常に抽象的な経済モデルでは、この二つの選択肢は同じことになるが、現実の世界では、移住は難しいか、コストが嵩むか、禁じられているのが普通である。そのため企業はたいていオフショアリングを選択する。どちらの選択肢でも、高コストのアメリカの労働サービスの代わりに、低賃金のメキシコの労働サービスを買うことができれば、企業はコストを大幅に削減できる。つまり、オフショアリングとは、国際間の賃金格差を利用して裁定取引を行う手段なのである。

テレロボティクス、テレプレゼンス、「バーチャル移住」

オフショアリングを通じたアービトラージは、どの活動でもできるわけではない。オフショアリングという選択肢を成功させるには、企業は何らかの方法で、メキシコからメキシコの労働サービスを手に入れる必要がある。多くの種類の製品では、問題はない。前に述べたように、労働サービスは財に付加され、財はその後に輸出されるからだ。しかし、他の種類の活動の多く、特にサービス活動の場合は、労働サービスを労働者から切り離すことはできない。たとえば、メキシコの労働サービスを使ってアメリカの庭の手入れをするには、メキシコ人がその庭にいなければできない。

テレロボティクスは、肉体労働者を取り巻く環境を一変させる可能性がある。テレロボティクスを使えば、発展途上国にいる労働者が、実際にその場にいなくても、先進国のなかで労働サービスを提供できるようになるからだ。これを「バーチャル移住」と呼ぼう。肉体労働者版テレコミューティングである。オスロにあるホテルの部屋を、マニラで座っているメイド、もっと厳密に言うと、フィリピンにいる労働者がコントロールするロボットが掃除する。アメリカのショッピングモールにいる警備員を、ペルーで座っている警備員が動かすロボットに置き換える。あるいは、警備員を一人だけ置き、十数台のロボットを遠隔操作して警備員を支援する――。可能性は想像の数だけある。

労働サービスの遠隔提供は、双方向に流れるものになりそうだ。一般には、発展途上国の低技能労働者が豊かな国にテレコミュートし、豊かな国の高技能労働者が発展途上国にテレコミュートすることになる。たとえば、経験豊富なドイツの技術者が、中国にあるドイツ製の資本設備を、中国の工場にある高機能のロボットをコントロールして直すといった具合だ。

テレプレゼンスが進化すれば、発展途上国に住む頭脳労働者も同じことができる。テレプレゼンス会議施設が低コストかつ持ち運び可能になり、ホログラフィック・テレプレゼンスが普及すると、実際に顔を合わせて会議をする必要は、なくなるとまではいかなくても、大きく減るだろう。そうなれば、頭脳労働サービスを遠隔で調整するのがぐっと容易になる。

エンジニア、デザイナー、会計士、弁護士、出版者（そしてもちろん、経済学教授）には、北と南で大きな給与格差があり、ビジネス・サービスの生産を細分化できるようになれば、大規模な「バーチャル・オフショアリング」へと進む可能性がある。つまり、テレプレゼンスを利用して、発展途上国の専門職が、実際にその場にいなくても、G7のオフィスや大学で働けるようになるということだ。

これはすでに起きていることを拡大したものにすぎない。「マイクロワーク」や「マイクロ・アウトソーシング」という手法では、分割された小さなタスクを大きなプロジェクトの一部として個人が受ける。仕事はすべてウェブベースで進められる。バーチャルプレゼンスが進化すれば、細分化やオフショアリングをぐっと調整しやすくなる。マイクロ・アウトソーシングの強化版と考えればいい。アマゾンのメカニカルタークのようなものだが、それよりもずっと広範囲にわたる。

もちろん、単純なモジュール型サービスのオフショアリングは昔からある。あらゆる種類のバックオフィス・タスクがすでにオフショアに移転されたり、外部に委託されたりしている。これがいっそう進む可能性がある。銀行業から法律アドバイスにいたるサービスの主だった提供者が、大勢の高コスト人材を、給料を支払って高コストの都市にある高コストのビルに置いているのは、対面でのやりとりが重要であるからだ。グローバリゼーションの第三のアンバンドリングが始まると、それが崩れる可能性がある。

端的に言うと、グローバリゼーションの次の大きな変化は、ある国の労働者が別の国のサービス・タスクを引き受けるようになることだろう。それは、今日ではその場に物理的に存在していなければできないタスクだ。アンバンドリングのテーマに沿って言えば、グローバリゼーションの第三のアンバンドリングでは、労働サービスが労働者から物理的に切り離されることになりそうだ。

歴史的な変化

テレプレゼンスとテレロボティクスを通じて、対面でやりとりするのを阻む制約が小さくなると、労働サービスの物理的な提供と労働者の物理的な存在を切り離すことが、ぐんと容易になるだろう。すると、二つの歴史的な変化が生まれる可能性がある。一つは、先進国の労働者やマネジャーが、実際にそこに行かなくても、発展途上国で能力を活かせるようになることから生まれる変化である。

グローバル・バリューチェーン型工業化の奇跡は、これまでのところ一握りの発展途上国でしか起きていない。ほとんどが日本、ドイツ、アメリカに地理的に近い国だ。だが、労働者一人当たりの知識量の南北格差は今もきわめて大きい。このインバランスを利用したアービトラージの機会はたっぷりある。これまでに大きな恩恵を受けてきた国（何よりも中国）で賃金が上昇しているうえ、テレプレゼンスとテレロボティクスが進化しており、高度なノウハウを持つ企業は、自社の知識をアフリカや南アメリカなどの低コスト労働力を組み合わせて活用するようになっていくだろう。中国は賃金が上がって競争力を失っており、それを補おうと、中国企業がこの新しいオフショアリングの先頭に立つのではないか。

グローバル・バリューチェーン革命が波及する地理的な範囲が本当に拡大すれば、急速な工業化のパレードに加われる発展途上国が増えるはずだ。それが引き金となってコモディティ・スーパーサイクルに再び火がつくかもしれないし、大いなる収斂は加速するだろう。

二つ目の歴史的な変化は、貧しい国の労働者が、故郷を離れることなく、豊かな国のなかで能力を活かせるようになることから生まれるだろう。製造業セクターにとっては、これは進化になる。つまり、アンバンドリングとオフショアリングの流れが続くということだ。しかし、生産工程を海外に移転して低コスト労働力を利用するのではなく、工場は先進国に残り、そこに労働者がテレコミュートすることになる。第8章で論じた第二のアンバンドリングのインパクトはすべて、この種のバーチャル移住によって増幅されるだろう。

サービス・セクターでは、このインパクトはそれ以上に革命的なものになりそうだ。第一・第二のアンバンドリングでは、多くのサービス・セクターは間接的にしか影響を受けなかった。その性質上、貿易することができないサービスを売っていたからだ。サービスの提供者とサービスの買い手は、同時に同じ場所に物理的に存在する必要があった。バーチャルプレゼンス技術とテレロボティクスのコストが大きく下がり、信頼性が高くなり、広く普及すれば、その必要もなくなる。非貿易サービスが、貿易サービスになるのだ。一言で言うと、第三のアンバンドリングが起きれば、第二のアンバンドリングがすでに製造業セクターにもたらしたことが、サービス・セクターで起きる可能性がある。

この未来図では、第二のアンバンドリングが製造業にもたらした良い結果も悪い結果もすべて、サービス・セクターにそっくり引き継がれる。雇用全体のおよそ3分の2をサービス・セクターが占めるため、このインパクトは歴史に残るようなものになる可能性がある。幅広いサービス・セクターで、豊かな国の労働者が、遠隔で労働サービスを提供する貧しい国の労働者と直接、賃金競争することになるかもしれない。しかしもちろん、この状況は豊かな国の労働者にとっては逆境となるが、貧しい国の労働者にとっては機会になるだろう。

一連の変化を大きな視点でとらえるには、人工知能（ＡＩ）は破壊的なインパクトをもたらす可能性があるとする議論と比較するといい。『ザ・セカンド・マシン・エイジ』の著者、エリック・ブリニョルフソンとアンドリュー・マカフィーによれば、近未来は、ＡＩが非常に体系的に活用されるようになり、高賃金国ではロボットが人間に取って代わるという。[6] トラック運転手から投資の運用担当者まで、さまざまな労働者に大きな影響が及ぶと、二人は指摘する。私としては、「遠隔知能」（ＲＩ）は少なくともそれと同じくらい大きな変化を生み出す可能性を秘めていると言っておきたい。遠く離れた場所にいる人間のオペレーターが迅速に対応できるのであれば、コンピューターのオペレーターを選ぶ理由はない（コストのかからない同時通訳が進化して、言語の壁が取り払われた後は特にそうだ）。そうであれば、ＡＩだけでなく、ＲＩがもたらすインパクトについても、今考えはじめなければいけない。

おわりに

本書のような本は、どう終わらせればいいかわからない。要約は長くなりすぎるだろうし、未来予想図はすでに示している。そこで、ある古い格言をもって、本書の結びとしたい。「物事はあまりにも大きく変化しており、未来でさえ、かつての未来ではなくなっている」。

私が本書で伝えたかったのは、今日のグローバリゼーションは、読者の親の世代のグローバリゼーションとは違うということだ。そして明日のグローバリゼーションは今日のグローバリゼーションとまったく違うものになる可能性がきわめて高い。なぜなら、グローバリゼーションの原動力が変わったからである。20世紀末までは、モノを移動させるコストが大幅に低下したことが最大の原動力だった。その変化をたどると、蒸気革命に行き着く。その後、ＩＣＴ革命が起きると、アイデアを移動させるコストがめざましく下がり、グローバリゼーションの最大の原動力が切り替わった。この先は、バーチャルプレゼンス革命が引き金となって、テレプレゼンスとテレロボティクスのコストが劇的に下がり、それが最大の原動力になるはずだ。

この未来図が正しいとしたら、政府も、企業も、グローバリゼーションに対する考え方を変えなければいけなくなるだろう。

原　注

第Ⅰ部

1　Gerald M. Meier and Robert E. Baldwin, *Economic Development: Theory, History, Policy*（New York: John Wiley and Sons, 1957）.

第1章

1　Vincent Macaulay, et al., "Single, Rapid Coastal Settlement of Asia Revealed by Analysis of Complete Mitochondrial Genomes," *Science* 308, no. 5724（2005）: 1034-1036.

2　Jared Diamond, *Guns, Germs, and Steel: The Fates of Human Societies*（New York: W. W. Norton, 1997）（邦訳、倉骨彰訳『銃・病原菌・鉄――1万３０００年にわたる人類史の謎』上・下、草思社、２０００年）.

3　Ian Morris, *Why the West Rules — for Now: The Patterns of History and What They Reveal about the Future*（London: Farrar, Straus and Giroux, 2010）（邦訳、北川知子訳『人類５万年　文明の興亡――なぜ西洋が世界を支配しているのか』筑摩書房、２０１４年）.

4　William J. Bernstein, *A Splendid Exchange: How Trade Shaped the World*（New York: Atlantic Monthly Press, 2008）（邦訳、鬼澤忍訳『華麗なる交易――貿易は世界をどう変えたか』日本経済新聞出版社、２０１０年）.

5　Angus Maddison, *Contours of the World Economy, 1-2030 AD: Essays in Macro-Economic History*（Oxford: Oxford University Press, 2007）（邦訳、政治経済研究所訳『世界経済史概観　紀元1年～２０３０年』岩波書店、２０１５年）. 詳細は第3章を参照。

6　Norman Cantor, *In the Wake of the Plague: The Black Death and the World It Made*（New York: Free

Press, 2001)（邦訳、久保儀明・楢崎靖人訳『黒死病――疫病の社会史』青土社、２００２年）.

7　Ronald Findlay and Kevin H. O'Rourke, *Power and Plenty: Trade, War, and the World Economy in the Second Millennium* (Princeton, NJ: Princeton University Press, 2007).

8　Stephen Broadberry, "Accounting for the Great Divergence," Economic History Working Papers 184-2013, London School of Economics, November 2013, http://www.lse.ac.uk/economicHistory/workingPapers/2013/WP184.pdf.

9　Edward L. Dreyer, *Zheng He: China and the Oceans in the Early Ming Dynasty, 1405-1433* (New York: Pearson Longman, 2007).

10　Felipe Fernández-Armesto, *Millennium: A History of the Last Thousand Years* (New York: Scribner, 1995)（邦訳、別宮貞徳監訳『ミレニアム――文明の興亡　この１０００年の世界』上・下、日本放送出版協会、１９９６年）.

11　David S. Landes, *The Unbound Prometheus: Technological Change and Industrial Development in Western Europe from 1750 to the Present* (Cambridge: Cambridge University Press, 1969)（邦訳、石坂昭雄・富岡庄一訳『西ヨーロッパ工業史』⑴・⑵、みすず書房、１９８０～82年）.

第2章

1　Kevin H. O'Rourke and Jeffrey G. Williamson, "When Did Globalization Begin?" *European Review of Economic History* 6, no. 1 (2002): 23-50.

2　Paul Bairoch and Susan Burke, "European Trade Policy, 1815-1914," in *The Cambridge Economic History of Europe*, vol. 8, *The Industrial Economies*, ed. Peter Mathias and Sidney Pollard (Cambridge: Cambridge University Press, 1989), 1-160. 以下も参照。Bairoch, *Economics and World History* (London: Harvester Wheatsheaf, 1993) およびBairoch and Richard Kozul-Wright, "Globalization Myths: Some Historical Reflections on Integration, Industrialization, and Growth in the World Economy," Discussion Paper 113, United Nations

Conference on Trade and Development, Geneva, 1996.

3 ビスマルクが1879年に行った保護主義法を支持する演説から引用。William Harbutt Dawson, *Protection in Germany: A History of German Fiscal Policy during the Nineteenth Century* (London: P. S. King & Son, 1904) に引用。

4 Simon Kuznets, *Economic Growth and Structure: Selected Essays* (London: Heinemann Educational Books, 1965).

5 Lant Pritchett, "Divergence, Big Time," *Journal of Economic Perspectives* 11, no. 3, (1997): 3-17; Kenneth Pomeranz, *The Great Divergence: China, Europe, and the Making of the Modern World Economy* (Princeton, NJ: Princeton University Press, 2000) (邦訳、川北稔監訳『大分岐――中国、ヨーロッパ、そして近代世界経済の形成』名古屋大学出版会、2015年).

6 Charles P. Kindleberger, "Commercial Policy between the Wars," in *Cambridge Economic History of Europe*, ed. Mathias and Pollard, 161-196.

7 Gerhard Weinberg, "The World through Hitler's Eyes" (1989), in *Germany, Hitler, and World War II: Essays in Modern German and World History* (Cambridge: Cambridge University Press, 1995), 30-53.

8 私はジャガーノートという概念を著書 *Towards an Integrated Europe* (London: CEPR Press, 1994) で初めて示し、その後、フレデリック・ロバート＝ニクーとともに、Baldwin and Robert-Nicoud, *A Simple Model of the Juggernaut Effect of Trade Liberalisation*, CEP Discussion Paper 845, Centre for Economic Performance, London School of Economics and Political Science, London, UK, 2008 で発展させた。

9 Marc Levinson, *The Box: How the Shipping Container Made the World Smaller and the World Economy Bigger* (Princeton, NJ: Princeton University Press, 2006) (邦訳、村井章子訳『コンテナ物語――世界を変えたのは「箱」の発明だった』日経BP社、2007年). Daniel M. Bernhofen, Zouheir El-Sahli, and Richard Kneller, "Estimating the Effects of the Container Revolution on World Trade," *Journal of International Economics* 98 (2016):36-50 も参照。

第3章

1 Paul Gallant, "How Bombardier's Experiment Became Ground Zero for Mexico's Economic Revolution," *Canadian Business*, April 15, 2014.

2 David L. Hummels and Georg Schaur, "Time as a Trade Barrier,"*American Economic Review* 103, no. 7 (2013): 2935-2959.

3 詳細については、Yuqing Xing,"How the iPhone Widens the US Trade Deficit with China," April 10, 2011, VoxEU.org を参照。

4 João Amador and Sónia Cabral, "Vertical Specialization across the World: A Relative Measure,"*North American Journal of Economics and Finance* 20, no. 3 (2009): 267-280 を参照。下のパネル：Baldwin and Lopez-Gonzales (2014).

5 Ibid., 267-280.

6 Robert C. Allen, *Global Economic History: A Very Short Introduction* (Oxford: Oxford University Press, 2011)（邦訳、グローバル経済史研究会訳『なぜ豊かな国と貧しい国が生まれたのか』ＮＴＴ出版、２０１２年）.

7 Paul Collier, *The Bottom Billion: Why the Poorest Countries Are Failing and What Can Be Done about It* (Oxford: Oxford University Press, 2007), 3（邦訳、中谷和男訳『最底辺の10億人――最も貧しい国々のために本当になすべきことは何か？』日経ＢＰ社、２００８年）.

第Ⅱ部

1 Karl Popper, *The Open Universe : An Argument for Indeterminism* (Totowa, NJ: Rowman and Littlefield, 1982)（邦訳、小河原誠・蔭山泰之訳『開かれた宇宙――非決定論の擁護』岩波書店、１９９９年）; Stephen Hawking, *The Grand Design* (London: Bantam Books, 2011)（邦訳、佐藤勝彦訳『ホーキング、宇宙と人間を語る』エクスナレッジ、２０１０年）.

第4章

1　David Ricardo, *On the Principles of Political Economy and Taxation* (London : John Murray, 1817)（邦訳、羽鳥卓也・吉沢芳樹訳『経済学および課税の原理』上・下、岩波書店、１９８７年他）.

2　Andrew B. Bernard and Teresa C. Fort, "Factoryless Goods Producing Firm," *American Economic Review: Papers and Proceedings* 105, no. 5 (May 2015): 518-523.

3　韓国は例外といえるだろう。韓国の重工業は保護主義の壁に守られて発展を遂げたからだ。しかし最近は、独自の国際生産ネットワークを築いている。

4　じつは、ジーン・グロスマンとは義理の兄弟の関係にあり、２００６年８月初めに私の母の80歳の誕生日に会ったとき、件の論文を発表前に読ませてもらっている。私の２００６年の報告書の大部分はこの週末に書き上げた。

第5章

1　詳細は、ハビエル・ロペス＝ゴンザレスと共同執筆した２０１５年の論文（"Supply-Chain Trade: A Portrait of Global Patterns and Several Testable Hypotheses," *World Economy* 38, no. 11 (2015): 1682-1721）、および、２０１３年の長文版（２０１３年４月にNBER Working Paper 18957として配布）を参照。

2　Ibid.

3　Pham Truong Hoang, "Supporting Industries for Machinery Sector in Vietnam," chap. 5 in *Major Industries and Business Chances in CLMV Countries*, ed. Shuji Uchikawa, Bangkok Research Center Research Report No. 2, Institute of Developing Economies, Japan External Trade Organization, 2009, http://www.ide.go.jp/English/Publish/Download/Brc/pdf/02_ch5.pdf を参照。

4　Paul A. Samuelson, "Where Ricardo and Mill Rebut and Confirm Arguments of Mainstream Economists Supporting Globalization," *Journal of Economic Perspectives* 18, no. 3 (2004): 135-146.

5　National Board of Trade, "Made in Sweden? A New Perspective on the Relationship between Sweden's

Exports and Imports," Stockholm, Sweden, 2011.

6 Robert Hall, "Macroeconomics of Persistent Slumps," in *Handbook of Macroeconomics*, vol. 2B, ed. John Taylor and Harald Uhlig (North Holland: Elsevier, 2016), http://web.stanford.edu/~rehall/HBC042315.pdf.

7 詳細は、ボーダー・アセンブリー社のウェブサイトを参照（http://www.borderassembly.com/maquiladoras.html）。

8 詳細は、ＱＳアドバイザリー社のウェブサイトを参照（http://qsadvisory.com/）。

第Ⅲ部

第6章

1 Daniel Bernhofen and John C. Brown, "A Direct Test of the Theory of Comparative Advantage: The Case of Japan,"*Journal of Political Economy* 112, no. 1 (2004): 48-67およびBernhofen and Brown,"An Empirical Assessment of the Comparative Advantage Gains from Trade：Evidence from Japan," *American Economic Review* 95, no. 1 (2005): 208-225.

2 原文は"Pigmaei gigantum humeris impositi plusquam ipsi gigantes vident"（１６００年代後半にロバート・フックに宛てた手紙より）。現在の2ポンド硬貨の縁には、「巨人たちの肩の上に立って（Standing on the shoulders of giants）」という言葉が刻まれている（ニュートンは30年にわたって王立造幣局長官を務めた）。

3 この内生的成長理論は、グロスマン＝ヘルプマンのアプローチから導いている。Gene Grossman and Elhanan Helpman, *Innovation and Growth in the Global Economy* (Cambridge, MA: MIT Press, 1991)（邦訳、大住圭介監訳『イノベーションと内生的経済成長――グローバル経済における理論分析』創文社、１９９８年）を参照。

4 Ibid.

5 Nicholas Bloom, Luis Garicano, Raffaella Sadun, and John Van Reenen, "The Distinct Effects of Information Technology and Communication Technology on Firm Organization," NBER Working Paper 14975, National Bureau of Economic Research, May 2009.

6 Adam Davidson, "Making It in America," *Atlantic Magazine*, January/February (2012).

第7章

1 Paul Krugman and Anthony Venables, "Globalization and the Inequality of Nations," *Quarterly Journal of Economics* 110, no. 4 (1995): 857-880.

2 これは、ニコラス・クラフツ、テランス・ミルズなどの経済史学者にとっては昔から言われていたことであり、二人は産業革命に関する研究のなかで、累積する局所的学習プロセスの重要性を明確に主張している（Terence C. Mills and N. F. R. Crafts, "Trend Growth in British Industrial Output, 1700-1913: A Reappraisal," *Explorations in Economic History* 33, no. 3 [July 1996]: 277-295）。ところが、新経済地理学のロジックと新しい成長理論が公式に結合したのは、ずっと後になってからだった。具体的には、クルーグマン＝ヴェナブルズのロジックとグロスマン＝ヘルプマンのロジックを統合する際の技術的な問題が解決されたのは、私がパリ・スクール・オブ・エコノミクスのフィリップ・マーティン、ロンドン・スクール・オブ・エコノミクスのジャンマルコ・オッタヴィアーノと執筆した成長離陸の地理学に関する論文が最初である（Richard Baldwin, Philippe Martin, and Gianmarco Ottaviano, "Global Income Divergence, Trade, and Industrialization: The Geography of Growth Take-Offs," *Journal of Economic Growth* 6, no. 1 [2001]: 5-37）。

3 Edward L. Glaeser, "Why Has Globalization Led to Bigger Cities?" Economix (blog), *New York Times*, May 19, 2009, http://economix.blogs.nytimes.com/2009/05/19/why-has-globalization-led-to-bigger-cities/?_r=0.

第IV部

第8章

1 ピュー研究所の44ヵ国を対象とする世論調査にもとづく論文で報告。"Faith and Skepticism about Trade, Foreign Investment," September 16, 2014, http://www.pewglobal.org/2014/09/16/faith-and-skepticism-about-trade-foreign-investment/.

2 Paul Krugman, "Competitiveness: A Dangerous Obsession," *Foreign Affairs*, March/April 1994 を参照。この項はRichard Baldwin,"The Problem with Competitiveness," in *35 Years of Free Trade in Europe : Messages for the Future*, ed. Emil Ems (Geneva: European Free Trade Association, 1995) にもとづく。

3 Krugman, "Competitiveness: A Dangerous Obsession."

4 Richard Baldwin and Simon Evenett, "Value Creation and Trade in Twenty-First Century Manufacturing: What Policies for U.K. Manufacturing?" in *The U.K. in a Global World: How Can the U.K. Focus on Steps in Global Value Chains That Really Add Value?* ed. David Greenaway (London: Centre for Economic Policy Research, 2012).

5 Enrico Moretti, *The New Geography of Jobs* (Boston: Houghton Mifflin Harcourt, 2012)(邦訳、池村千秋訳『年収は「住むところ」で決まる――雇用とイノベーションの都市経済学』プレジデント社、2014年).

6 私は2012年の論文でこの主張を初めて示した。Richard Baldwin,"WTO 2.0: Global Governance of Supply-Chain Trade," Centre for Economic Policy Research, Policy Insight No. 64, December 2012, http://www.cepr.org/sites/default/files/policy_insights/PolicyInsight64.pdf.

第9章

1 Richard Baldwin,"Trade and Industrialization after Globalization's Second Unbundling: How Building and Joining a Supply Chain Are Different and Why It Matters," in *Globalization in an Age of Crisis: Multilateral Economic Cooperation in the Twenty-First Century*, ed. Robert C. Feenstra and Alan M. Taylor, 165-212 (Chicago: University of Chicago Press, 2014).

2 David L. Lindauer and Lant Pritchett,"What's the Big Idea? The Third Generation of Policies for Economic Growth," *Economía* 3, no. 1 (Fall 2002): 1-28 を参照。

3 Paul Krugman, "The Fall and Rise of Development Economics," in *Development, Geography, and Economic Theory* (Cambridge, MA: MIT Press, 1995)(邦訳、高中公男訳『経済発展と産業立地の理論――開発経済学と

経済地理学の再評価』文眞堂、１９９９年), chap. 1 を参照。

4 Dani Rodrik, *One Economics, Many Recipes: Globalization, Institutions, and Economic Growth* (Princeton: Princeton University Press, 2007), 55.

5 Harvey Leibenstein, *Economic Backwardness and Economic Growth* (New York: Wiley, 1957).

6 Bela Balassa, *Change and Challenge in the World Economy* (London: Palgrave Macmillan, 1985), 209.

7 Richard Baldwin, "Managing the Noodle Bowl: The Fragility of East Asian Regionalism," *Singapore Economic Review* 53, no. 3 (2008): 449-478.

8 Daria Taglioni and Deborah Winkler, "Making Global Value Chains Work for Development," Economic Premise No. 143 (Washington, DC: World Bank Group, 2014), http://documents.worldbank.org/curated/en/2014/05/19517206/making-global-value-chains-work-development.

9 Centre for the Promotion of Imports from developing countries (CBI), "How fast can you become part of the global motorcycle supply chain?" CBI Success Story, July 12, 2012, https://www.cbi.eu/success-stories/how-fast-can-you-become-part-of-the-global-motorcycle-supply-chain-/136079/.

第V部

1 Henri Poincaré, *The Foundations of Science*, trans. George Bruce Halsted, Cambridge Library Collection (Cambridge: Cambridge University Press, 1902, 1905, 1908/2014).

第10章

1 この貿易ショックの詳細については、２００９年の電子書籍 Richard Baldwin, ed., *The Great Trade Collapse: Causes, Consequences and Prospects* (London: Centre for Economic Policy Research, November 2009) を参照。

2 "A Third Industrial Revolution," *The Economist*, April 21, 2012, 15.

3 Arthur W. Lewis, "Economic Development with Unlimited Supplies of Labor," *Manchester School of*

Economic and Social Studies 22（1954）: 139-191 を参照。

4　詳細は、Richard Baldwin, and Javier Lopez-Gonzalez, "Supply-Chain Trade: A Portrait of Global Patterns and Several Testable Hypotheses," *World Economy* 38, no. 11（2015）: 1682-1721 を参照。

5　David H. Autor, Lawrence F. Katz, Melissa S. Kearney,"The Polarization of the U.S. Labor Market,"NBER Working Paper 11986, National Bureau of Economic Research, January 2006 を参照。

6　Erik Brynjolfsson and Andrew McAfee, *The Second Machine Age: Work, Progress, and Prosperity in a Time of Brilliant Technologies*（New York: W. W. Norton and Company, 2014）（邦訳、村井章子訳『ザ・セカンド・マシン・エイジ』日経ＢＰ社、２０１５年）.

謝　辞

この本を書き上げるには、とても長い時間がかかった。元になったアイデアは、私が２００６年にフィンランド総理府のプロジェクト「ヨーロッパとフィンランドにとってのグローバリゼーションの課題」に向けて書いた論文にある。グローバリゼーションは何かが根本的に変化したという主張はすぐに注目を集め、２００７年１月にはエコノミスト誌で丸々１ページを割いて私の論文が紹介された。ところが、グローバル金融危機が発生すると、こうした問題は数年にわたって、私の頭からも、研究者や政策立案者の頭からも、きれいに消え去った。２０１０年代初めにグローバリゼーションが政策課題のトップに舞い戻ると、私はまた、このトピックについて執筆したり、講演したりしはじめた。この問題は一冊の本にまとめるべきではないかと思い立ったのは、そんなときのことだった。

私が所属する高等国際問題・開発研究所（ジュネーブ）には、２０１３年からサバティカル休暇を与えてもらった。２０１３年10～11月にアデレード大学経済学研究科にジョフ・ハーコート客員教授として赴き、そこで本書の概要をまとめ上げた。アデレード大学には心から感謝している。経済学研究科はこの作業を進めるのに最適な環境だった。特にリチャード・ポムフレット、キム・アンダーソン、マンダー・オークらとはすばらしい議論ができた。温かく迎え入れてもらったことは忘れない。

基本となるメカニズムのいくつかについては、ピュアセオリー論文を何本か執筆しており、論文の共著者たちが理論面で重要な貢献をしてくれたことを、ここに記しておきたい（文献名については、本文を参照してほしい）。フレデリック・ロバート＝ニクーとの共著論文では、ヘクシャー＝オリーン・モデルと呼ばれる古典的な20世紀型貿易の枠組みに、21世紀型貿易を継ぎ目なく統合できることを示した。第二のアンバンドリングは、生産プロセスの細分化と企業内の技術移転という二つの基本要素からなる現象だと私は考えており、それを明確な形にする重要な機会となった。アンソニー・ヴェナブルズとは、何よりも、近年に観察されているオフショアに移転された生産工程のリショアリングを予見した論文で、オフショアリングと集積の理論的な相互作用を研究した。グローバリゼーションと成長の離陸については、フィリップ・マーティン、ジャンマルコ・オッタヴィアーノとともに、本書で大いなる分岐を説明するのに使っている集積－競争力成長サイクルを初めてモデル化した。フィリップとはその後、貿易コストと知識のスピルオーバーの相互作用が19世紀に大いなる分岐を生み出し、21世紀には大いなる収斂を生み出している可能性があることを示す理論を開発した。

政策の分野では、サイモン・エヴェネット、パトリック・ロウとともに、世界貿易機関（ＷＴＯ）の２００７年の論文で、貿易政策に対して持つ意味合いの一部を示した。サイモンとはその後、２０１２年にイギリス政府に向けて論文を書き、産業政策に大きな意味合いを持つことを明らかにした。

【や】

【ら】

【わ】

【ま】

【は】

【な】

【さ】

【か】

索　引

著訳者紹介

【著者】

リチャード・ボールドウィン（Richard Baldwin）

ジュネーブ高等国際問題・開発研究所教授、経済政策研究センター（CEPR）ディレクター（ロンドン）
米マサチューセッツ工科大学（MIT）Ph.D.　MITでポール・クルーグマンの指導を受け、数多くの論文を共同執筆。ブッシュ（父）政権で大統領経済諮問委員会シニア・エコノミストとしてウルグアイ・ラウンド、日米間の貿易交渉などを担当。国際貿易、グローバリゼーション、リージョナリズム、欧州統合などについて研究。

【訳者】

遠藤真美（えんどう・まさみ）

翻訳家。主な訳書に、マーヴィン・キング『錬金術の終わり』、リチャード・セイラー『行動経済学の逆襲』、マーティン・ウルフ『シフト＆ショック』、フェリックス・マーティン『21世紀の貨幣論』、ジャスティン・フォックス『合理的市場という神話』などがある。

世界経済　大いなる収斂

ITがもたらす新次元のグローバリゼーション

2018年2月16日　　1版1刷

著　者　リチャード・ボールドウィン

訳　者　遠　藤　真　美

発行者　金　子　　豊

発行所　日本経済新聞出版社
http://www.nikkeibook.com/
東京都千代田区大手町1-3-7　〒100-8066
電　話　(03) 3270-0251（代）

印刷・製本　中央精版印刷

ISBN978-4-532-35763-4